中国当代广告话语传播研究

杨海军 著

上海大学出版社
·上海·

图书在版编目(CIP)数据

中国当代广告话语传播研究/杨海军著.—上海：
上海大学出版社，2023.10
ISBN 978-7-5671-4817-8

Ⅰ.①中… Ⅱ.①杨… Ⅲ.①广告学—语言学—研究—中国 Ⅳ.①F713.8

中国国家版本馆CIP数据核字（2023）第195473号

责任编辑　位雪燕
封面设计　柯国富
技术编辑　金　鑫　钱宇坤

中国当代广告话语传播研究
杨海军　著
上海大学出版社出版发行
（上海市上大路99号　邮政编码200444）
（https://www.shupress.cn 发行热线021-66135112）
出版人　戴骏豪
＊
南京展望文化发展有限公司排版
上海华教印务有限公司印刷　各地新华书店经销
开本710mm×1000mm　1/16　印张15　字数250千
2023年10月第1版　2023年10月第1次印刷
ISBN 978-7-5671-4817-8/F·237　定价　78.00元

版权所有　侵权必究
如发现本书有印装质量问题请与印刷厂质量科联系
联系电话：021-36393676

目 录

- 001 绪论
- 002 一、国内外研究现状述评及选题价值和意义
  - （一）国内外广告话语研究综述 / 002
  - （二）国内外广告舆论传播研究述评 / 009
  - （三）国内外品牌话语研究述评 / 011
  - （四）选题价值和意义 / 015
- 017 二、研究的主要内容和基本观点
  - （一）主要内容 / 017
  - （二）基本观点 / 019
- 020 三、核心概念界定与相关问题阐释
  - （一）舆论与广告舆论 / 020
  - （二）话语与广告话语 / 022
- 024 四、研究思路、研究方法与创新之处
  - （一）研究思路 / 024
  - （二）研究方法 / 025
  - （三）创新之处 / 027

第一章 广告话语传播的基本问题 — 029

一、广告舆论与广告话语关系解读 — 029

（一）广告传播功能外化的产物 / 030

（二）广告传播中语言和语境的合体 / 031

（三）广告舆论传播与广告话语建构的内涵和机制 / 032

二、广告话语传播的几个关键问题 — 033

（一）广告话语传播的基本要素 / 034

（二）广告话语的"合法性"及相关问题 / 036

（三）广告话语的文化属性问题 / 044

三、广告话语传播的阶段性特征 — 048

（一）信息告知与加工 / 049

（二）观念倡导与阐释 / 049

（三）社会文化传承 / 049

（四）国际化与本土化 / 050

（五）新媒体赋权 / 050

四、广告话语传播对社会发展的影响 — 053

（一）社会身份的赋予与认同 / 053

（二）社会关系的解读和重构 / 054

（三）社会意识形态的重要呈现 / 056

五、广告话语传播的特点 — 057

（一）广告话语生产的时代性 / 057

（二）广告话语走向的双重属性 / 058

（三）广告话语传播的场域性 / 058

第二章 当代中国广告话语传播的主题 — 059

一、不同时期广告话语传播的主题 — 059

（一）广告为谁服务 / 060

（二）广告是一种信息传播手段 / 061
　　（三）发展才是硬道理 / 063
　　（四）品牌和国家形象塑造 / 065

067　二、广告话语主题建构的两个面向
　　（一）广告话语与意识形态 / 067
　　（二）广告话语与社会变革 / 068

069　三、广告话语的社会意义重构
　　（一）广告话语对社会认同的重构 / 070
　　（二）广告话语对情感关系的重构 / 071
　　（三）广告话语对消费价值的重构 / 072

073　第三章　当代中国广告话语传播的历史进程

073　一、广告话语传播的历史演进
　　（一）"为广告正名"话语体系的建构 / 074
　　（二）"以消费者为中心"广告话语的倡导 / 076
　　（三）科学化与法制化视域下广告话语探讨 / 078
　　（四）中国特色的发展道路的广告话语选择 / 079
　　（五）互联网思维下的广告话语重构 / 081

082　二、广告话语传播的时代特征
　　（一）媒介导向与公众导向 / 082
　　（二）渠道为王和议题优先 / 083
　　（三）模式变化与方式变革 / 083
　　（四）效果控制与传播规制 / 084

084　三、广告话语传播的新趋势
　　（一）广告话语传播的政治引领 / 085
　　（二）广告话语传播的联动机制 / 085
　　（三）广告话语传播的社会实践 / 086

| 087 | 第四章　广告话语传播的运行机制 |
| 087 | 一、广告话语传播的社会环境 |

（一）新媒体广告发展与生产方式转变 / 087

（二）数字广告传播与广告观念变革 / 089

（三）计算广告运用与广告产业生态重构 / 090

| 092 | 二、广告话语传播的实现方式 |

（一）广告话语建构的多元导向 / 092

（二）广告话语建构的主流价值观诠释 / 093

（三）广告话语传播反映社会团体的主张 / 093

（四）广告话语传播聚合公众的意见和议题 / 095

| 096 | 三、广告话语传播的实现路径 |

（一）广告主广告意见表达与过程主导 / 096

（二）广告人话语议题制造与话语文本生产 / 097

（三）媒介广告话语传播的"议程设置" / 099

（四）受众意见表达与讨论的参与机制 / 100

| 101 | 四、广告话语的生成模式 |

（一）广告话语生成的合作协商形式 / 101

（二）广告话语传播的温情诉求方式 / 102

（三）广告话语生成的争鸣方式 / 103

（四）广告话语传播的环境推力方式 / 103

| 105 | 第五章　新媒体环境下广告话语生成机制 |
| 105 | 一、新媒体环境下广告话语传播特点 |

（一）广告话语传受者身份的模糊 / 106

（二）广告话语生成路径的多元化 / 107

（三）广告话语传播周期缩短 / 107

| 108 | 二、新媒体环境下广告话语生成机制 |

（一）广告话语正向生成机制 / 108
　　（二）广告话语反向生成机制 / 109
　　（三）广告话语复合生成机制 / 110
三、广告话语传播"合意"共生现象
　　（一）广告话语"议题"来源的多样化 / 112
　　（二）广告话语的二次影响力 / 112

第六章　数字广告营销的话语引导与话语建构

一、沉浸式营销广告话语的功能价值
　　（一）沉浸式营销广告话语建构 / 114
　　（二）沉浸式营销广告话语场域建构 / 114
　　（三）沉浸式营销广告话语建构的技术赋权 / 115
　　（四）沉浸式营销广告话语传播的功能价值 / 117
二、过度营销广告话语传播的市场逻辑
　　（一）过度营销广告话语传播误区与话语偏向 / 119
　　（二）过度营销广告话语传播体系建构 / 120
　　（三）过度营销广告话语选择与发展趋势 / 123
　　（四）过度营销市场竞争逻辑与广告话语价值判断 / 125
三、银发营销广告话语导向与美好生活建构
　　（一）银发营销中的广告话语呈现与聚集 / 128
　　（二）老龄化社会广告话语场景建构与话语呈现 / 130
　　（三）广告话语导向与城市社会治理的话语转向 / 131
　　（四）银发营销话语导向与城市美好生活建构 / 134

第七章　广告话语传播与公益广告价值体现

一、思想解放阶段的公益广告话语动员
　　（一）公益广告话语传播的社会动员 / 138

　　　　（二）作为公益动员的广告话语 / 139

139　二、"致富光荣"阶段的广告话语倡导
　　　　（一）实现共同富裕的广告话语建构 / 140
　　　　（二）公益广告话语引导的全民运动 / 140

142　三、社会风气失衡阶段的广告话语引领
　　　　（一）市场经济导向下的广告话语偏向 / 142
　　　　（二）公益广告话语传播中的道德纠偏 / 143

144　四、城市化进程中的广告话语引导
　　　　（一）社会信任危机与广告话语重构 / 145
　　　　（二）公益广告话语倡导与社会道德重建 / 145

147　五、文化强国阶段的核心价值观广告话语培育
　　　　（一）文化强国战略广告话语的建构 / 148
　　　　（二）作为国家战略的公益广告话语 / 151

152　六、公益广告话语传播与城市治理
　　　　（一）公益广告话语传播与公众信任 / 153
　　　　（二）公益广告话语传播与城市品牌建设 / 155
　　　　（三）公益广告话语传播与公益广告立法 / 157
　　　　（四）互联网时代公益广告话语的建构 / 159

162　**第八章　广告话语传播与品牌形象塑造**

162　一、广告话语传播与品牌主张表达
　　　　（一）广告话语传播与品牌"议程设置"/ 163
　　　　（二）广告话语传播塑造品牌的作用 / 163

165　二、广告话语传播与品牌主张的实现路径
　　　　（一）广告与品牌话语的互动传播 / 165
　　　　（二）广告话语传播的高黏度话题复制 / 165
　　　　（三）品牌故事与热点话语的内在契合性 / 166

| 166 | 三、广告话语传播与品牌塑造的新范式
（一）抓住受众"稀缺性"需求的广告话语倡导 / 167
（二）打造"资源配置"新平台的广告话语建构 / 168
（三）创造电商运行新范式的广告话语实践 / 169

| 170 | 四、广告话语传播与品牌话语建构
（一）"中国品牌日"广告话语的国家表达 / 170
（二）"一带一路"广告话语建构与品牌国际传播 / 172
（三）品牌智能化传播与广告话语传播范式转换 / 173

| 174 | 五、广告话语建构与品牌文化传播
（一）广告话语引领与品牌文化溯源 / 175
（二）广告话语引领与品牌文化传播 / 179
（三）广告话语引领与数字营销传播 / 182

| 190 | **第九章　中国元素创意营销广告话语体系建构**
| 190 | 一、中国元素广告创意营销商业话语的表达
（一）中国元素在社会历史空间的复苏 / 191
（二）中国元素在商业领域的话语引领 / 193

| 195 | 二、中国元素广告创意营销文化话语倡导
（一）中国元素广告创意营销的话语实践 / 195
（二）中国元素广告创意营销的话语潮流 / 196

| 198 | 三、中国元素广告创意营销的传播趋势
（一）中国元素话语变迁中的时代精神 / 198
（二）中国元素的商业运用的国际化与本土化 / 199
（三）中国元素话语引领与自主创新 / 199

| 201 | **第十章　广告话语权与广告并购实践**
| 201 | 一、话语与广告话语权

（一）话语即权力概念阐释 / 202
（二）广告话语权的转移和表达 / 203

二、广告话语权的特性
（一）广告话语权的内在张力 / 204
（二）广告话语权是一种软实力 / 205
（三）广告话语权商业属性与社会责任 / 205

三、广告并购与广告产业升级换代的话语实践
（一）广告产业战略竞争的话语实践体系建构 / 206
（二）广告并购与社会发展和文明进步话语引领 / 207
（三）广告产业结构调整时期的话语实践 / 208
（四）跨国广告企业的话语争夺 / 209
（五）中国广告企业结构调整与话语建构 / 211
（六）并购：广告行业话语权的博弈 / 213

▶ 结语

▶ 参考文献

绪　论

中国当代广告话语传播研究是广告研究中的一个重要议题。从历史的视角观察，广告话语传播是中国社会从计划经济向市场经济过渡时期信息传播多元化的必然产物，广告话语建构也是中国社会转型时期商业文化与主流文化碰撞的必然结果；广告话语传播引领着社会潮流的发展方向，广告话语表达则在民众价值观念塑造上产生重大影响，广告话语传播客观映射着中国社会发展的历史脉络和时代特征。

中国当代广告话语传播，遵循政治引导和市场运营的双重规律。广告法律法规、广告政策指引、公益倡导、文化导向、以人民为中心的广告作品创作要求，构成了广告话语传播的政治生态环境；数字广告发展、计算广告运用、智能广告研发、广告产业的数字化转型构成了广告话语传播的市场生态环境。

广告话语传播遵循广告传播的一般规律。广告话语的生产通过广告主的议程设置、网络名人和舆论领袖引导、媒体的拟态环境建构、受众体验式、情景式和场景式互动营销来完成；广告话语的呈现按照广告议题设置的合作协商形式、广告意见表达的温情诉求方式、广告话题讨论的争鸣方式、广告话语呈现的环境推力方式多元运行。广告话语的建构与民众生活关系密切，广告话语是社会民众意见主张的传声筒、政治宣传的辅渠道、社会冲突的减压阀、民主政治的新元素、社会生活的新景观。广告话语的传播具有鲜明的中国特色。

广告话语传播沿着追随国家主流话语、利用社会公共议题和聚焦公众话语热点等实践路径展开；广告话语传播依托传统媒体组合中的渠道传播、新媒体运用中的平台传播和多媒体融合中的广告场域传播等形态展开；广告话语的文本呈现、广告话语实践和社会实践是一个立体场域，包括广告话语文本生产的要素提炼、广告话语实践中的路径选择和社会实践过程中的权力博弈等重要议题。

广告话语传播追随时代步伐和民众需求，其话语呈现往往超出广告发布者主观行为的范畴，具有话语建构和话语引领的双重社会意义。特别是在数字媒体时代，广告话语传播所呈现的政治导向、市场导向、意识形态导向、文化导向和人民需求导向交织在一起，彰显广告话语传播的时代价值，使广告话语传播的社会意义在广告实践中得以显现。

广告话语传播在社会场域中进行，遵循社会公共道德和社会行为规范是其基本要求。同时，广告话语传播也遵循广告传播的一般规律，引起注意、激发兴趣和勾起消费者的消费欲望，是广告话语生产的既定目标，因而广告话语传播具有公共性、新奇性、争议性和导向性特征，广告话语传播的导向性指向是中国当代社会发展中的独特景观。

一、国内外研究现状述评及选题价值和意义

（一）国内外广告话语研究综述

学者们关注广告话语的问题，和现实生活中与广告话语相关的传播现象日益增多、广告话语在社会文化生活中发挥越来越重要的作用、广告话语理论逐渐形成并用于指导广告实践、广告话语建构的功能价值日益强大直接关联。

话语理论的传播和广告话语体系的建构肇始于西方学者，社会学和传播学领域的话语理论研究和话语实践成果相对较多，并形成不同的流派和体系。我国学者有关广告话语问题的研究尚处于起步阶段。在理论建构、跨学科研究领域代表性研究成果不多，相较于西方学者，该领域的研究基础稍显薄弱。但中国改革开放以来丰富多彩的广告实践，为中国学者研究该问题提供了鲜活的案例和肥沃的学术土壤。在广告舆论导向的视角下，国内学界开

始重视中国特色的广告话语理论建构和实践研究，并通过跨学科研究逐步推出一些创新研究成果。从研究的问题和关注的对象来看，中外学者对广告话语的研究大致集中在以下三个方面。

1. 对话语和广告话语概念的界定

学界对话语概念的界定有跨学科的多元视角。话语的概念在不同时期不同学科背景下都有不同的诠释方式。一方面，基于使用范围的不同，话语分为纯粹语言学的和泛文化的研究范式。有学者认为："话语是一个棘手的概念，这在很大程度上是因为存在着如此之多的相互冲突和重叠的定义，它们来自各种理论的和学科的立场。"[①] 在语言学中，话语较多用来指口头对话的延伸部分，以便与书写的文本相对照。美国语言学家斯塔布斯（Stubbs）认为话语是"自然发生的连贯的口头或书面话语"，就是这种观点的持有者。因此，在这里，话语的分析单位是大于句子或从句的语言单位，如口头会话或书面语篇。英国语言学家布朗（Brown）和尤尔（Yule）认为："话语是个过程，是说话者或作者在某个语境中用来表达自己的意思或实现自己的意图的词、短语、句子和语段。"他认为"文本分析"和"话语分析"并不像某种传统的做法那样，把语言分析限定为句子或更小的语法单位，相反，它们侧重于对话的高级结构属性，如话语的开始和结束的结构性分析，或书写文本的高级属性，如新闻话语中的报道结构。总体看，在语言学中，对话语的表述更多的还被指涉为口头言语或书面语的延伸部分。"'文本'被看作是话语的一个向度：是文本生产过程中的书写的或口头的'产品'。"[②]

另一方面，话语被广泛地运用于社会理论研究中，具有了社会的、历史的维度。法国社会思想家福柯（Michel Foucault）认为，讨论语言问题不是分析语言的结构和规则，也不是分析语言作为概念、判断同其所指物的关系，而是揭示语言如何构造了事物之间的关系。通过对语言的研究，揭示语言所指的物与物之间的关系是怎样被语言建构起来的，又是怎样在语言的控制下存在、断裂和异变的，这样关系建构，福柯称之为"话语实践"。他认为话语研究"揭示了另一项任务，这项任务在于不把——不再把——话语当作符号的整体来研究，而是把话语作为系统地形成这些话语所言及的对象的

---

① ［英］诺曼·费尔克拉夫.话语与社会变迁［M］.殷晓蓉, 译.北京：华夏出版社，2004：2.
② 乐国安.社会心理学理论新编［M］.天津：天津人民出版社，2009：184.

实践来研究"①。在他的相关论著中,话语涉及用来建构知识领域和社会实践领域的不同方式的概念。在这个意义上,话语不仅反映和描述社会实体与社会关系,话语还建构社会实体和社会关系,这也成为日后话语分析的一个关注焦点。另一个关注焦点就是话语的历史维度,即不同的话语如何在不同的社会条件下结合起来,以建造一个新的、复杂的话语。②还有些学者认为:"话语是制造与再造意义的社会化过程。……话语是社会化、历史化、制度化形构的产物,而意义就是由这些制度化的话语所产生的。"③这段话所表达的意思是,话语并不是单纯的文本那么简单,它更多地指向在互动过程中产生意义,它是一个社会化的过程,是多种社会因素共同作用的结果。批判话语分析学派代表人物诺曼·费尔克拉夫(Norman Fairclough)试图将语言分析和社会理论中对"话语"的理解结合起来。这种尝试是将话语和话语分析的思想从三个向度进行发展,即文本向度:关注文本的语言分析;话语向度:关注文本生产过程和解释过程;社会实践向度:关注话语的社会结构及其产生效果,也就是揭示文本中的意识形态部分。④

我国学者对话语的概念也进行了较为详细的阐释和解读。有学者认为:"话语,作为当今社会人文科学领域用语,有两种含义。在严格的语言学意义上,它指通常大于句子的完整的语言交际单位,常与'text'(语篇)互换,而text在文学理论中则指'本文'(或文本)。而在语言之外的社会人文科学领域中,它指的是人类交际和传播活动所产生和使用的一套'符号'——主要是词语、范畴、命题和概念系统。"⑤同样,费尔克拉夫也认为文本是作为话语的一个向度呈现的,是文本生产过程中的书写的或口头的产品。我国学者还有类似或近似的表述,认为:"文本被看作话语的一个向度:在形式上表现为话语的物质性存在,在观念上则是一定语境的体现。"⑥在这些学者看来,话语和文本的真正本质区别在于文本是物质性的,它以具体的作品形式呈现

---

① [法]米歇尔·福柯.知识考古学[M].谢强,马月,译.北京:生活·读书·新知三联书店,2003:53.
② [英]诺曼·费尔克拉夫.话语与社会变迁[M].殷晓蓉,译.北京:华夏出版社,2004:3.
③ [美]约翰·费斯克.关键概念传播与文化研究辞典[M].李彬,译注.北京:新华出版社,2004:85.
④ [英]诺曼·费尔克拉夫.话语与社会变迁[M].殷晓蓉,译.北京:华夏出版社,2004:4.
⑤ 杨先顺,谷虹.广告话语分析:一种广告本体研究理论[C]//许正林,张惠辛.中国广告学研究30年文选 1978—2008[M].上海:上海交通大学出版社,2009:272.
⑥ 胡春阳.话语分析传播研究的新路径[M].上海:上海人民出版社,2007:36.

出来；而话语具有概念性和抽象性的特点，它指的是长期的话语实践过程中得以形成一个具体文本的一系列规则、社会关系、意识形态等。

基于话语概念的阐释和理解，我国学者对广告话语的概念解读和意义阐释还是限定在预设的逻辑和语境之中。一些学者认为，广告话语实际上是文字类符号与图像类符号的整合。① 也有些学者认为，广告话语是指广告的一切表达层面，包括语言、文字、图像、声音等多种不同的要素。② 广告话语是一种寄生话语，所谓的寄生话语也就是说广告话语的创作和生产往往是通过对其他话语的借用和改造来体现自身的价值。广告话语生产，就是对形形色色的符号元素的重新组合和创造性发展的过程。③ 还有一些学者认为：广义的话语范畴更广，广告话语可理解为广告传播活动中所产生和使用的一整套"符号"，包括广告本文和语境，它们以一种对参与者来说是有意义的和具有整体性的方式互相联系和作用。④ 以上学者的观点较多还是基于单一视角的观察或表述，也有学者关注广告话语作为语言分析和社会实践的双重特点。

中外学者关于广告话语的概念阐释和解读，为本研究提供了较开阔的认知视角和较丰富的学理基础。综上所述，本研究考虑到广告话语建构兼具信息传达和价值观念建构双重特点，把广告话语理解为广告传播活动产生的或与广告传播活动相关的文本和语境的总和。其中文本是广告传播活动产生的物质性存在，语境则是与广告传播活动相关的来自广告活动各方主体的观念、意见的反映。

2. 广告话语对社会发展的作用

在以社会理论的视角审视话语问题的国内外著作中，绝大多数都涉及话语与社会关系的问题。话语作为社会实践的形式及其变化形态，是社会变革的一个重要内容，并且对社会变革产生积极或消极的作用和影响。从这个意义上讲，广告话语的呈现和变化自然成为研究社会变革进程的一个重要指标和参考变量。

以"广告话语"为关键词在"中国知网"进行检索，可搜索到新闻传播类的中文文献中涉及广告话语问题的有近20篇。如国内学者从传播类型的

---

① 何寒. 从广告话语看新世纪社会价值观的取向［D］. 武汉：华中科技大学，2006：4.
② 宫晶. 广告话语"陌生化"探究［D］. 济南：山东师范大学，2008：1.
③ 陈曦. 广告话语的互文性研究［D］. 广州：暨南大学，2011：7.
④ 谷虹. 从广告话语透视社会意象的构建：以服饰广告为例［D］. 广州：暨南大学，2005：2.

异同来分析广告话语对社会意象建构的特点，研究发现对广告话语意义的消费最终对现实的社会结构和社会关系产生了深刻的影响，甚至是本质上的重构。①另一些学者认为，广告话语不仅表现世界的实践，而且在意义方面说明世界、组成世界、建构世界；另外，广告话语不仅描绘社会图景，而且通过价值判断、话语描述，建构人与人之间的社会关系，建立和维持知识和信仰体系。②对广告话语的社会建构功能，学者们也多有提及，如有学者认为：广告话语在履行或建构一定的社会意识形态时，还包含一定的文化信息、审美信息以及某些社会规范信息。广告话语社会建构功能的存在对于广告本身和社会存在一定的影响和价值。③也还有一些学者对广告话语与社会发展的深层次关系进行探讨，认为广告话语不仅作为一种生产商品符号的意指实践，进行意义的表达和认知的确认，而且作为一种意识形态的实践，建构、维持和改变着权力关系。④有些学者的研究视角比较独特，认为广告话语作为社会商品信息的载体，对当代女性社会身份的建构发挥着重要的作用。⑤这些观点，从不同层面丰富和完善了广告话语对社会发展产生影响的思考。

在全球博硕士论文文摘数据库（ProQuest Dissertations & Theses）中，输入"advertisement discourse"关键词进行搜索，检索到14篇相关文献，排除单纯语言学研究成果文献，有关广告话语的研究成果主要集中在以下方面：2013年，库尔迪普·考尔（Kuldip Kaur）基于批评话语的分析视角，对当地英语杂志中的美容产品广告进行分析，重点关注广告主如何通过广告语方面的策略对消费者产生影响的研究；1985年，罗伯特·莱昂·克雷格（Robert Leo Craig）在其博士论文中通过对1850—1930年80年间广告话语中的交际结构变迁的研究，试图以历史性研究弥补先前学者共时性研究的空白；2009年，金伯利·克林格（Kimberly Klinger）在其学位论文中通过对20世纪至今广告中涉及女性月经话题的话语变迁分析，发现21世纪的广告话语中突出反映了后现代社会的女性追求权力自由和适当的女性行为的特

---

① 谷虹.从广告话语透视社会意象的构建：以服饰广告为例[D].广州：暨南大学，2005：2.
② 何寒.从广告话语看新世纪社会价值观的取向[D].武汉：华中科技大学，2006：30.
③ 辛桂娟.从征婚广告透视广告话语的社会建构功能[D].广州：暨南大学，2009：58.
④ 杨先顺，张颖.广告话语的权力运作：受众意识形态潜操控[J].现代传播（中国传媒大学学报），2013，35（10）：18-22.
⑤ 夏慧言，傅钊.广告话语对中国女性社会身份的构建：批评的视角[J].河北大学学报（哲学社会科学版），2014，39（5）：55-58.

征；2011年，克里斯汀·L·艾利森（Kirsten L Ellison）的学位论文是基于批评性话语分析对北美抗衰老护肤品Agelessness广告话语如何制造护肤神话的研究；2006年，玛丽娅·金（Maria Kim）在社会语言学的框架下对美国三份杂志中较有消费者说服力的广告话语进行研究，发现广告语言策略的差异在某种程度上与商品类型相关联；2003年，曼努埃拉·卡塔拉·佩雷斯（Manuela Catala Perez）通过对推送信息广告的研究，分析广告话语传递的意识形态内容对社会的作用。这些研究成果，也从不同角度丰富了广告话语与社会发展关系的研究层次。

除以上提到的学术研究论文外，还需要特别提到的是一本名为《广告话语与中国社会的变迁》的中文著作，作者具有语言学专业背景，因此从语篇分析的角度对1980—2002年《羊城晚报》和《南方日报》广告语篇进行抽样分析，试图揭示广告话语的意识形态功能。① 这是学者中以较大篇幅论述广告话语对社会发展产生影响的研究成果，也是较为完整系统论述广告话语相关问题的论著，为广告话语的学术研究打开了视野。

受特定研究范式的影响，国内外学者对广告话语的研究更多地偏重从语言学、符号学的视角对话语概念解读，并按照其界定的概念范畴选取样本，偏重从话语语言的结构研究分析广告话语对社会不同层面的影响。这些成果对本研究具有重要的借鉴意义。本研究将广义话语概念中与广告语境相关部分纳入研究视野，以弥补现有研究成果中综合运用相关学科文献资料进行研究不足的缺憾。

3. 中国当代广告语言研究述评

中国当代广告语言研究，是广告话语研究中文本研究的重要组成部分。这类研究涉及改革开放以来广告语言研究的各个层面，研究对象侧重对语言学范畴内的广告语结构、表现、存在形式和传播背景进行分析。

曾献飞在《改革开放三十年我国广告语言研究的回顾与前瞻》一文中指出，广告语言的变化实际上是改革开放以来中国社会变革和生活变化的一个缩影，广告语言的变化同多学科知识的交融、多角度审视社会的语言习惯密切相关。就目前学者们有关广告语言研究的现状而言，广告语言研究大多是从语言学的视角进行考察。广告语言与社会学、心理学、民俗学、

---

① 冯捷蕴.广告话语与中国社会的变迁：英文版 [M].北京：对外经济贸易大学出版社，2014：8.

人类学、传播学、经济学、法学等学科相结合，则使广告语言的社会折射功能空前增强。① 张静文在《改革开放三十年语言现象分析》中指出，广告语言成为社会语言结构中的一个重要分支。广告真正吸引人们注意力的除了其色彩、画面、音乐等因素外，更重要的是广告语，它是广告的灵魂所在。② 孙婧在其硕士学位论文《1979—2011年我国广告语言研究综述》中从广告语言批评、广告语言的有效说服、流行广告语三个主题出发，归纳总结了每个主题下的主要研究成果及其代表性的观点，并对其进行了分析点评。她发现针对流行广告语的研究约有十几篇研究成果，研究基本停留在较为浅层次的语言表述阶段，大多数文章的观点相对零散、杂乱，尚未形成系统性观点，虽然有个别文章针对广告流行语的社会变迁进行了概括总结，但较多停留在阶段性文本归纳和描述，所举例子也相对陈旧。③ 廖桂蓉在《我国近三十年广告语研究概况述评》中指出，我国学者对广告语的研究有两方面的力量：一方面是广告学界的研究，研究的重点是整个广告业，关注点更多侧重于广告的创意策略、形象构建手段及市场的调查与信息的反馈等；另一方面是语言学界的研究，不仅强调对广告语言本身的研究，更注重对广告的用语研究，焦点是强调语言要为广告创意服务。④ 杨先顺在《当代中国广告语创作的发展轨迹》中也阐释了自己对广告语的看法，他认为，"广告语又称广告口号或广告标语，是指表达企业理念或产品特征的、长期使用的宣传短句"，在此基础上，他对当代中国广告语创作的过程和发展变化进行了描述。他认为，广告语创作重心由商品推崇转移到心灵抚慰，广告语创作价值由群体趋同变更为个性张扬，广告语创作修辞由言语变异转向言语还原，广告语创作角度由商家鼓噪为主调整为注重受众体验。⑤ 毛园芳在《广告语变化与社会变迁》一文中提到，不同时期广告口号诉求内容的转变，展示的是人们的消费观念、生活方式逐步走向理性和科学的过程。这些学者的研究成果，虽然观点表达带有明显的个人主观判断，但对广告话语研究中的广告语言文本研究却是仁者见仁，各有千秋，为广

---

① 曾献飞.改革开放三十年我国广告语言研究的回顾与前瞻[J].兰州学刊，2009（6）：170-172.
② 张静文.改革开放三十年语言现象分析[J].北京政法职业学院学报，2008（4）：26-30.
③ 孙婧.1979—2011年我国广告语言研究综述[D].长春：东北师范大学，2015：1.
④ 廖桂蓉.我国近三十年广告语研究概况述评[J].江苏广播电视大学学报，2008（2）：74.
⑤ 杨先顺.当代中国广告语创作的发展轨迹[J].当代传播，2004（6）：64-65.

告话语研究提供了大量案例和研究思路。①从学者们的研究价值取向看,往往能够自觉地将广告语言研究纳入中国改革开放宏大的叙事场景中,研究其传播功效和呈现的意义,这从一个侧面印证了中国当代广告话语呈现是中国社会变迁的一个重要表征,从社会场景、消费场景和文化场景对广告话语进行研究尚预留有很大的空间。

(二)国内外广告舆论传播研究述评

广告舆论传播是广告话语建构的重要路径,广告话语的文本生产与广告舆论的造势直接相关,广告舆论的传播导向也对广告话语的社会实践产生重大影响,对广告舆论传播问题的关注,可窥探到广告话语内容生产的语境和话语实践的社会意义。近年来,中外学者对广告舆论传播问题的关注主要集中在对广告舆论导向问题的理论思考和广告舆论传播实践案例的解读。对广告舆论传播和广告话语建构关系的探析,主要在商业广告传播理念的诠释、公益广告传播价值的挖掘、新媒体广告文化伦理的重新认知等相关领域。

1. 中国学者研究的三个视角

从现有的资料看,中国学者对广告舆论传播研究有三个学术视角。

首先,从广告舆论生成与广告话语呈现的理论视角探析问题,偏重于用舆论学和传播学的基本原理或方法来解析广告舆论传播与重要话语呈现问题,其实质是将广告传播功能和广告话语的社会影响力放在舆论生成维度里进行考察和诠释。运用舆论学的某些功能和特性,来对广告传播进行观照,改进其传播效果②;也有些学者认为广告的作用机制恰恰暗合了传播学上的睡眠效应和沉默的螺旋理论,从传播学的视角考察广告舆论的作用机制具有理论意义③;有学者进一步认为,广告传播的目的性决定了它必须在传播中讲求传播策略和艺术,以便形成有利于商品销售的正向舆论,这样做的理论前提是传播效果研究中的议题设置理论和沉默的螺旋理论④。

其次,从舆论生成与话语呈现的实践层面分析问题,探讨大众媒介对广告舆论的引导、新闻舆论与广告舆论的异同、广告舆论的作用机理与广告话

---

① 毛园芳.广告语变化与社会变迁[J].商业时代,2005(35):28-29.
② 邓惠兰.广告传播的舆论学观照[J].江汉大学学报,2002(3):77-81.
③ 李淑芳.广告传播与拟态环境[J].广告大观理论版,2008(1):33-38.
④ 张金海,饶德江,刘珍.略论广告的舆论引导功能[J].新闻传播评论,2001(0):100-106.

语生成的路径。有学者认为大众媒介对广告舆论有正向和反向的引导作用[①]；也有学者比较了广告舆论与新闻舆论的作用机理，认为新闻舆论是社会舆论的反映，同时也引导、控制社会舆论。广告舆论不同，它不是反映，而是创造舆论来引导和控制舆论[②]；有些学者进一步明晰，广告舆论和新闻舆论是目前影响力巨大的舆论的两种基本形态[③]；结合舆论学的理论视角和广告传播的特性，有些学者对广告舆论的概念作了界定，认为广告舆论是指由广告传播引发的公众关于现实社会以及社会中的各种现象、问题所表达的一致性信念、态度、意见和情绪表现的总和[④]。

再次，通过舆论引导和话题构建，阐释广告舆论传播与广告话语呈现的因果关系。例如舆论领袖的观点呈现，反映了其对广告舆论本体命题的研究视野，涉及对广告舆论环境等相关问题的看法。例如"为广告正名"的舆论引导在中国当代广告话语体系的建构上产生重大影响，也是中国学者在当时广告话语语境下试图构建新的广告话语体系的有益尝试。[⑤]也有学者认为，中国改革开放以后，主流媒体对广告存在着非常强烈的批判倾向。这种倾向从一个角度证明，中国广告业其实是生存在一个非常不利的舆论环境之中，希望主流媒体在广告舆论环境的引导上发挥正面舆论引导的功能。[⑥]也有一些学者通过对广告功能价值的探讨，试图在广告舆论的场域中再次为广告正名，他们通过"广告是否有用"的话题讨论，强调广告在推进社会发展和文明进步中的正向价值，进一步引申讨论"媒介经营广告属不属于'公器私用'"等显性议题，从学理层面阐释媒介广告经营的合理性与合法性，通过广告话语的建构再为广告正名。[⑦]

2. 西方学者研究的两个层面

西方学者对广告舆论传播和广告话语建构的研究主要集中在两个层面。涉及广告舆论传播的本质特征探讨、广告舆论传播和广告话语建构之间互动关系的探讨。

---

① 胡忠青.大众媒介对广告舆论的引导[J].集团经济研究，2004（12）：111-112.
② 张金海，饶德江，刘珍.略论广告的舆论引导功能[J].新闻传播评论，2001（0）：100-106.
③ 刘智勇.论新闻舆论与广告舆论的互动：兼析九·二一大地震期间台湾报纸广告的特点[J].国际新闻界，2000（3）：70-72.
④ 杨海军.广告舆论研究探析[J].新闻与传播研究，2010，19（5）：65.
⑤ 丁允朋.为广告正名[N].文汇报，1979-1-14（02）.
⑥ 丁俊杰，黄河.为广告重新正名：从主流媒体的广告观开始[J].国际新闻界，2007（9）：5-10.
⑦ 黄升民.中国广告业何去何从[J].现代广告，2010（6）：26-27.

首先，西方学者着重探析广告舆论传播与话语呈现的本质。如李普曼等人认为广告舆论就是广告商制造出来的一种舆论幻象，其民意性和公众参与性两个基本特性被淡化。①

其次，西方学者较为关注广告舆论传播与话语生成之间的互动关系。如约瑟夫·塔洛（Joseph Turow）、迈克尔·舒德森（Michalel Schudson）、苏特·杰哈利（Sut Jhally）等学者认为广告在社会运动、广告信息传播的控制与反控制、广告创意、广告说服、广告意识形态表达与受众意见互动层面都影响舆论或受舆论控制。

综上，中外学者的研究成果虽然涉及广告舆论传播与话语呈现的不同层面，但并没有系统、全面勾勒广告舆论传播与广告话语变迁的历史轨迹、运行机制和发展动因，特别是对当代中国广告舆论传播与广告话语变迁的逻辑关系梳理不够。这样就为本研究留下了相应的学术空间。

（三）国内外品牌话语研究述评

品牌文化的建设是企业广告文化建设的重要组成部分，企业品牌文化建设中的理念阐释和形象建构，在对外传播中往往以广告舆论的形态和广告话语的文本呈现。学者们的研究成果可能更关注品牌文化的内涵建设，从中可以发现有价值广告话语呈现的隐含话题。

1.品牌话语要素和体系

传统媒体时代，广告被认为是对品牌的长期投资，广告的长远目标就是为品牌增加知名度和美誉度，树立品牌的良好形象。品牌话语的建构，是广告主张长期传播和灌输的结果，其显性建构方式是按照品牌文化价值内涵进行诠释和解读。中外学者对品牌文化的阐释和解读主要沿着以下几个方向展开。

首先，对品牌话语构成要素的阐释。年小山在分析品牌与文化关系的基础上，提出品牌是物质文化与精神文化的高度结合，物质文化包括资金、设备、活动场所等要素；精神文化包括品牌符号、品牌语言、品牌信息等要素。②余明阳认为，品牌文化是指有利于识别某个销售者或某群销售者的

---

① 沃尔特·李普曼.公众舆论［M］.阎克文，江红，译.上海：上海世纪出版集团，2006：21.
② 年小山.品牌学 壹 理论部分［M］.北京：清华大学出版社，2003：105-106.

产品和服务，并使之同竞争者的产品和服务区别开来的名词、标记、符号、设计是这些要素的组合；品牌文化是指文化特质在品牌中的沉淀和品牌经营活动中的一切文化现象以及他们所代表的利益认知、感情属性、文化传统和个性形象等价值观念的总和；品牌文化是指在文化特质积淀过程中，文化创造者所呈现出来的精神、行为状态。[①]

其次，对品牌话语体系的阐释。年小山认为，品牌包括物质文化系统、精神文化系统、行为文化系统。[②] 余明阳认为，品牌文化是由物质文化、行为文化及精神文化构成。余明阳继承和发展了周朝琦等人的观点，认为品牌文化是文化特质沉淀过程中，文化创造者所呈现出来的精神和行为状态，由物质文化、行为文化和精神文化构成。[③] 品牌物质文化、行为文化和精神文化概念的解读，阐释了品牌文化传播过程中，广告话语可能生成的层次或话语形成的结构。

2. 广告话语建构与品牌文化建设

如何塑造品牌形象和体现社会价值，广告传播和广告话语的呈现对品牌文化建设有何意义，也是学者们关心的议题。学者们围绕这一问题从不同层面阐释了广告话语传播与品牌文化建设、企业品牌形象塑造之间的关系。

首先，品牌文化建设与广告话语建构的关系。学者乔春洋认为，品牌文化是社会物质财富和精神财富在品牌中的凝结，是文化特质在品牌中的沉淀，是消费者心理和价值取向的高度融合，是指品牌经营中的一切文化现象。他认为，品牌文化分为品牌物质文化和品牌精神文化。[④] 以上学者从较宽泛角度阐释品牌文化的内涵和品牌形象的价值，为理解广告传播与品牌文化建设、广告传播与企业品牌形象塑造打开了思路。广告话语的引领和广告话语的阐释，应立足于品牌文化的传承和品牌社会价值意义的诠释。

其次，企业品牌文化传播与广告话语建构的关系。我国学者多从企业视角定义品牌文化，认为品牌文化是企业话语建构的产物。余明阳和杨芳平认为，品牌文化是企业长期经济活动中的物质和精神成果所构成的一种文化特质。具体而言，品牌文化包括文化特质在品牌中的积淀以及品牌经营活动中

---

① 余明阳, 杨芳平. 品牌学教程 [M]. 上海：复旦大学出版社, 2009：325.
② 年小山. 品牌学 壹 理论部分 [M]. 北京：清华大学出版社, 2003：35.
③ 余明阳, 杨芳平. 品牌学教程 [M]. 上海：复旦大学出版社, 2009：325.
④ 乔春洋. 品牌文化 [M]. 广州：中山大学出版社, 2005.

的一切文化现象。在文化特质沉淀过程中，品牌文化也表现出文化创造者的精神态度和行为状态。①黄蕾、黄焕山认为，品牌文化的功能在于将同一类产品区分开来，品牌不仅仅是产品的概念，更是产品的实际体现，品牌文化则是产品内在文化的核心。②林青、赵兴艳认为，品牌文化的本质是特定产品的消费文化，兼容于企业文化与社会文化，能和企业与消费者在互动中生成共鸣，使得消费者从消费品中获得更深化的社会价值观念、信念、行为操守原则和精神。③这些学者从不同角度论及品牌文化的特质、价值内涵和传播功能，强化了企业与消费者品牌互动生成共鸣文化意义，也为认知企业品牌文化传播与广告话语建构的关系打开了思路。

在实际操作中，不少企业常常把品牌文化简单地归为企业文化，认为品牌文化就是宣传企业文化，通过企业文化话语的建构，在目标受众中树立良好的企业形象。这种认知忽视了品牌文化的本质，企业文化既是企业和受众信任关系建立的产物，也是企业文化和受众认知互动的结果。企业文化影响的是企业内部员工，强调内部效应，着眼于内部认同，属于企业管理范畴，围绕企业文化进行的广告话语建构应该强调其企业内部传播的适应性；品牌文化影响的是客户，强调外部效应，着眼于社会各个服务领域、商业层次的多方面认同，属于经营范畴，围绕品牌文化进行的广告话语建构应强调对外传播的可行性。

根据以上学者们的看法和观点可以看出，品牌话语的形成与广告话语的传播直接相关，广告话语建构对品牌文化建设的路径也产生直接影响。品牌话语不仅仅包括企业的标识、符号等广告赋予的外在形象，也包括广告传播所诠释的企业与客户之间，企业、客户与社会团体之间关系的互动和信任关系。广告话语建构与品牌文化建设的要点集中在以下几个方面：其一，广告话语传播要重视品牌价值观与企业价值观的关联；其二，广告话语传播要重视数字化媒体环境对品牌文化理念开放性的动态要求；其三，广告话语传播要重视品牌文化建设与客户忠诚度培养之间的关系梳理。

广告话语建构也应关注到品牌国际传播的环境和要求。根据中国商务部提供的数据，在参与对外贸易的中国企业中只有不到20%的企业拥有自主

---

① 余明阳，杨芳平.品牌学教程［M］.上海：复旦大学出版社，2009：325.
② 黄蕾，黄焕山.品牌文化特质论［J］.当代经济，2007（10）：81-82.
③ 林青，赵兴艳.品牌文化的透视及营销策略［J］.商场现代化，2007（13）：233-234.

品牌，而且这部分企业中真正实现自主品牌出口的还不到一半。因此，虽然"中国制造"遍布全球，中国制造广告宣传和话语引领也可圈可点，但是中国品牌在高端生产链竞争中并不具备明显优势，商品附加值和品牌认知度、忠诚度在国际市场仍然缺乏有效的话语表达。这些问题的存在，也为品牌文化建设中广告话语体系的建构预留了空间。

3. 国外品牌文化研究现状

如何创造性地利用广告资源为品牌服务是国外学者较为关注的话题。加德纳和利维（Gardner, Levy）认为，创造性地运用广告资源为品牌建设服务，一个基本路径就是要关注品牌价值的挖掘。他们认为品牌不仅具有功能性价值，而且具有情感性价值；品牌的发展是因为品牌具有能满足顾客理性和情感需要的价值，品牌的创建要超越差异性、功能主义，还应注重开发品牌的个性价值；品牌管理的一项任务就是要建立品牌的个性，要创造性地运用广告资源为品牌建设服务。[①] 兰能和库珀（Lannon, Cooper）认为，在品牌创建过程中应坚持广告情感主题的诠释。他们运用人类学与心理学的理论对这一论题进行观照，通过对美国广告方式和欧洲广告方式的对比研究，进一步论证品牌是如何随着广告文化的变化而演变的。[②]

通过广告话语的建构阐释品牌的附加价值和情感价值也是国外学者重视的议题。切纳瑞和麦克唐纳（Chernatoury, McDonald）认为，一个成功的品牌能帮助顾客识别产品、服务、人员或地域，把品牌附加到产品、服务、人员或地域上，能使购买者或使用者感受到他们所需要的独特的附加价值，品牌的成功源于其在竞争环境下，能持续地保持这些附加的价值。[③] 金（King）指出，品牌不仅仅由于其功能性价值而被人喜爱，而且由于其心理和社会价值而被人喜爱。[④] 让·诺尔·卡菲勒（Kapfer）认为，产品是不会说话的，品牌赋予产品意义和目的。[⑤] 马克·葛伯（Marc Gobe）认为，成功的品牌必须带领顾客进入一个更深层次的、普遍的情感层次。[⑥] 这些观点，在一定程度

---

① 刘泳. 品牌导向型公司及其价值链整合模式[M]. 上海：上海人民出版社，2019：40-41.
② 张燚, 张锐, 刘进平. 品牌生态理论与管理方法研究[M]. 北京：中国经济出版社，2013：91.
③ CHERNATOURY L, DONALD M. Creating powerful brands[M]. Oxford: Butterworth-Heinermann, 1998.
④ KING S. What is a brand[M]. London: J. Walter Thomson Company, 1970.
⑤ [法]让·诺尔·卡菲勒战略性品牌管理[M]. 王建平, 曾华, 译. 北京：商务印书馆，2000：49.
⑥ COBE M. Emotional branding[M]. New York: All worth Press, 2001: 126.

上解答了如何通过广告话语的建构为品牌赋能的方向和路径问题。

通过广告话语建构阐释好品牌文化的层次和内涵，也是国外学者长期关注的议题。戴维森（Davidson）提出了"品牌的冰山"理论，认为品牌的标识、符号等是品牌水面的部分，仅占冰山的15%，而冰山藏在水下85%的部分是品牌的"价值观、智慧和文化"。① 达里尔·特拉维斯（Travis）认为，"品牌在某种程度上象征着您的某一身份"。② 斯科特·戴维斯（Scott Davis）提出品牌金字塔模型。金字塔最底端是品牌的特征和属性，满足消费者基本需要；中间部分是品牌利益，满足消费者情感需要；最顶峰是品牌的信念和价值，满足消费者精神和文化需要。③ 国外学者有关品牌文化层次的讨论，在一定程度上锚定了广告话语建构的范畴，规定了广告话语在品牌文化建设中的传播方向。

国外学者对品牌文化内涵的诠释和解读，明晰了品牌文化的价值内涵，强化了品牌文化是消费者、企业和社会各界相互沟通结果的认知。而消费者、企业和社会各界相互沟通的过程，也是广告话语强势介入的过程，这些问题讨论的意义在于为本研究提供了观察广告话语传播与品牌文化建设关系的多维视角。

（四）选题价值和意义

1. 回应社会现实的理论阐释力

中国改革开放伊始，广告话语传播以传统媒体为载体，以多元形态呈现，广告话语对广告话题的引领集中在广告姓"资"还是姓"社"、广告为谁服务、广告的功能作用、地位评价等相关领域。20世纪90年代以后，新媒体创意营销浪潮兴起，广告话语传播和广告话语呈现的环境更为复杂和宽泛，对广告话语的研究，涉及广告伦理道德解读、广告规制建构、广告受众地位变化、广告功能扩张、广告创意思想嬗变、绿色广告传播、广告素养教育、广告与城市文化符号建构、广告与社会文明进步等诸多层面，理论意义凸显。

---

① CHERNATORIG I. From brand vision to brand evaluation［M］. Oxford: Ballerworth-Heinemann, 2001: 26.
② 达里尔·特拉维斯达里尔·特拉维斯. 情感品牌 如何让客户为你的产品所动［M］. 唐菁, 译. 北京：新华出版社, 2003: 18.
③ ［美］斯科特·戴维斯 品牌资产管理 赢得客户忠诚度与利润的有效途径［M］. 刘莹, 李哲, 译. 北京：中国财政经济出版社, 2006: 48-49.

2. 社会治理中的重要导向性作用

广告话语作为当代信息传播的重要形式，其话语呈现对当代中国民主进程的发展也产生重大影响。广告话语对政府政策的解读、对民情的反映、对消费文化的洞察都直接而敏感。中国当代广告话语传播与话语呈现往往通过公益广告、流行广告语、政府形象广告、企业形象广告等诸多形式得以实现，在营造舆论氛围、把握舆论走向、掌控话语权、消除社会不和谐的因素等层面都有所作为。广告话语作为一种新兴的信息形式，作为文化产业发展的一种核心推进力量，在解读文化产业内涵，勾勒文化产业前景，强化文化产业强市、强省、强国理念等话语呈现方面有着其他传播形态无可替代的优势。

3. 反思广告观念的社会影响力

1979 年我国广告业恢复，在 40 多年的发展过程中，不仅呈现了许多优秀、脍炙人口的广告语，而且不同历史阶段人们的广告观念、广告教育和研究主题、广告监管的重心都随着社会政治、经济、文化环境的改变而变化。运用广告话语分析的视角来审视中国当代广告发展，将广告话语变迁的过程中体现出的广告与人、广告与社会互动关系作为本研究的一个自觉追求。在理论选择和史料筛选过程中，笔者始终以这一目标追求作为衡量标准，即把那些适用于本研究的理论和方法纳入分析框架中，同时尽可能地将较为全面的广告话语——与广告传播所引发的或与之相关的文本和语境——做系统的梳理和分析，不仅包括优秀获奖广告作品、流行广告语、公益广告主题等物质性的语言表现形式，还包括当代广告教育、广告研究、广告监管以及广告话语所呈现的相关话题、观念、意见等。

4. 开拓广告史研究的社会学面向

"历史广告学的基本任务，就是站在现代广告学发展的高峰，以新的视角对广告发展的历史进行全面回顾，理清原始广告发展到现代广告的历史脉络，对不同地域不同时代文化背景下原始广告、现代广告两个层面各要素之间相互依存、互有消长的关系，以及不同形式的广告在发展过程中对人们的生活习惯、行为方式及对社会政治、经济、文化生活的影响进行研究。"[1] 因此，在中国当代广告发展史研究的过程中，从广告话语分析的视角来关心广

---

[1] 杨海军，王成文. 历史广告学：广告学研究的一个新领域 [J]. 广告研究（理论版），2006（4）：101-102.

告传播与社会发展的关系；关心特定语境下广告实践过程中除发挥信息传播、产品营销等方面作用之外的其他社会功能；将广告话语理解为广告传播、社会发展的重要表征，从历史的、社会的维度去关心广告话语的变迁，对丰富现有广告研究史料、拓宽广告史研究视野具有突出的理论意义和现实意义。

二、研究的主要内容和基本观点

（一）主要内容

中国当代广告发端于1979年，中国社会的改革开放为广告业的恢复和发展提供了合适的土壤。首先，思想的大解放和经济建设重心的确立为中国广告业的全面恢复创造了良好的政治、经济和社会环境，中国广告业开始了全面而快速的恢复和发展；其次，具有中国特色的市场经济发展道路也为中国广告行业的创新发展提供了更多机遇。改革开放以来的几十年间，我国广告从产品推销到品牌营销，从促进销售到引导消费，从单一产品售卖到产业结构完善，从追求商业价值到塑造文化内涵，中国广告产业发展不断升级，广告市场结构不断完善，在国民生产总值中所占比重不断增加，对社会、经济、文化发展的贡献力不断增强。再次，中国广告市场的特殊性也为广告舆论传播和广告话语呈现提供了更多可能。改革开放以后，尽管中国广告业发展的脚步一直向前，但不同的历史时期，受国家政策调整、经济调控以及社会环境治理的影响，广告产业发展进程中暴露的问题和值得人们关注的重心有所不同，某一历史时期集结成一类具有相同时代特征的广告话语成为显性现象，这些广告话语通过议题设置和舆论传播延展出更多的与社会发展、文明进步相关的价值意义，而正是在广告舆论和广告话语的价值意义指引下，广告产业更加全面和深刻地认识自身发展，从而在反思和实践中不断前行；同样，这些价值意义反作用于社会发展，对社会文明、文化传承发挥着潜移默化的影响作用。

在中国当代广告发展史的不同历史阶段，都有符合当时社会语境的广告话语凸显，无论是改革开放初期思想上的拨乱反正、现代广告意识的觉醒、制度上的科学法制化，还是21世纪广告法制建设上的中国特色、互联网＋的思维的渗透、智能广告内容生产的创新，都在不同程度上引导着人们对广告业发展的目标和愿景的追问和探讨，影响着各种与广告发展有关的观念、想法被转化为现实问题而受到人们关注。

广告话语传播具有语言分析和社会实践的双重特点，也兼具信息传达和价值观念建构的目标取向，根据这些特征和目标取向，可将广告话语界定为广告传播活动产生的或与广告传播活动相关的文本和语境的总和。在这里，文本是广告传播活动产生的物质性存在，语境则是与广告传播活动相关的来自广告活动各方主体的观念、意见的反映。基于对"广告话语"概念的理解，本研究从广告话语分析的视角，运用史论结合法、历史文献法、批评性话语分析法等研究方法，将改革开放40多年来与广告传播活动相关的广告话语进行全面、系统的梳理和分析，论及广告学界、广告业界、广告创意公司、广告主、广告受众、广告管理部门以及广告媒体七个类别的广告话语，包括优秀获奖广告作品、流行广告语、公益广告主题、典型广告传播事件、广告监管与自律相关话语以及广告教育与学术研讨相关话语。按照历史分期将样本进行整理和分类，分析中国当代广告发展不同阶段广告话语呈现的特征、成因以及发展规律，勾勒出其变迁的轨迹，从而透视出广告话语传播对中国当代广告产业的发展、社会文明的推进以及文化传承所产生的潜移默化的影响和作用。

把广告话语传播放在当代中国社会变革的大环境中考察，研究广告话语传播的时代环境的现实动因，涉及如下具体内容。

1. 广告话语建构的时代特征

中国当代广告话语建构，从历史视角进行考察，可以观察到这种特殊的传播形式是社会转型时期商业文化与主流文化碰撞的产物。商业文化的主体意识的确立，是中国社会从计划经济向市场经济过渡时期信息传播多元化的必然结果。主流文化对广告文化的观照和引领，是中国当代广告发展史上的一道亮丽风景线，也成为中国当代广告话语传播的风向标。中国特色的市场经济发展道路和中国独有的广告市场格局，决定着广告话语传播必须站在时代的前沿，担负着对社会潮流的引领，对国民消费观念的教育、对公益活动和公益事业的推进和传播的重任，在中国当代广告话语传播史上留下深深的时代烙印。

2. 广告话语呈现机制

数字技术，如大数据、云计算技术的广泛运用，建构了广告话语传播的新媒介生态；广告话语建构按照广告市场中多元主体的意见和主张展开，沿着追随国家主流意识形态、利用社会团体意见和主张、聚焦社会公众关切等相关路径展开；广告话语的形成依托传统媒体组合中的强势传播、新媒体运用中的蔓延式传播和多媒体混用中的广告场域传播实现；广告主的议程设置、舆论领袖的话语引导、媒体的拟态环境、受众的沉默螺旋构成了一个完整的话语传播过程；广告话语传播具有公共性、新奇性、争议性和指向性等显性特征。

3. 广告话语传播的社会引导

广告话语的监管与控制包括广告话语源头的监管与调控、广告话语传播中应对机制建立、相关法律法规的制定与实施、舆情调查与舆情分析的跟进。广告话语的传播主题与民众日常生活需求直接相关，广告话语呈现是社会民众主张的传声筒、政治宣传的辅渠道、社会冲突的减压阀、民主政治的新元素、社会生活的新景观，广告话语传播关心社会民众的社会心理预期，广告话语的呈现则反映时代发展的社会愿景。

4. 广告话语建构的社会意义

广告话语传播追随时代步伐和民众需求，这是由广告话语传播的功能性特征决定的。广告话语传播往往以有争议的话题或社会热点事件为引燃点，紧紧追随社会和时代的步伐，牢牢把控广告话语传播的方向，以价值的赋予和观念的强化为传播预期，有效地实现传播者的传播目标。广告话语呈现同样是广告市场中多角关系紧密互动的结果，无论是广告的传者还是受者，都或多或少地共同担负了广告话语创作、加工、传播的社会责任和义务。从这个意义上讲，广告话语的建构往往超出广告发布者的主观行为范畴，具有话语引领的社会意义。

（二）基本观点

1. 广告话语建构的三个层面

广告话语建构的层面立体丰富，但总体来说，主要表现在以下三个层面：广告话语建构主体传播思想观念、主张价值立场、弘扬时代文化、培养消费意识的导向性意见；广告话语建构客体在使用广告产品、接受广告宣传、反馈广告信息时形成的较为集中的认知性意见；舆论领袖在特定语境下观察广告现象、辨析广告问题、讨论广告事件时引领的评论性意见。

2. 广告话语建构的社会情境

广告话语建构的社会情境较为复杂，传统媒体时代和新媒体时代其存在的社会情境也有很大差别，根据广告话语传播的情境真实性与否，可将其分为真实情境、想象情境和暗含情境；根据广告话语传播和广告话语呈现的情境范围，可将其分为宏观环境、中观环境和微观环境。这些因素交错影响，共同构成广告话语传播的外部图景。

3. 广告话语建构的周期性

通过广告创意和广告传播，放大有争议性的公共问题，经过众多个体意见充分互动，经社会权力机构、大众媒体等相关组织引导，最终在公众心理上达到共鸣，进而对人们的行为产生直接或间接的影响，产生特定的社会效应，这是广告话语建构的理想模式。在广告话语传播的特殊场域中，这样一个过程是可以引导和控制的，经过精心的设计和策划，其周期性的传播和呈现成为常态。认识广告话语传播和话语建构的周期性特征，发现更多的典型案例，可以为广告传播功能的延伸提供更多的理论和实践支撑。

三、核心概念界定与相关问题阐释

（一）舆论与广告舆论

舆论本意是反映民意，即公众意见或言论。目前，学界对舆论的定义比较多样。李普曼在《公共舆论》一书中认为舆论是"他人头脑中的图像，包括对于他们自己、别人、他们的需要、意图和人际关系等等的图像，都属于他们的舆论。这些对人类群体或以群体名义行事的个人产生影响的图像，就是大写的舆论"[1]。刘建明在《基础舆论学》一书中指出："舆论是显示社会整体知觉和集合意识、具有权威性的多数人的共同意见。"[2] 陈力丹提出："舆论是公众关于现实社会以及社会中的各种现象、问题所表达的信念、态度、意见和情绪表现的总和，具有相对的一致性、强烈程度和持续性，对社会发展及有关事态的进程产生影响，其中混杂着理智和非理智的成分。"[3] 综合当前学者对舆论的定义，

---

[1] 沃尔特·李普曼.公共舆论［M］.上海：上海人民出版社，2006：23.
[2] 刘建明.基础舆论学［M］.北京：中国人民大学出版社，1987：11.
[3] 陈力丹.舆论：感觉周围的精神世界［M］.上海：上海交通大学出版社，2003：22.

多数学者认为舆论是多数人对于某一事件有效的公共意见。舆论是一个不断演化的概念，它被所处的时代赋予了新的内涵和特征。目前，舆论的内涵和外延呈现出多元化发展态势，舆论这一概念已经被广泛运用到各个领域，出现了社会舆论、媒介舆论、新闻舆论、政治舆论、广告舆论等多个概念。

广告舆论作为一种广告传播活动的新现象，是舆论的基本形态之一。目前，学界对社会舆论、新闻舆论、政治舆论等舆论形态的研究较多，较为成熟，而对广告舆论的论述较少，对广告舆论的研究还处于初步阶段。笔者在中国知网中，以"广告舆论"为主题词进行搜索，并对相关文献进行梳理，发现目前学界关于广告舆论的研究主要集中在以下几个方面。

1. 广告与舆论的关联

舆论学具有公开性、评价性、群体性和现实性等特点，舆论学特点的研究对于广告传播的运作具有指导意义。邓惠兰从舆论学视角出发，对广告和舆论之间的关系进行了研究。在《广告传播的舆论学观照》一文中邓惠兰指出，广告传播与舆论学有着千丝万缕的联系，广告传播中的一些方式、方法和渠道，直接或间接运用了舆论学研究的成果。因此，我们可以运用舆论学的某些功能和特性，来对广告传播进行观照，改进其传播效果。① 张金海、饶德江等人认为，广告的本质是一种舆论，它运用多种传播方式和传播渠道，让消费者购买某种特定的产品而不是其他，让受众接受其传播的观念和影响、支配受众行为。② 从研究者的研究成果看，一些研究者认为舆论学的理论和方法可以观照广告传播活动和广告传播现象，一些研究者认为广告的本质是一种舆论。这些观点从不同视角阐释了广告与舆论的关系，对两者具有"公共意见"共性的特征进行了概括和总结。

2. 广告舆论的概念与内涵

很多学者并未对广告舆论提出明确的定义。刘智勇在研究中将广告舆论定义为是一种消费舆论，是广告主借助一定的媒介传播商品和服务的评价性意见。杨海军 2009 年在《广告舆论造势的经典之作》一文中，将广告舆论定义为广告发布者通过特定的媒介，借助权威认证、明星代言、形象比附、事件关联等方式向其选定的具有一定规模的目标受众传播广告信息、强化立

---

① 邓惠兰.广告传播的舆论学观照［J］.江汉大学学报（人文社会科学版），2002（3）：77-81.
② 张金海，饶德江，刘珍.略论广告的舆论引导功能［J］.新闻与传播评论，2001（0）：100-106，267.

场主张、引导消费观念、制造营销氛围，进而形成舆论事实或表象，并在受众体验、交流和反馈的基础上，形成对广告产品及服务认知的导向性意见。在其博士论文中，杨海军对广告舆论的内涵和外延做了进一步的界定，指出广告舆论有广义和狭义之分，广义的广告舆论是指由广告传播引发的公众关于现实社会以及社会中的各种现象、问题所表达的一致性信念、态度、意见和情绪表现的总和，由广告传播引发的舆论可统称为广告舆论；狭义的广告舆论即之前提到的说法，并且认为，广义的广告舆论可以称为社会广告舆论，狭义的广告舆论可以称为消费广告舆论。该定义较全面地描述了广告舆论的内涵和外延。本文即是在广义的广告舆论基础上进行的分析。

3. 广告舆论与新闻舆论

刘智勇对新闻舆论和广告舆论进行了比较，认为从舆论的角度来看，新闻和广告是最活跃、影响最广、能量最大的两种舆论形态。新闻媒介是广告舆论的最重要的载体。从系统论的观点看，在同一媒体上，新闻舆论和广告舆论是作为一个整体来发表意见的。虽然各自具有独立性，但两者之间存在着一种相互影响、相互作用的互动关系。广告舆论在很大程度上表现为媒介舆论。[1]胡忠青认为，大众媒介对广告无形中造成了舆论导向问题，媒介始终要以相应的正确引导，认真担负起引导舆论的责任。[2]

（二）话语与广告话语

把广告置于话语范畴内进行研究，将广告传播以及社会影响呈现的内容作为社会话语的一种形态，广告话语不只是广告传播内容本身，而更多的是指广告传播过程中呈现的社会意义空间。那么，广告话语表层呈现的是广告主借用广告传递的商品或企业营销信息等，而在社会语境下广告话语深层反映的是通过媒介传播和社会互动交流，潜移默化地产生具有社会普适的深层意义或象征价值，并对社会文化、社会关系以及社会价值的建构意义。广告把一些概念、观念和情感放在一个可被转换和阐释的符号形式中具体化，构成了一个共享的"文化空间"。[3]它所获得的意义，既来自社会生活实践，又

---

[1] 刘智勇.论新闻舆论与广告舆论的互动：兼析九·二一大地震期间台湾报纸广告的特点[J].国际新闻界，2000（3）：70-72.
[2] 胡忠青.大众媒介对广告舆论的引导[J].集团经济研究，2004（12）：121-122.
[3] [英]斯图加特·霍尔.表征：文化表象与意指实践[M].徐亮，陆兴华，译.北京：商务印书馆，2003：10.

来自社会文化的宏大背景。改革开放以来,伴随广告市场的逐渐成熟和消费者的成长,广告主的广告主张变得更加理性,更加实际,广告开始为人们提供独立的价值判断和消费理念。广告话语的舆论导向随着时代的变化而变化,从对主流意识形态的追随到对消费观念的推崇;从个人主张的表达到对公众意见的吸纳,广告话语成为舆论导向的风向标。

1. 话语和广告话语实践

话语最初是作为一个语言学概念出现的,指由句子构成的语言段落。自索绪尔(Ferdinand de Saussure)开始,话语作为俄国形式主义所关注的对象,其范围限定在文本结构当中,直到巴赫金(M. Bakhtin)的对话理论打破其静止、封闭的属性,从而赋予了话语以交流的功能。人类学家列维·斯特劳斯(Claude Levi-Strauss)首先为话语灌注了文化的含义,把它看作处于语言和言语之间的一个"代码结构"。福柯在此基础上进一步发现了话语和权力的关系,将话语作为实践的对象加以考察。时至今日,话语的影响已渗透了哲学、历史、文学、艺术等几乎人类精神的所有领域,不仅指示着一种独特的研究视角与方法,也意味着对人类社会与历史的全新理解。西方传播学中批判话语分析学派的著名代表人物诺曼·费尔克拉夫从社会文化视角诠释话语的真实意义,并将话语作为社会建构过程中的组成部分。他认为:"话语根源于人们的生活方式和文化习惯,但同时也影响着人们的生活方式和文化习惯。"[①]

随着波斯特(Postiate)所称的"信息方式"取代了马克思时代的"生产方式",人们彼此如何交换符号与意义的问题变得比商品如何生产出来的问题更加重要。社会的各种实践都离不开话语及话语形成的意义空间,日新月异的词与物融合在一起构筑了一种新的意义系统,促使着现代社会变迁,也令人们惯于采纳新鲜的话语实践来跟上发展的节奏。广告作为话语的一种承载形式,同样随着社会的变迁迅速而持续地革新,这正是受到内在力量、社会变迁以及它们所生存的语境转变的驱动。

2. 广告话语对社会的建构

话语受语境的影响,同时也反作用于语境,两者是一种辩证的关系。广告话语的语境受到社会的政治、经济、文化等多方面因素的影响。由于社会

---

① [英]诺曼·费尔克拉夫.话语与社会变迁[M].殷晓蓉,译.北京:华夏出版社,2003:1.

转型、传统文化以及经济全球化等发展问题，消费者观念、广告主观念、社会价值观念的变迁轨迹在广告活动中都有清晰的呈现，最为典型的是广告话语对这些社会意识形态的建构和传承。人们在接受表层广告话语传递信息的同时，还在进行一种社会活动——接受或创造一种有特定含义的视角，从而确定自己的社会身份和态度。正如诺曼·费尔克拉夫强调的，话语对社会建构的效果分为三个方面：其一，话语有助于某些有着不同称呼的东西的建构，诸如"社会身份"、社会"主体"的"主体地位"、各种类型的"自我"。其二，话语有助于建构人与人之间的社会关系。其三，话语有助于知识和信仰体系的建设。这三个方面共同存在于所有的话语之中，诺曼·费尔克拉夫分别将其称之为语言的"身份""关系""观念"功能。

3. 广告话语的传播主体

通过不同时期广告话语呈现的变化来探寻中国当代广告话语对社会意识形态的建构，首先需要明晰广告话语传播主体的主张和意图。广告话语同话语一样，都存在代表谁的思想、意图或者意识形态的问题，也就是传播主体的问题。在广告活动的传播和社会互动过程中，话语的主体不仅仅是广告信息的发布者，同时应该包括因广告传播而关联在一起、参与广告语境构建的所有主体。因为在广告传播的各个节点上都可能产生不同社会个体对广告活动的理解和认识，而这些繁杂的内容构成了广告传播产生的内在话语系统。因此，广义上，广告市场中多角关系共同构成广告话语的主体，他们通过参与广告信息和广告深层意义或象征价值的生产和传播的整个过程，实现对社会身份、社会关系以及社会价值的建构。

四、研究思路、研究方法与创新之处

（一）研究思路

运用话语分析的理论和方法观照广告产业发展和广告经营管理的实践，涉及跨学科知识体系的建构和运用，即话语分析研究和广告学研究的相关学科的知识运用和跨学科研究。广告舆论传播和广告话语变迁的双维度研究，是该课题研究的一个基本出发点。广告舆论传播是广告话语呈现的前提条件，广告话语建构是不同时期广告舆论传播的必然结果。

1. 研究的跨学科视角

广告话语建构的跨学科研究。话语分析的跨学科研究,形成了许多经典的研究范式。广告话语研究一方面要运用话语分析的理论和方法观照广告话语的传播实践;另一方面,也要合理运用多学科的知识视野来搭建广告话语分析的研究框架,从政治学、社会学、文化学、传播学的不同场域对广告告话语建构的社会意义进行追踪。更为重要的是,改革开放40多年中国当代社会丰富多彩的广告实践,也为广告话语分析研究提供了大量鲜活的案例,广告话语建构研究本身也成为话语研究创新性成果呈现的重要组成部分。

2. 研究的双重面向

广告传播和广告话语建构的双维度研究。从广告的功能性特征看,广告传播和广告话语建构反映并代表广告主与媒介利益联盟集团的利益,反映他们的主张、观念、意见;从社会发展和文明进步的历史进程看,广告传播和广告话语建构反映着大多数社会民众的共同心声。关注和判断现实生活中广告传播走向及广告话语生成的路径也是该研究的基本出发点。

(二)研究方法

本研究从广告传播和广告话语分析的视角,运用文献研究法、批评话语分析法以及案例分析法等研究方法,对中国当代改革开放以来40多年与广告相关的话语进行全面、系统的梳理和分析。

1. 文献研究法

该研究方法主要包括史论结合研究方法和历史文献研究法。广告史研究不应该仅仅是"就事论事",而是与广告理论研究相结合,上升到理论层面,从而形成广告研究的理论体系。"史论结合"的研究方法成为广告史学术研究中应用的普遍共识,在史料收集、归纳、整理、阐述的过程中,注重对广告史发展规律的把握和广告理论的提炼。本研究将在梳理中国当代广告话语及其发展语境的基础上,注重对复杂历史现象的论述,注重透过广告话语对广告与社会关系进行研究。历史文献研究是非接触性的研究方法,可以通过对所搜集资料进行鉴别、整理、分析和思辨,形成对研究现象的科学认知。通过研究场景置换判读中外与广告传播和话语呈现有关的珍存文献,更深刻地理解研究主题。文献研究法就是搜集和分析研究各种现存的有关历史文献资料，进行查阅、分析、归纳、整理从而发现事物本质的一种研究方法。历史文献研究方法有两种研究方式，即历史文献定性研究方法和历史文献定量研究方法。历史文献的定性研究方法就是通过对历史文献内容的分析，来揭示历史文献所反映的历史的性质、特征及发展规律。其特点是侧重对历史文献个案的研究，注重对历史文献内容的含义和深层探讨。历史文献的定量研究方法即对各种历史文献的明显内容进行客观、量化的描述。研究者只针对历史文献外在的、表面的内容进行解释，如历史文献某一问题出现的频次、某一类别在整个文献中占的比例等。本研究将历史文献研究法贯穿始终，以定性和定量研究方法相结合，来辅助揭示广告话语与广告业发展、社会变迁内在的关系。

2. 批评话语分析法

批评话语分析，又称批评性话语分析或批评语言学，是英国20世纪80年代兴起的话语分析新方法，其主要倡导者有富勒（Fuller）、威多森（Widdowson）和费尔克拉夫等。批评话语分析中"话语"的含义有两个来源：一个是语言学。费尔克拉夫将"话语"界定为"口语或书面语言的使用"，相当于索绪尔的"言语"。这既是语言学话语分析的传统，也是对福柯不关注具体语篇的批评。另一个是福柯话语理论。费尔克拉夫不是在语言内部研究话语意义，而是从语言、社会和文化的辩证关系研究话语变化，探讨话语、权力和意识形态的关系以及话语在社会变迁中的功能。批评话语分析以社会问题为研究的出发点，而且以解决社会问题为研究目的。它主要关注三大问题：话语与意识形态；话语、控制和权力；话语与社会。以费尔克拉夫三向度分析模式较为系统，它包括文本分析、话语分析以及社会实践分析三个向度。通过系统、全面的分析，以揭示话语与社会变迁的辩证关系。运用批评的话语分析法对研究中选取的属于中国当代广告话语范畴内的样本进行系统、全面的分析，以把握中国当代广告话语呈现的特征、规律和变迁轨迹。

3. 案例分析法

案例分析是一种全景式还原社会事实的研究方法，通过对明星广告、问题广告和由广告创意引发的广告热点问题进行筛选，对公益广告、流行广告语、政治广告、重大广告事件进行梳理，凸显广告传播中典型事件的典型意义，并通过对这些事件进行情境还原和话题提炼找到广告舆论话语形成的原点。本书重点研究了中国元素广告话语体系建构、广告并购话语体系建构和广告营销话语体系建构等相关案例，试图从广告传播的本土化、国际化、跨文化交流三个视角观察广告话语建构的历史轨迹。

（三）创新之处

1. 系统梳理广告话语建构的研究体系

对广告话语建构的探析，需要一定数量、代表性的案例支撑和佐证；需要运用科学的理论指导和严密的论证来剖析，同时，还要对广告话语呈现的规律及发展态势进行理性判断和客观分析，本研究对该问题的探讨具有开拓性。广告话语建构在不同的环境或语境中产生、发展的原因、表现形态、传播渠道及影响范围均有所不同，厘清不同语境下的广告话语建构运行机制需要较为详尽的脉络梳理、范畴界定、现象分析及性质界定。本成果在这些层面所做的工作具有一定的创新性。

2. 探析中国当代广告史研究的新视角

改革开放以来的40多年，我国广告理论界在广告通史、广告断代史、广告专题史等方面的研究成果较为丰硕，广告史的学科平台得以搭建，学术视野日益开阔，成为热门研究领域。伴随着广告史资料的积累和广告史研究的细化，广告断代史研究取得了一定的成绩，中国古代广告史、中国近现代广告史、中国当代广告史研究逐渐推出了一批较高质量的研究成果，特别是民国时期报刊广告史的研究成果颇丰。但就目前中国当代广告发展史的研究现状、相对于蓬勃发展的广告产业和广告学基础理论研究而言，中国当代广告史的学术探讨和学理反思尚显不足。一些学者把过多研究精力放在对当代广告大事记的梳理和描述上，缺乏研究者独到的史论分析；一些学者仅从宏观视角对当代广告发展史进行研究和审视，缺乏特定视角的学理反思和史料挖掘。"历史广告学是揭示广告产生、发展的背景及过程，探讨不同社会历史时期广告发展演变的类型、特点、规律，总结不同历史发展阶段广告发展对人类政治、经济、文化生活产生巨大影响等历史经验的一门学科。"[1] 选取特定视角对中国当代广告史进行深入、细致的研究，就补充和完善广告史研究的角度而言，具有较强的理论意义和较大的学术价值。本研究尝试从广告话语分析的视角，对中国当代广告话语传播脉络和逻辑进行探析，对不同发

---

[1] 杨海军.中国古代商业广告史［M］.开封：河南大学出版社，2005：序3.

展阶段广告话语建构的语境、生成的原因、过程及产生的影响进行分析,这是中国当代广告史研究的一个新视角。

3.厘清当代广告话语变迁的关键问题

本研究通过对中国当代广告话语样本的收集、整理、筛选、归纳、提炼来剖析当代广告话语不同历史阶段表现出的特征、原因以及发展规律,勾勒出其变迁的轨迹,从而透视出广告话语传播过程中对广告产业的发展、社会文明的推进以及文化传承产生了怎样的潜移默化的作用。现代话语研究没有局限于文本解释或者会话分析,已经延伸到话语的、认知的、社会的、文化的、政治的和历史的语境研究。现代话语理论,尤其是以批判性视角的话语理论精髓都指向一个共同方向:话语与意识形态的关联,将意识形态作为话语解释的基本框架,为社会各种组织的态度提供认知基础。它旨在透过表面的话语形式,从人文社会科学的角度揭示语言、权利与意识形态的关系,包括意识形态对话语生成、分布、理解过程的影响,还包括话语对意识形态的反作用以及两者的互动的内在机制。因此,话语理论和话语分析方法为本成果提供了理论支撑和方法论指导。本研究拟厘清的关键问题包括:按历史分期分析当代广告话语在文本和语境两个层面表现出的特征,分析当代广告发展的不同阶段广告话语的语境层面生成机制,梳理中国当代广告话语发展的规律和变迁的轨迹,探讨广告话语对广告产业发展、社会文化的作用和意义。

第一章

广告话语传播的基本问题

本章提要：中国当代广告话语传播，与中国波澜壮阔的改革开放进程相关联，与中国特色的社会主义市场经济的实践相呼应，与广告业自身发展历史轨迹相吻合，客观反映着中国当代社会的现实风貌和人们的思想认知，在消费观念引领、公益价值倡导、社会文化诠释等层面都产生了积极的影响。广告信息传播是广告话语形成的温床，广告话语不仅记录着中国当代社会意识的变迁轨迹，而且建构着社会身份、社会关系、社会观念等与社会意识形态呈现相关联的内容。本章重点梳理广告话语传播中的几个关键问题，涉及广告舆论与广告话语关系解读、广告话语传播的阶段性特征和特点、广告话语传播对社会发展的影响等相关问题。

一、广告舆论与广告话语关系解读

"广告舆论是指由广告传播引发的公众关于现实社会以及社会中的各种现象、问题所表达的一致性信念、态度、意见和情绪表现的总和。"[①] 广告话语为广告传播活动产生的或与广告传播活动相关的语言和语境的总和。从广告舆论到广告话语的衍化过程，也是广告舆论传播过程中所表达的一致性信

---

① 杨海军.广告舆论研究探析［J］.新闻与传播研究，2010，19（5）：64-72，110.

念、态度和情绪衍化为文本语言和对广告语境重新诠释和建构的过程。

（一）广告传播功能外化的产物

我国一些学者认为广告传播是传播权力的运作，也是一种权力实践。如有的学者就指出："在社会传播当中，任何可以对其他人施加影响力和控制力的人和事物都是一种权力的表现。借用形式符号，广告传播的本质是传播权力的运作，广告传播也是一种权力实践。……广告可以是对心灵的诱惑，对行为的暗示，也可以是令人信服的理念，还可以是知名度的权威和默契性等等。"① 这种判断在传统媒体的单向信息传播时代，不断被商业信息的强势传播所印证。但随着广告社会影响力的扩大，广告的自身结构也在发生变化，广告传播权力的实践逐渐内隐，而广告传播功能却得以逐渐外化和扩张。

中国广告业发展的40多年，正是中国改革开放与市场经济发展的重要历史时期，广告作为中国改革开放的显性产物，逐渐成为中国现代化发展的重要表征之一，由广告传播引发的与现实社会相关的广告舆论自然也成为社会舆论的重要组成部分。笔者认为："广告舆论首先是舆论的一种基本形式，具有舆论的共性，其公众参与性和民意表达是其基本特征，……广告舆论又是广告自身传播的产物，是广告传播功能外化的结果，也是广告传播者、广告代理、媒介、受众多元互动的意见体现，具有原发性、导向性和可控性特征。"② 前文提到，广告舆论是指由广告传播引发的公众关于现实社会以及社会的各种现象、问题所表达的一致性信念、态度、意见和情绪表现的总和。由广告传播引发的舆论可统称广告舆论，不仅包括广告传播主体的导向性意见和认知性意见，还包括广告市场多角关系中的任何一方利益主体在特定时间和语境下观察广告现象、辨析广告问题，讨论广告事件时产生的具有广泛针对性的评论性意见。"广告舆论在广告传播由'传者导向'向'受众导向'转变的过程中逐渐成为一个显性话题，是广告传播功能不断增强、社会影响力不断扩大的必然产物。"③ 这些意见表达和话语权力的转移是广告话语多元呈现并逐渐对社会身份、社会关系、社会观念等与社会意识形态进行建构

---

① 陈卫星.以传播的名义：陈卫星自选集［M］.北京：北京广播学院出版社，2004：108.
②③ 杨海军.广告舆论传播研究：基于广告传播及舆论导向的双重视角［D］.上海：复旦大学，2011.

的前提和基础。

（二）广告传播中语言和语境的合体

广告话语研究的层次较为丰富，可以从广告传播的文本结构中观察到广告的创意思维和意见表达，也可以从广告传播的对话方式上获得广告交流功能效果的预期。从符号的视角探析广告话语呈现的形式和变迁的轨迹，则赋予其文化影响的社会学意义。话语的概念来源于语言学家的创造，最初指"由句子构成的语言段落"。索绪尔将话语视作俄国形式主义所关注的对象，其认知范围也被限定在文本结构当中；巴赫金创造的对话理论将话语从文本的闭环中解放出来，赋予其交流的功能；人类学家列维·斯特劳斯将话语作为语言和言语之间的一个"代码结构"来看待，为其灌注了文化的含义；福柯在此基础上进一步发现了话语和权力的关系，将话语作为实践的对象加以考察。[①] 随着语言学研究视域的拓展及更广泛意义上的知识理论建构观念的转变，时至今日，关注"话语"的学科已经延伸到哲学、社会学、历史学、文学、政治学、传播学等几乎所有人文社会科学领域。西方传播学中批评性话语分析学派的著名代表人物诺曼·费尔克拉夫从社会文化视角诠释话语的真实意义，并将话语作为社会建构过程中的组成部分。他认为："话语根源于人们的生活方式和文化习惯，但同时也影响着人们的生活方式和文化习惯。"[②] 诺曼·费尔克拉夫不仅继承了福柯话语权力思想，而且将福柯有意绕开的"不想把语言学领域里的话语概念转移到自己的研究中"[③] 的部分结合起来，形成具有了社会的、历史的、文化维度的批评话语分析。

基于这种社会的、历史的、文化的维度的话语分析视角，广告学者试图从广告实践活动本身与话语理论相结合的视角提炼广告话语的要素，阐释广告话语的内涵。有学者认为广告传播活动中所产生和使用的一整套"符号"，就包括"广告本文和语境"[④]。考虑到广告话语作为语言分析和社会实践的双重特点，也考虑到改革开放40多年来，中国独特广告市场环境中

[①] 熊蕾.广告的权力机制研究［M］.北京：中国社会科学出版社，2011：122.
[②] ［英］诺曼·费尔克拉夫.话语与社会变迁［M］.殷晓蓉，译.北京：华夏出版社，2003：1.
[③] ［法］米歇尔·福柯.知识考古学［M］.谢强，马月，译.北京：生活·读书·新知三联书店，2003.
[④] 谷虹.从广告话语透视社会意象的构建：以服饰广告为例［D］.广州：暨南大学，2005.

广告语言呈现和广告语境形成的丰富性和复杂性，同时考量广告传播兼具信息传达和价值观念建构的双重特点，在之前学者的研究基础上可进一步阐释广告话语的内涵：广告话语为广告传播活动产生的或与广告传播活动相关的语言和语境的总和。广告话语可从两个层面进行阐释，即在广告实践活动中呈现的广告语言，在不同的广告发展阶段所形成的广告语境。这里提到的广告语言是指广告传播活动产生的物质性存在，包括不同时期广告实践活动中代表性的广告作品、广泛讨论的广告议题、流行广告语、反映时代特征的广告规制等；广告语境则是与广告传播活动相关的来自广告活动不同主体的观念、意见、态度和情绪的综合反映。广告信息的传播是广告话语语境呈现的直接推动力量。

（三）广告舆论传播与广告话语建构的内涵和机制

阐释广告舆论与广告话语间的关系，应当从关注两者的基本内涵和生成机制入手。基于以上对广告舆论内涵的阐释，无论是广义的社会广告舆论还是狭义的消费广告舆论，都是在特定的时间和语境下由广告传播内容所引发的广告舆论主体的意见表达。这种意见表达是多元的，可以包括陈述性的、评论性的和批评性等多层次的意见。它不仅包括正面的舆论，也包括负面的舆论；它可以是理性的意见表达，也可以是非理性的意见陈述。在广告舆论生成的过程中，它始终处于流变的状态，是公众针对某一特定广告作品、广告议题、广告规制等内容发表意见的一种状态呈现。而基于广告话语的广义内涵，主要指某一特定时期，以文本形式呈现的相对一致意见，同时也是通过舆论传播而形成的一种相较理性的意见。它在多元意见表达的内容中占有主导地位，同时对社会体系中权力和资源的分配具有影响力。

广告舆论作为话语孕育的温床，伴随着中国社会的变革大潮而不断变换着舆论场域，创新着舆论话题。中国改革开放的步伐没有停留，广告舆论的传播就没有停止，在广告舆论传播过程中所呈现的广告话语的社会影响力也持续上升。在这里，通过广告舆论传播所呈现的不仅仅是广告话语的"文本"形式，更多积淀下来的是对社会变革的追随、呼应或者是批判。因此，将广告舆论传播以及社会影响呈现的内容作为社会话语的一种形态，这种话语也就不只是指广告舆论传播内容本身，而更多的是指广告传播过程中呈现的社会意义空间。广告把一些概念、观念和情感放在一个可被转换和阐释的符号形式中具体化，构成了一个共享的"文化空间"。① 它所获得的意义，既来自社会生活实践，又来自社会文化变革的宏大背景。改革开放以来，伴随广告市场和消费观念的逐渐成熟、广告主主张更加理性，广告传播过程中所能激发的公众关于社会现象、社会问题的反思和意见表达变得更加高发和多元。广告舆论所呈现的公众的消费意识、消费观念随着时代的变化而变化，并在特定的时期为人们提供相对稳定的价值判断和消费理念，最终积淀成为具有时代特征的广告话语。

广告话语同其他社会话语一样受到社会的政治、经济、文化等多方面因素的影响。由于社会转型、继承和发展传统文化以及经济全球化等发展问题，消费者观念、广告主观念、社会价值观念的变迁轨迹在广告传播过程中都有清晰的呈现，最为典型的是广告话语对社会身份、社会关系以及社会观念的影响和传承。正如费尔克拉夫强调的，话语对社会建构的效果分为三个方面：首先，话语有助于某些有着不同称呼的东西的建构，诸如"社会身份"、社会"主体"的"主体地位"、各种类型的"自我"。其次，话语有助于建构人与人之间的社会关系。再次，话语有助于知识和信仰体系的建设。这三个方面共同存在于所有的话语之中，他分别将其称为语言的"身份""关系""观念"功能。② 那么，在社会语境下，广告话语作为社会话语的一种表现形态，对社会的影响也应呈现在对社会身份、社会关系和社会观念三个层次上。

二、广告话语传播的几个关键问题

广告传播是广告发布者的主观行为，其首要目的是唤起受众对所传播广告信息的反应。但广告话语传播却超出广告发布者的主观行为的范畴，具有广告话语传播的社会意义。广告话语传播中信息互动增强、广告话语引导与控制中的作用与反作用力增强，广告话语所产生的社会影响力已经

---

① ［英］斯图加特·霍尔．表征：文化表象与意指实践［M］．徐亮，陆兴华，译．北京：商务印书馆，2003：10.
② ［英］诺曼·费尔克拉夫．话语与社会变迁［M］．殷晓蓉，译．北京：华夏出版社，2003：60.

突破了传统的经济层面，波及了社会文化和政治层面。改革开放以来广告话语传播具有广告功能研判和广告的文化属性解读的显性时代特征。

（一）广告话语传播的基本要素

广告话语是广告传播的外显形式，具有广告传播的时代特征和行业特征。广告从其诞生之日起就与社会民众的日常生活联系紧密，与社会发展与文明进步直接关联，广告话语传播也遵循广告传播的一般规律，具有话语生成、发展、传播和发挥社会影响力的共同特点。

广告话语传播因发起主体不同、表现形态不同、传播途径不同和影响范围不同而差异较大。但作为广告传播的意见表达和话语传播的基本形态，广告话语却具有稳定的构成要素。明晰这些要素之间的关联，是了解广告话语传播特点和生成机制的基本前提。

广告话语的构成要素一般包括以下几个部分。第一，有一个通过广告话语表达、能够引起人们广泛注意的公共问题，这个问题与人们的现实利益、社会关系、社会观念的相关程度足以引起人们的普遍关注，这种公共问题在广告传播中往往以广告文本的形式呈现在公众视野中；第二，有相当多的个人对广告议题表明态度或发表意见，经过这众多的个体意见的充分互动，最终达到为一般人普遍赞同、能在心理上产生共鸣的一致意见，这种意见往往以文本阐释的形态出现，或以广告批评的形式在社会民众中口头传播；第三，这种一致的意见最终因公共问题的存在而对人们的行为产生直接或间接的影响，即产生较大的广告传播影响力，如广告流行语的出现导致广告信息的多元传播，广告国民记忆的形成导致社会群体对广告建构的广告话语场域的追忆等。从广告话语传播的逻辑看，广告话语的三要素即为公共问题、一致性意见和传播影响力。这些认知对广告话语的探讨具有实践意义，三要素的概括，对广告话语传播的因果关系做了探讨，对广告话语的文本呈现、话语实践和社会实践的现实路径做了关联。

在特定的广告传播场域中，广告话语的形成与广告舆论的传播直接关联。广告舆论造势是广告话语呈现的推动力量；广告舆论的传播，也为广告话语的文本呈现、文本阐释和社会实践营造了现实语境。本研究认为："广告舆论是广告发布者通过选定的广告媒介，借助权威认证、明星代言、形象比附、事件关联等方式向具有一定规模的目标受众传播广告信息、强化立场主张、引导消费观念、制造营销氛围,进而形成舆论议题,并在受众参与体验、交流和反馈的基础上,促使目标受众形成对政治观念、消费观念和社会服务认知的一致性意见。"① 作为舆论的重要类型之一,就其生成过程而言,同样具备以上所提到的三要素。广告舆论的产生,首先要有公众讨论的公共议题出现。其次要有受众意见"合意"的过程。再次,广告舆论的社会影响力主要体现在政治观念引领、消费观念倡导和社会服务实现三个层面上。从三个要素的关联分析看,在特定的话语场域中,广告舆论的传播过程,也是广告话语建构的过程。

在新媒体环境下,广告舆论的传播场域更加宽泛,传播类型也更加多元,因广告舆论传播而形成的广告话语语境也更加丰富。本研究认为:"广告舆论是由广告传播引发的公众关于现实社会以及社会中各种现象、问题所表达的一致性信念、态度、意见和情绪表现的总和。"② 这里所提到的广告舆论,包括广告传播主体以传播思想观念、主张价值立场、弘扬时代文化、培养消费意识为目的,具有一定单位时间密度和空间强度的导向性意见;广告传播受众在使用广告产品、接受广告宣传、反馈广告信息时形成较为集中的认知性意见;广告传播相关主体在特定的时间和语境下观察广告现象、辨析广告问题、讨论广告事件时产生的具有广泛针对性的评论性意见。广告舆论传播场域的扩大和类型的增多,为广告话语的形成营造了更丰富的现实语境,为广告话语的建构提供了更多的实践路径。

按照广告话语构成要素之间的逻辑关系来看,广告话语传播也遵循以下基本原则:首先,广告话语是由广告主在广告传播过程中有目的、有意识制造的观念或说辞,并通过媒体的引导和控制向目标受众强势传播而形成的导向性意见,这是现实生活中广告议题产生的重要途径;其次,广告话语也是广告主、广告人、媒介、受众、广告管理部门、广告研究者对广告信息进行甄别、判读和筛选,并通过充分讨论、多向互动,在文化交流、价值判断和观念认同上形成的一致性看法,这是广告话语"一致意见达成"形成的基本路径;最后,广告话语传播对社会的影响主要体现在制造传播

---

①② 杨海军.广告舆论传播研究:基于广告传播及舆论导向的双重视角[D].上海:复旦大学,2011.

话题、引导话题讨论、引领和控制话题走向上。广告主通过预设情景制造话题，通过媒体渲染引导话题讨论，最终通过与相关部门、目标受众的互动，在文化交流、价值判断和观念认同高度契合的基础上控制话语的传播走向。

广告话语的构成要素，也决定着广告话语生成的基本方式，对新媒体环境中广告话语的生成机制也产生重大影响。广告话语建构是在广告传播由"传者导向"向"受众导向"转变的情形下展开的，是广告传播功能不断增强、广告传播的指向性日益明确、广告传播社会影响力不断扩大的必然产物。广告话语呈现的广告意见和主张，既是广告发布者的思想、观念、看法，也是受众在对广告产品及服务体验和交流中所形成的一致性互动意见。广告话语传播首先是广告信息的一种基本形式，具有广告信息传播的共性。广告传播过程中多角关系的互动是其基本特征，无论这个基本特征是以显性形式出现还是以隐性形式出现。广告话语又是广告信息不断深化的产物，是广告传播功能外化的结果，也是广告传播者、广告代理、媒介、受众多元互动的意见体现的稳定形态，具有原发性、导向性和可控性特征。广告话语表现形式多种多样，有时以消费话语形态出现，有时以媒介话语形态出现，还有时带有社会批评话语的显著特征，呈多元发展态势。

（二）广告话语的"合法性"及相关问题

在改革开放 40 多年的广告发展过程中，无论是学术界还是业界、甚至是广告受众一直没有停止对广告合法性问题的争论，只是不同时期讨论视角和侧重点有所不同而已。广告业发展早期的广告话语主要集中在对广告是否"合法"问题的关注，广告话语的焦点围绕广告业姓"资"还是姓"社"的问题展开；发展中期的广告话语主要集中在平衡广告业的经济效益和社会效益问题上，广告话语从广告作品的商业性和公益性两个维度展开探讨；到了融媒时代，广告话语主要集中关注广告传播对象的分众和聚众，这一阶段广告话语的焦点转变为广告创意与不同广告群体的匹配问题。不同历史阶段围绕"广告为谁服务"问题探讨过程中所呈现的话语都应是该历史阶段最为重要的话语之一。有学者认为："广告话语在特定的情景和结构中，受到诸多话语实践领域因素的制约，包括能够说什么、由谁来说、在什么场合说、对谁说等,其中的权力关系体现在施控群体(如政治、经济和文化资本以及代言者广告商)的控制行为和受支配群体的反抗行为之中。"[1] "广告为谁服务"体现的是广告所暗含着某种社会的或群体的意识形态,渗透着某种权力关系,而正是这种意识形态和权力关系比广告作品本身对广告受众乃至整个社会产生的影响更加深远。

表 1-1 1979—2022 年广告话语焦点[1][2]

历史阶段	广告事件	广告话语焦点
1979—1985 年广告业破冰期	1979 年 1 月 14 日《文汇报》发表丁允朋的文章《为广告正名》	最早为广告存在的合法性进行辩护的文章,引发了社会对广告是姓"资"还是姓"社"的大讨论
	1980 年播出的雀巢咖啡电视广告及针对国情修改后的广告语"味道好极了"	广告在受众中产生巨大反响,吹响了跨国广告公司进入中国内陆之号角,并给国内电视广告创作以重大启示
	1981 年央视播放西铁城手表广告	引发国人对广告是否应该播放外国商品广告的争论
	1981 年"健力宝"赞助中国女排,首创体育与品牌结缘典范	"健力宝"被日本媒体誉为"中国魔水",营销大为拓展,激发了广告主和创意者的想象力,确立饮料市场"体育牌"和"民族牌"的营销战略。北京大学学子提出"学习女排,振兴中华"广告话语,成为当年最为激情最有鼓动性之举
	1983 年燕舞广告反复播放,使得名不见经传的燕舞牌收录机一夜成名。广告中青年人苗海忠抱着吉他,听着双喇叭,跳着迪斯科,唱着"一曲歌来一片情"	燕舞广告的传播解除了人们对"资产阶级"产品的戒心,低价策略满足了众多消费者的需求,燕舞的广告流行歌曲风靡大街小巷

---

[1] 杨先顺,张颖.广告话语的权力运作:受众意识形态潜操控[J].现代传播(中国传媒大学学报),2013,35(10):18-22.
[2] 该图表中广告事件筛选原则:以 1979 年 1 月 1 日至 2022 年 12 月 31 日为时间节点,在中国知网(CNKI)数据库对"广告大事记""广告研究综述"按主题进行检索,将检索结果结合广告研究领域图书、年鉴、报告等,综合选取文献所列频次最高、被公众普遍认知的广告热点事件。

续　表

历史阶段	广告事件	广告话语焦点
1986—1991年广告业初步发展期	1986年贵阳电视台推出了"请君注意节约用水"公益广告，1987年央视启动"广而告之"系统长期的公益广告活动	引起国内外媒体的关注，带动了各地媒体开办公益广告的热情，广告话语的社会转向明显
	1987年太阳神集团第一个引入CI战略	中国广告出现一股CI的热潮，突出广告主和广告创意者以消费者为中心的广告意识的增强，开始注重挖掘消费者内心深处的细微情感
	1988年广州宝洁有限公司注册成立，"品牌教父"正式进入中国	宝洁成为品牌塑造成功的案例，被誉为"品牌教父"，宝洁的品牌营销战略是当时业界和学界关注的课题，广告为品牌服务的话语体系开始建构
	1990年第11届亚运会，中国代表队夺得六成奖牌使全民精神振奋，由体育赛事所建构的"冲出亚洲，走向世界"广告话语得到全民认同	广告中突出民族情感的创意受到业界追捧，广告话语建构的语境受到重视

1. 广告业"合法化"问题

新中国成立之初，随着计划经济的高度强化和集中化，广告在人们的意识和观念中逐渐成为多余的东西，到了"文革"时期，广告更是被贴上了"资本主义"的标签。"'文革'十年，几乎所有的广告业务都被看成是'资本主义的生意经'而被明令禁止,扫进了'历史的垃圾堆'。"① 因而改革开放前广告业基本没有其生存发展的空间。党的十一届三中全会召开，"以经济建设为中心"的计划纲要成为党和国家建设的行动指南、政策的转变和市场的需求，为广告业打破坚冰创造了外部条件。这一时期广告话语的传播，主要是围绕广告业存在的合法性的重要议题展开。充分的争鸣和探讨，为广告业的恢复和发展创造了良好的话语语境。

1979年1月，《文汇报》刊登了丁允朋的文章《为广告正名》，这是中

---

① 李媛、赵正等.张扬20年留在记忆中的广告和广告事件［N/OL］.中国经营报，（2004-12-31）［2021-12-01］.http://finance.sina.com.cn/leadership/jygl/20041231/16011265680.shtml.

国当代广告复兴之初最早建构广告话语、以广告文本的形式存在。文章针对"广告是资本主义生意经，要它干什么"这种普遍的意识形态偏见，明确提出"对资本主义生意经要一分为二，要善于吸取它有用的部分，广告就是其中之一。我们有必要把广告当作促进内外贸易、改善经营管理的一门学问对待"①。这篇文章客观界定和评价了广告的本质和功能，这种理性看待广告的本质和功能的广告主张，形成较强的话语引导场域，对复苏广告业起到良好的社会思想启蒙作用。有学者评价："自80年代初以来，为广告的合法性辩护主要沿此思路展开，此一思路的关键在于如何将传统的广告意识从政治经济学的僵死模式中解放出来而进入一般商品经济学的视野。"②《为广告正名》文章的发表，形成了话语议题，也留存了广为流传的话语文本，形成了文本和文本解读的语境，是当代中国广告话语传播和广告话语呈现的最初的较为典型的表现形式。

总体而言，在这一时期，中国社会对广告的观念尚未摆脱中国特有政治环境的制约，广告话语大多追随政治意识形态，社会对广告的认识存在较大分歧，"广告究竟是姓社还是姓资""广告是资本主义市场兜售商品、欺骗顾客的行径""广告是社会主义宣传工作的一种形式"等话语表达多元存在。但经过社会群体的思想碰撞和观念博弈，广告业的"合法化"广告话语的建构和引领，对这一时期广告业的健康发展起到积极推动作用。

2. 广告业的双效益平衡问题

商业属性是广告最显著的属性，广告自诞生之日起就与其商业结下了不解之缘。但随着物质的丰富、市场的活跃，消费者对物质文化生活的要求逐步增高，对产品的选择意识不断增强，消费者对广告背后深层次意义的解读也不断提升。这一时期，广告话语传播关心的话题是广告的多重属性问题，在广告实践中，广告创意者、管理者和消费者通过互动，已深刻认识到广告不仅传播经济信息，同时还传播社会价值、诠释文化内涵。这一阶段，广告话语的诠释主要集中在平衡广告业的经济效益和社会效益问题上。广告话语传播从广告作品的商业性和公益性两个维度展开探讨。典型的广告话语传播议题和话语呈现形式主要表现在以民族文化传播、社会公益事业拓展以及国

---

① 丁允朋.为广告正名［N］.文汇报，1979-01-14（2）.
② 余虹，邓正强.中国当代广告史［M］.长沙：湖南科学技术出版社，2000：16.

家形象塑造为创意的广告广泛出现在公众的视野，对社会发展理念产生冲击，对受众心理认知也产生巨大的影响。

改革开放之后，中国综合国力不断提升，如何让中国立足于世界强国之林成为广告话语传播的显性话题。强身健体、摆脱"东亚病夫"屈辱符号的广告话语引导在体育营销领域受到高度重视。商家往往借助民族文化的情感传播，尤其是通过诠释体育竞技领域里体育强国观念，诠释爱国情怀，推销体育产品。当时，一大批民营企业关注体育竞技领域的话语建构，民营企业健力宝、太阳神、中华鳖精等众多国产品牌在营销过程中都传递了"团结起来，振兴中华"的广告话语口号。这一时期，将广告传播的内涵依附在社会公共议题或具有公益性的事件当中，成为广告主树立品牌形象的首选创意策略。2005年蒙牛的广告营销方案中，将自身品牌与"神六"升空关联在一起，打出"蒙牛牛奶，强壮中国人"的广告标语，通过借助社会公共资源的话语传播影响力唤起人们的社会责任感和民族情感，从而使人们认同广告主的品牌。这一时期，虽然也有不少广告为追求轰动效应，在广告话语引领上出现"假、大、空"的创意表现误区，引发社会争议，导致公众斥责。但这一时期，广告话语传播和所产生的社会影响力却在不断增强，无论是成功的案例还是失败的案例，商业广告中所表现的公共话题或公益内容都明显增多，在公众中形成的话语建构空间也在日益扩大。

广告话语传播空间的不断拓展是中国广告市场环境不断优化的必然结果。除了商业广告中的公益话题或公共议题容易形成受众话语空间外，政府、社会团体、企业投资拍摄的优秀公益广告同样容易在公众中形成较强的话语空间。这一时期，企业投资公益广告的热情不断高涨，公益广告拍摄的投入力度也在不断增强，反映出广告企业的社会情怀和民族情结在不断强化。许多企业把为社会文明发展做贡献定为最高追求目标，把提高社会效益和提高商业效益放在同等重要地位来看待，通过公益广告的策划和创意设计，把企业的经营理想和发展观念传递给受众，进而产生强大的社会影响力和感染力。2001年哈药六厂在央视投放系列公益广告，其中《爱心传递篇》中的广告话语"其实父母是孩子最好的老师"感人至深、广为传颂。2003年海尔集团赞助的《不能篇》成为抗击"非典"期间央视推出的第一支公益广告，赞颂了"非典"时期坚守岗位的工作者，广告一经播出就引起了电视观众的关注和强烈共鸣。通过公益广告传播和话语呈现，不仅能传递社会公益理念和社会风尚，同时也能凸显企业和企业家们的社会责任意识，公益广告传播的话语影响力和话语渗透力日益增强。正是在这样的时代背景下，广告话语传播有了新的形式和载体，其表现形态也日益多样化。

表1-2　1979—2022年广告话语焦点②

历史阶段	广告事件	广告话语焦点
1992—2000年广告业高速发展期	1994年央视招标机制的建立	历年央视获得广告标王的企业成为广告界的热点。但随着"孔府宴酒""秦池""爱多"等名噪一时的"标王"先后败走麦城，舆论对"标王"的质疑又走向了另一个极端——"谁是标王谁先死"
	1994年央视和其他省市级电视台同时播出"孔府家酒，叫人想家"的广告片	该广告片引起了社会广泛关注，获得众多广告大奖。广告采用社会热点关联和名人效应策略受到消费者的喜爱
	1995年2月1日正式实施中国第一部广告法《中华人民共和国广告法》	中国广告的法制思想逐步确立，自此一些"问题广告""虚假广告"有了明确的法律约束，更加受到社会公众的关注和监督
	1997年3月，中国IT网站chinabyte赢得了IBM为其新产品AS400投放的网络广告费用	这是中国网络媒体发展的一个里程碑，标志着中国网络广告的正式诞生。随后网络广告快速发展，一些学者、专家纷纷从各自的专业角度介绍和思考网络广告在中国发展的趋势以及面临的问题和国外的经验等
2001—2008年广告业振荡发展期	从2003年丰田的"霸道"到2004年立邦的"盘龙滑落"、耐克的"恐惧斗室"广告事件的发生	一场关于文化尊严甚至国家利益的广告文化价值观的讨论从互联网的论坛蔓延到大众传媒的新闻议题，引起公众的强烈反应
	2004年电影《天下无贼》中大量植入广告	广告传播新模式——植入式广告获得业界普遍共识：硬推销将让位于软推销，"干扰式营销"将让位于"许可式营销"
	2005年蒙牛借"神六"升空展开的广告营销方案："蒙牛乳业"将自身品牌依附在"神六"之上，打出"蒙牛牛奶，强壮中国人"的广告标语	引发广告主及创意者对广告通过"借势"或"造势"来扩大影响力，实现与消费者心智的良性互动，从而产生较好的传播效果的探讨和思索
	2006年第一届中国元素国际创意大赛的举办，创意文化中添加了"中国元素"	学界和业界专家们开始从不同的角度关注中国元素与中国广告的发展

续　表

历史阶段	广告事件	广告话语焦点
2001—2008年广告业振荡发展期	2003年海尔集团赞助的《不能篇》成为抗击"非典"期间央视推出的第一支公益广告，2008年企业出资拍摄抗震救灾公益广告	广告一经播出就引起了电视观众的关注和强烈共鸣，同时，增强企业社会责任意识成为新时期社会讨论的热点
	2008年三聚氰胺奶粉事件爆发，三鹿奶粉的代言人邓婕由于在广告中声称"我信赖"而遭到公众强烈指责	关于"虚假广告"和"明星代言"的问题受到社会各界的高度关注，也引发学界和业界的反思

3. 广告传播对象的分众或聚众问题

随着数字技术和网络技术的成熟，媒介形态开始向融合化的产业形态转变，媒介融合带来了媒介运行模式和互动关系的变化，与之相随广告形态也发生了深刻的变革。与传统媒体在受众的注意力资源相对集中相比，融媒时代单一的广告媒介的市场发展空间已经变得越来越窄。想要最大限度地争夺受众的注意力就要尽力提高和优化受众的体验式感受。新媒体以其即时、即地、主动、交互等特点占据了吸引受众注意力的制高点。但多样化的数字媒体凭借自身优势、根据消费者差异化的需求将传统媒体的"大众"进行"分众"，再根据个性化需求将无数个"分众"聚合起来形成"聚众"。正因此广告传播的内容和创意也开始随之变得多元化、差异化。

这一时期，广告舆论的走向也决定着广告话语建构的方式。进入21世纪，从"流行广告语的关键词变化，表明广告主开始重视受众感情体验与受众沟通，站在受众角度考虑问题并关切受众，广告舆论也开始由教导式用语向导向用语直至对话性用语转换，广告舆论的针对性不断加强，广告舆论反映消费者的心理感受也更加直接和有效"[①]。2013年10月底，中国艾菲奖全场大奖被案例"可口可乐昵称瓶"收入囊中。在那个夏天，可口可乐在全国掀起了一场"换装"热潮，它利用大数据抓取网络热词，诸如"文艺青

---

① 杨海军. 广告舆论传播研究：基于广告传播及舆论导向的双重视角[D]. 上海：复旦大学，2011.

年""小清新""学霸""高富帅"等几十个具有个性、又符合特定人群定位的有趣昵称印在瓶体包装上。可口可乐此次营销成功主要在于采取定制化传播,将消费者进行"分众",分别根据这些"分众"的特征冠以不同的网络热词标签,进行广告话语的建构,然后再通过整合后的媒体资源进行"聚众"传播,从而在特定消费群体中产生最大化的影响力。

表1-3 1979—2022年广告话语焦点③

历史阶段	广告事件	广告话语焦点
2009—2015年广告业的融合发展期	2009年9月我国正式出台《文化产业振兴规划》,将广告列入我国重点推进的文化产业行列,这成为对广告业内涵与外延进行全新诠释的一个标准性文件	学界和业界对《文化产业振兴规划》将对广告业未来发展产生什么影响以及如何全面带动广告业的整体发展进行了深刻探讨
	2010年凡客诚品邀请了青年作家韩寒和青年偶像王珞丹代言品牌广告。该系列广告意在戏谑主流文化,彰显该品牌的自我路线和个性形象	网络上出现了大批恶搞"凡客体"的帖子。"凡客体"成为该年十大网络流行语体,随即出现了大量的各种网络流行语体,有从网络广告发展而来的,也有广告所依附的
	2011年1月17日,由中国国务院新闻办筹划拍摄的《中国国家形象宣传片——人物篇》在美国纽约时报广场播放	国家形象系列宣传片自立项以来,得到了社会各界人士的踊跃参与和民众的广泛关注,广告片一亮相迅速成为吸引全球目光的热点事件,引起巨大反响
	2011年10月11日,国家广电总局下发了《关于进一步加强广播电视广告播出管理的通知》,针对电视剧中插播广告的时长以及广告类型作出规定	"限广令"出台,非常符合观众的利益和愿望,但对广告主和媒体是一次严峻的考验。转移广告投放渠道,借助网络媒体、数字媒体以及移动媒体进行宣传成为广告主实现传播效果的新天地
	2011年,广东省广集团收购了重庆年度与广州旗智,2012年又收购了青岛先锋和上海窗;同年广告企业蓝色光标也斥巨资将分时传媒收入囊中,掀起了广告业的"并购热"	中国广告企业的"并购"引发了人们对广告新增长方式的思考,中国广告业开始用资本和技术撬动中国市场,对广告增长方式进行新的探索

续　表

历史阶段	广告事件	广告话语焦点
2009—2015年广告业的融合发展期	2013年2月，加多宝凉茶利用社交媒体发布"对不起体"广告，随后，王老吉也作出回应发出了"没关系体"广告	这一系列广告表面是自嘲，实质是在新媒体环境下进行的一场广告营销战。广告事件之后在网络上形成了"对不起体"的广告文化。这样的广告传播构成了新媒体环境下的广告文化景观
	2014年11月国家新闻出版广电总局发出《关于广播电视节目和广告中规范使用国家通用语言文字的通知》，要求严格规范使用国家通用语言文字	通知一出，关于电视节目和广告中是否可以使用网络语言以及使用的规范问题引发了专家和公众的热议
	2015年1月21日微信朋友圈中名为"微信团队"的微信号带着6张文字图片和链接的信息流广告出现在手机页面上	不少微信用户意识到，广告"侵入"朋友圈的日子到了，他们对腾讯这一举动褒贬各异，随后推出了第一波商业广告，引发用户对基于大数据分析而进行身份认定的广告投放形式的热议
	2015年9月1日，新《广告法》正式实施。这是广告法实施20年来首次修订。此次广告法修改的幅度非常大，其中包括明确虚假广告的定义和典型形态、新增广告代言人的法律义务和责任、强化对大众传播媒介广告发布行为的监管力度等多个方面	被称为"史上最严"的新广告法实施，引发社会各界对广告规制的重视，主要集中在对明星代言广告、儿童代言广告以及互联网广告监管等问题的关注和讨论

（三）广告话语的文化属性问题

广告及其发展变化与社会文化密切相关。"尽管广告首先并不承担过多的社会文化责任，但是，广告的商业传播过程，却对社会文化的塑造和建设产生了多重影响。"① 广告以其特有的文化张力，全面参与了社会生活的建构。关注广告和社会的互动关系，是研究广告话语传播的有效路径。"广告的生

---

① 刘泓. 广告社会学论纲：关于广告与社会互动关系的阐释[J]. 福建师范大学学报（哲学社会科学版），2006（3）：188-194.

存语境是一个复杂的集合，从文化学角度来看，广告语境的存在实际上就是一种客观的文化存在。文化在广告创作过程中发挥重要的作用，它一方面为其提供取之不尽的创意素材，另一方面又制约广告创作的语境。"① 在当代中国广告话语传播的发展历程中，对广告与文化互动关系的讨论持续升温，对广告与文化互动的形式和层次也多有论及。从早期对广告是科学还是艺术的争论、中期广告创作中外来文化的渗入与碰撞，再到融媒时代多元文化在广告创意中的运用，广告文化的功能和效用一直是广告话语传播和广告话语建构的重要主题。

1. 广告是科学还是艺术

广告是科学还是艺术？这是一个在广告实践和研究的过程中一直颇受争议的问题。20世纪80年代初，多数广告人都是出身于与艺术相关的行业，不少广告公司的前身就是美术社。同时广告的制作也多以单纯直白的介绍产品特色为信息传播出发点，直白地加入一些美术色彩的背景或装饰。因此，广告长期被人们列为艺术的门类。直至20世纪80年代中期，广告创意者还一直以艺术的表现方式来制作广告，并认为通过提高广告的艺术性就可以改变我国广告业与发达国家相比相对落后的现实。随着市场经济的发展，消费者的消费观念和广告意识逐步增强，这种广告表现"唯艺术论"的认知逐渐受到质疑。一些接受了西方现代广告理念的广告人开始认识到，西方现代广告科学化的运作观念值得借鉴，科学的运作理念和模式的运用，对于重构广告业发展的生态环境起到积极的作用，"广告是科学的"的认知逐渐占了上风。20世纪80年代初，《中国广告》还倡导"广告既是科学又是艺术"，到了20世纪80年代末就旗帜鲜明地宣传"广告是一种科学活动，一种信息传播活动"②。尽管这一时期人们对广告是科学还是艺术的判断存在分歧，但这种讨论却在广告话语引导上为人们提供了思考的视野和新鲜的话题。

2. 广告服务的两极分化

中国市场经济政策的全面实施为广告业发展营造了良好氛围。这一时期，我国广告业快速发展，规模和总量持续增长。更值得关注的是，在市场导向下，广告似乎摆脱意识形态论的制约，在市场经济中对消费理念的倡导和引

---

① 杨海军. 现代广告学［M］. 开封：河南大学出版社，2007：149.
② 余虹，邓正强. 中国当代广告史［M］. 长沙：湖南科学技术出版社，2000：66.

领出现困惑,在广告创意表现中也往往随心所欲、剑走偏锋。首先,市场环境的宽松使大量的广告公司涌现,由于进入广告市场的门槛过低,许多不具备广告经营资质的夫妻店和小广告公司开始在广告市场中争夺资源,这在给广告业注入了新鲜活力的同时,也给广告市场带来了发展隐患。其次,在新的市场环境下,广告运作开始出现两极分化,一方面是广告企业和代理追求短时间内的轰动效应,用惊世骇俗的广告创意表现吸引受众的眼球。典型例子就是央视的年度"标王"争夺,在媒体优质资源大多集中在央视的时代,获得央视"标王"是企业获得广泛关注的最便捷途径,许多希望一夜成名的企业便把央视"标王"作为追求的目标,即使预算不够、实力不济也要争取到央视亮相的机会,广告话语对"标王"追捧也一直保持着较高热度。但随着"孔府家酒""秦池""爱多"等名噪一时的"标王"先后败走麦城,广告话语对"标王"的质疑又走向了另一个极端。另一方面是广告企业开始走专业化的发展道路,通过市场调查、广告定位、产品策划、媒体选择和组合、广告信息发布和效果监测等科学化、系统化的运作,为广告主提供优质和专业的服务。在广告创意表现上,广告代理关注消费者的心理感受,将广告的理性诉求与感性诉求结合起来,靠真正的精耕细作、创作优秀的广告作品来获得消费者的青睐。广告话语传播在亲情、友情、爱情的主题诉求上特色明显,广告话语的呈现也更温和,更贴近普通百姓的日常生活,像南方黑芝麻糊、孔府家酒、可口可乐新春版广告等都保持了相类似的传播风格。

3. 问题广告的传播与控制

随着广告影响力的不断扩大,问题广告的聚焦和扩散效应也不断增强,问题广告成为社会转型和广告业提升时期一个显著的社会话题。问题广告往往会成为广告主客体间矛盾集中爆发的"导火索",在短时间内生成社会的"显性议题",引起社会广泛讨论,形成舆论漩涡或导致话语批评。我国学者对问题广告进行了总结,认为问题广告引发了社会乱象,主要包括:"夸大失实,无中生有;语言模糊,令人误解;肆意诋毁,恶性竞争;瞎编乱造,极尽诱惑;信息残缺,误导消费;鱼目混珠,以假乱真;挂羊头卖狗肉,名人不明;入境不随俗,文化隔阂;语无正轨,胡言乱语;藐视规章,唯利是图。"① 面对广告业快速发展中出现的种种问题,如何重塑广告伦理、净化广

---

① 杨海军. 现代广告学[M]. 开封:河南大学出版社,2007:176-177.

告文化环境、实施广告自律和监管，成为当时学界和业界普遍关注的话题。广告舆论的引导和控制、广告话语权的争夺成为这一时期广告话语传播的显著特色。

4. 融媒时代的广告多元文化共生

经济全球化的浪潮已经波及世界各个国家和地区，媒介融合时代广告传播手段和方式也发生了很大变化，新广告生态的形成为广告话语传播提供了新的平台和新的机遇。融媒时代，广告话语传播更关注多元文化共生现象。在经济全球化的背景下，多元文化共生成为常态，不同文化之间的相互交流、相互碰撞会越发频繁，并在这种互动过程中达到相互依存、相互融合的和谐景象。传统文化与现代文化、流行文化与民族文化、东方文化与西方文化、积极文化与消极文化并存，在碰撞磨合过程中寻找其共同的价值理念和共享的精神文化内涵。伴随着广告文化多元化发展，广告话语传播也开始呈现出多元生发、多元流动以及多元导向的时代特征。

广告传播过程的一个副产品就是对流行文化的倡导和普及。流行文化属于大众文化范畴，被庞大的消费人群特别是青年消费人群崇尚和追求着。广告紧跟时尚，传播流行文化，抓住特定的消费人群，满足其文化心理需求，成为其洞察市场、适应时代发展的重要手段和方法。例如，中国移动品牌"动感地带"在市场开拓阶段，就紧紧抓住年轻人追求时尚潮流、标榜个性独立的心理，使用"我的地盘我做主"的广告语来吸引年轻消费者。王老吉品牌根据年轻群体、上班族经常熬夜、爱吃火锅、经常K歌的生活状态，但又怕上火、爱美、追求时尚的心理需求，制定了红罐王老吉的品牌定位战略，将其定位为预防上火的凉茶饮料，并提出了"怕上火，喝王老吉"的广告语。通过电视广告的高密度造势，掀起舆论高潮，而其精心设定的广告语在舆论的推动下，作为广告流行语而迅速传播开来。在时尚文化的引领上，表现更突出的是近年来针对"90后""00后"消费群体的广告话语引导，广告主往往根据其张扬个性、创造性消费、彰显自我的消费特征创作广告语。如小米的广告语"为发烧而生"，非常符合"90后"的消费个性设计，而凡客的凡客体广告以及杜蕾斯事件营销广告往往借势而为，通过舆论的传播和广告话语的引导，在年轻的消费群体中形成广告话语热点，并引其高度关注。这些经典营销案例在广告话语的传播时间节点上和话语的呈现度上，拿捏的分寸都恰到好处。

广告话语传播也关注到国家战略的需求。全球化的进程加速了广告观念的变迁，广告从单纯的市场营销工具变成振兴国民经济的重要推动力量，并肩负起传承中华民族文化的历史责任和使命。从广告发展与社会发展的关系看，时代的进步对广告行业发展愿景不断提出更高的要求，在多元文化交流、碰撞、并存的背景下，广告话语传播关注到新的传播要素的运用和新鲜的话语体系建构，"中国元素"在广告创意中的大量运用，就顺应了时代潮流，适应了这种新的变化和需要。在中国改革开放的历史进程中，哲学社会科学的理论和实践倡导中国特色、中国风格、中国气派。广告作为一个应用型专业，在舆论的引导和话语的提炼上，也强调传播好中华文化，讲好中国故事，诠释好中华精神。2004 年，上海梅高创意咨询有限公司董事长高峻提出"中国元素"概念。随后，"中国元素"被确定为 2006 年第 13 届中国广告节的主题内容，"中国元素"的创意特色和创意风格引起行业和学界的普遍关注。2008 年 8 月 8 日"中国元素日"确立。随后，"中国元素网"的建设、"中国元素国际广告创意大赛"的举办，使"中国元素"成为曝光度较高的热词而受到广泛关注。在广告创意实践中，许多广告人也自觉地把"中国元素"的合理运用作为广告话语建构一个基本路径或一个基本方法来操作，其商业价值、文化价值在广告实践中也不断被发掘和延伸。以中国传统节日春节为例，传统习俗有贴春联、挂年画、放爆竹、守岁、拜年、包饺子、吃元宵、舞狮子、耍龙灯、踩高跷等。这些经典的中国元素在广告作品中被强化，被放大，通过广告话语的传播在消费者内心产生共鸣，为消费者带来亲切感和认同感，从而使消费者更好地认同和接纳广告传播的产品或服务。

三、广告话语传播的阶段性特征

广告话语传播与中国社会变革步伐相适应，与中国广告业的发展历程和发展轨迹相匹配。广告话语传播的时代特征，打有中国社会发展的政治生态、经济水平和文化诉求的深深烙印。广告话语传播的阶段性变化，受制于不同时期广告企业的生存环境变化、消费者的结构和观念变化、广告管理的政策调整等诸多因素的影响。广告话语传播轨迹呈现，则同社会转型、经济全球化、不同文化间碰撞以及媒介融合等发展因素的共同作用是密不可分的。

（一）信息告知与加工

改革开放初期，人们通过有限的商品消费来实现最基本的生活需要，缺乏对商品品类、功能和附加价值的主动要求；国家、市场以及人们思想的开放程度有限，导致人们消费观念的传统色彩浓重。这一阶段广告话语主要集中在对广告业意识形态归属的交流和认知，广告理念与运作采用简单的信息告知式，广告创意突出以单纯直白地介绍产品特色为信息传播出发点，仅仅希望通过广告帮助消费者认识和了解商品的商标、性能、用途、使用和保养方法以及购买信息等内容，广告话语的功能性特征在消费观念引导和产品推销层面发挥作用。

（二）观念倡导与阐释

伴随着中国市场经济的发展，商品种类和市场交换方式的不断丰富，国外商品和广告渐渐进入人们的视野，传统消费观念开始发生变化，人们的消费需要、感受和认同尺度都慢慢拓展。在一段时间内，广告话语主要集中在对新的广告理念的引入、对民族文化的传播以及对社会公益事业的拓展。广告业的作用在人们社会生活和经济活动中的影响进一步加深。但伴随广告意识的逐渐增强，以往那种简单粗放的广告形式已经不能满足市场的需求。这一阶段深入人心的广告话语传播主要具有将推销产品信息与企业形象塑造相结合、将推销商品的目的与传播新型消费观念的宗旨相融合等特点。

（三）社会文化传承

在中国广告业进入高速发展阶段，消费已经慢慢成为人们日常生活不可或缺的重要组成部分，消费者不仅可以独立思考消费的方式和路径，也可以主动发挥创造力和想象力进行个性化消费。人们不仅通过消费满足其物质需求，还借用消费进行社交活动，满足其精神需求。新型的消费文化逐渐兴起，率先富起来的特定人群开始追求人性的回归，广告话语在人性关怀的预设中渐渐发挥其独特的诉求功能。在具体的广告实践中，广告主开始对产品中所蕴含的社会文化因素进行挖掘，以期为人们带来物质和精神的双重享受。人们在观看广告时，接收到的不仅是商品实用价值信息，更多的是关于生活方式、娱乐休闲、审美情趣等多方面的资讯。广告给消费者带来的心理共鸣更多的是源于广告背后所隐含的深层意义。这一时期的广告话语主要突出表现在对广告社会文化的构建和挖掘，广告创意突出对人性的回归，突出人性化的表现，希望广告话语的温情诉说不动声色地引发消费者共鸣。

（四）国际化与本土化

中国加入世贸组织后，广告业本土化发展策略遭遇国际化发展策略的挑战，多元的国际广告文化和民族广告文化在人们的消费选择中交汇共生，人们已经逐渐适应这种变化，并以正确的态度和观念正视广告话语呈现的国际化和本土化议题。这一时期，大量国际广告企业进入中国市场，按照国际化的理念和方式进行经营和管理。广告市场的资本运作和广告并购全面展开，打破了中国广告市场的行业平衡，重构了中国广告市场的新格局。本土广告企业仍然享受着中国改革开放带来的政策红利，利用新技术变革、资源重组实现企业的能级提升，并在国际合作、国际市场开拓等领域开始发力。顺应这种变化，广告话语传播的议题也较多元，包括如何应对国际品牌的全球化消费浪潮，本土化品牌与国际化品牌竞争的策略和路径等在国际化和本土化道路的选择中，不同人群消费观念日益分化，消费观念变化速度也日益加快，广告话语传播的时间缩短，新异的消费观念和行为快速出现，流行文化的周期逐渐缩短，流行元素更为复杂。这一阶段广告话语传播的特征是重在引导不同文化间的交流与融合，提倡多元文化在广告传播中的共生。

（五）新媒体赋权

数字传播技术在为广告业搭建新型传播平台的同时，也推动着广告观念的转变，促进广告话语转变为对传播通路的多样性、社会意义构建多元化的交流和认知。在以互联网为代表的新媒体传播活动中，广告传受双方的互动交流变得更加频繁。在新媒体广告价值开发和新兴广告渠道不断涌现的情形下，媒体经营者将广告打造成为新媒体、新技术的交汇点。这一时期，广告所扮演的社会"角色"发生了翻天覆地的变化，从商品的符号价值"缔造者"到丰富社会意义的"建构者"，"去中心""不确定""多元化"这些文化精神在这一阶段被无限放大。人们通过丰富多样的媒介渠道和活动来认识和探索自我。自媒体生态的形成，促使人们思考自我存在的价值和意义。统一的传播模式已经无法达到理想的广告效果。因此，广告话语个性化诉求在新媒体赋权的过程中逐渐被强化和放大。

表 1-4　1979—2022 年广告话语焦点④

历史阶段	广告事件	广告话语焦点
2016 年至今广告业的创新发展期	2016 年，国家工商行政管理总局颁布《公益广告促进和管理暂行办法》《互联网广告管理暂行办法》，在广告管理的两个重要领域出台相关政策，规范广告市场中广告主体的行为	对广告话语导向的引领产生重要影响，引发对公益广告概念界定和行为主体的讨论；《互联网广告管理暂行办法》是《新广告法》在互联网领域里重要的配套制度，也使游走在灰色地带的互联网广告走进合规时代，在促进广告业健康发展和保护消费者权益平衡话语建构方面产生重大影响
	2016 年 7 月 21 日，央视启动"国家品牌计划"，这是央视广告经营的一项重要创新举措，响应国家提出的"中国制造向中国创造转变"战略目标	该计划希望借助央视平台助力我国产生更多具有国际竞争力的国家品牌企业，得到国内知名企业积极响应；中央电视台作为传统主流媒体率先整合力量、创新广告运营模式，积极应对新媒体广告的冲击，引起业界和学界的广泛关注和讨论
	2016 年 3 月，网红 Papi 酱获融资 1 200 万元成为新时代网红变现的代表，4 月 21 日在 Papi 酱广告招标会上丽人丽妆以 2 200 万元夺得新媒体标王	从 Papi 酱的成功变现到天价招标会均创当日社交媒体热搜指数新高，引发公众对自媒体变现、"网红经济"的关注与讨论
	2017 年 5 月 7 日，百雀羚在其官微发布名为《一九三一》的推送，为其母亲节推出的"月光宝盒"系列产品做推广	民族品牌的广告创新成为新的话语焦点。这则广告画风清新、故事性强、长图广告刷爆朋友圈，引发人们对广告表现形式、女性身份认同、国产老牌护肤品如何转型等话题的热议
	2018 年 6 月 3 日，由 21 家创意公司联合发起关于付费比稿的倡议，要求品牌主在招标过程中，支付比稿费用	该事件在行业引起不同话语反响，创意公司或广告代理商都深表理解，持赞同态度，而甲方却选择沉默，这一事件是广告市场中甲乙双方面对日益激烈的市场竞争、进行话语博弈的产物

续　表

历史阶段	广告事件	广告话语焦点
2016年至今广告业的创新发展期	2019年5月23日，大白兔奶糖跨界气味图书馆推出快乐童年香氛系列，产品开售仅10分钟，就售出14 000多件，限量610份的香氛礼包，3秒即被抢空	大白兔奶糖这次营销的成功，是两大品牌精准转化成功唤起消费者"孩子气"的效果，同时也引发了人们对当今"万物皆可联名"的跨界营销时代的再一次思考，也是广告话语新场景建构的一次有益尝试
	2020年，中国广告协会颁布《网络直播营销活动行为规范》，进一步规范互联网广告营销主体的行为	网络直播营销活动的诸多要素带有明显广告活动的功能和特点，广告活动的各类主体都参与到网络直播活动中去，争夺话语权，成为建构网络直播营销新业态发展的重要力量。该行为规范的出台，在促进广告业健康发展和保护消费者权益方面所做的话语引领，引发社会各界热议
	2021年中国广告协会、中国通信标准化协会颁布《互联网广告数据应用和安全技术要求》，上海市市场监督管理局、上海市经信委颁布《关于推动上海市数字广告业高质量发展的指导意见》，上海市市场监督管理局颁布《数字广告标准》系列，推动广告数字化转型	推动数字广告业高质量发展需要政策的支持和话语的引领。数字广告发展过程中的数据和技术安全问题，数字广告发展过程中的团体标准和行为标准问题，都得到政府管理部门、广告经营单位和行业协会组织的高度重视，相关话题也成为数字广告创新发展中的热点议题
	2022年，国家市场监督管理总局颁布《"十四五"广告产业发展规划》，规定了未来五年中国广告产业发展的基本原则、发展目标、重点任务、组织实施的具体要求	规划提出了十项重点任务：把牢政治方向、优化政策供给、鼓励创新驱动、优化产业结构、促进产业融合、完善法律法规、提高治理能力、强化人才培养、推动协调发展等，构建了较为系统的广告业发展的话语体系。特别是在坚持正确导向、坚持服务大局、坚持新发展理念、坚持规范发展、坚持更好满足美好生活需要的发展原则上，做了明确的话语引领

改革开放初期，广告话语注重广告意识形态研判。在市场经济体制下，广告话语关心消费文化和社会文化共生。数字媒体时代，广告话语偏重技术带来的传媒格局的转型和广告传播过程路径的多元化选择、社会意义多元化构建。从狭义的广告话语层面来看，不同时期的广告话语敏锐地感受和反映

社会政治生态的细微波动，能折射出中国经济宏观调整和微观调控的微小变化。从广义的话语层面来看，广告话语肩负着社会文化传承的使命，成为社会价值观念变迁的时代印记。

四、广告话语传播对社会发展的影响

"社会生活是在人的解释、评价、定义和筹划中被建构起来的。一言以蔽之，社会是在人的行动中被建构的，社会是主体性的产物。"[1] 在社会建构理论看来，世界不是一成不变的，恰恰是人对世界的解释和行动在社会化互动过程中对世界的形态产生着重要影响。话语是社会建构过程中的重要工具，社会建构论代表人物科尼斯·格根（Kenneth J. Gergen）指出："世界就是世界，……但是一旦我们尝试表达存在的东西，我们就进入了话语的世界，而在那个时候，建构的过程就开始了。这一努力不可避免地同社会过程交织在一起，使得我们进入了历史，进入了文化。"[2] 当社会物质繁荣到一定程度、产品同质化越来越严重时，现代广告的使命就不会停留在原来传达产品信息功能的阶段了，更多的是在建构一种社会文化，影响多层面的社会发展。实际上，广告话语表层内容是在广告传播过程中，通过广告主主张、广告创意者创意表现向消费社会注入新的文化内涵；其深层内容是在广告话语传播过程中，话语主体与受众进行的公共讨论、意见表达等产生的对广告传播以及广告传播之外的社会文化的新诠释。在社会语境下，广告话语所反映的是具有社会普适性的深层意义或社会意识，它同其他话语一样会从社会身份、社会关系以及社会观念三个层次影响社会发展。

（一）社会身份的赋予与认同

广告在全力塑造当代社会中理想的时尚生活方式，并把这种生活方式和态度不遗余力地向社会上的每个个体推介，使之成为全社会的一种共识和理想。正是在广告的诱导下，人们逐渐认同了所谓幸福、高雅的生活方式，不

---

[1] 胡翼青. 再度发言：论社会学芝加哥学派传播思想 [M]. 北京：中国百科全书出版社，2007：301.
[2] 邓永成. 商品真实性的社会建构 [J]. 商业文化（学术版），2010（12）：289-293.

仅仅是对高档物品的占有和消费，其中还包括对生活情调、品位、身份、地位等各方面的认同等。广告的消费和使用满足了现代社会中人们扮演和展示的需要，满足了人们构建身份和自我认同的需要。广告传播的过程中构建了一个公共话语空间，通过赋予产品一种文化内涵，通过将这种内涵传递给消费者，消费者在接受信息的过程中将这种内涵与产品一同消费，从而在公共空间中找寻社会的认同。因此，广告话语向消费社会注入新的文化内涵的过程实际上是对社会个体的身份进行建构。

大众传媒以话语的形式来建立与受众的关系，并因此使自身成为社会的公共领域，它通过编码和译码把受众引入公共领域，使消费者在对意义的消费中去获取自己的公众身份。因此，大众传媒对社会发展的影响从根本上说也是对社会公众身份的建构。对于广告话语传播而言，广告话语主体是因广告传播而关联在一起，对广告现象、广告问题积极关注，并通过主动参与讨论和公开表达观点进而形成相同或相似意见的人群。这其中包括广告主、广告创意者、广告媒体人以及广告受众（即消费者）。广告传播本属于大众传播范畴，因此广告话语主体在参与广告信息传播的过程中，共同构建了一个公共话语空间。这些群体在参与讨论、表达观点、坚持立场的过程中，参与了对社会价值、民族感情和国家利益的认同过程，进而建构其公众身份。

2008年汶川地震期间，万科董事长王石在捐款200万元之后陷入"捐款门"事件，后迫于舆论压力，王石对此事件作出公开道歉并以随后捐助1亿元重建灾区资金的方案作为弥补。而与此事件相对的是"王老吉事件"，此时王老吉为四川灾区捐款1亿元赈灾后，王老吉卖得很火，论坛中出现"买光超市的王老吉！上一罐买一罐"的帖子。广告话语的表达虽然不多，却引来众多支持者的呼应。在广告话语的引领下，消费者以群体的力量来推动舆论的传播，通过广告话语和广告舆论传播互动，有效表达其对两家企业及其产品在民族危难时刻传递的价值观判断。

（二）社会关系的解读和重构

从社会科学领域对话语进行分析，其重要议题是广告话语对社会关系的解读和重构。话语作为意识形态的符码，其主要功能是使权力的存在合法化，是一种传播权力的表现方式。因为无论任何一种信息传播形式，其本身都是一种权力的显现，它们通过信息传播来确定传受者关系，并展现传播者信息选择的权力和思想意图。传播过程中的话语本身对现存的社会关系具有再生产作用。广告作为消费社会最有力的一支主导力量，它对人们日常生活的影响渗透到了人际关系的建构之中。广告话语作为广告主和创意者思想的代表，它在向消费者提供消费信息的同时，也在建构着我们生活的社会文化环境。人们的交往关系与礼仪文化都是社会文化中重要的因素，而这些重要因素正是广告连接人们心理与商品的诉求点。在广告所建构的拟态环境中，尽管它对人际关系的建立起不到决定性作用，但它通过"润物细无声"的方式影响着人际关系的交往。总之，以广告为载体的话语有助于涌现出个人所接受的认同游戏，从根本上转变了社会关系。

哈药六厂在央视投资拍摄的公益广告《爱心传递篇》持续播放，影响深远。广告表达的是尊老爱幼、家庭和谐的主题，画面呈现的内容是：一位年轻的妈妈晚上睡觉前给母亲端来了一盆热水洗脚。而这一切全被这位年轻妈妈的小儿子看到了，受母亲的启发，他也吃力地从走廊里端来一盆热水，用稚嫩的声音说出"妈妈，洗脚"，之后响起了画外音："其实，父母是孩子最好的老师，哈药集团制药六厂。"广告构建了一个在日常生活中大家非常熟悉的场景，引发受众内心的共鸣。这则广告以尊老爱幼、孝敬父母、重视家庭关系和谐为主题，将现代社会亲情关系中美好的点滴呈现给受众，向人们传递着人情之美、人性之美。广告话语的引领作用有力、强劲，传播效果极佳。在当代广告发展的历程中，广告话语的呈现越来越注重追求人性本位回归和升华，在中国改革开放历史进程中，一大批类似的公益广告甚至是商业广告，向受众传递人际关系交往中的美好与和谐的理念，其话语内涵深刻丰富，其话语引领和教育功能都得到较为完美的体现。

广告话语传播有时也会产生负面影响，在商品经济日趋繁荣的社会环境中，消费观念的迷失，也导致一些"错位"广告的传播。比如以脑白金为代表的"送礼广告"，因其话语呈现方式的缺憾，其广告传播效果大打折扣。孝敬送礼本来是子女通过礼物向长辈表达情意的一种方式，原本礼物是什么并不重要，重要的是选择礼物时的一种设身处地的考虑，这是对受礼者的一种尊重和情意。但在脑白金喋喋不休的广告话语的传播过程中，不仅礼物是什么变得非常重要，而且对礼物选择几乎也是强加式地灌输给消费者。从某种意义上说，这类广告是对亲情关系的一种隔离，它利用并离间了这种美好的情感关系。虽然这样的话语呈现方式在短时间内取得了一定的营销传播效果，但其传递的内涵与当代广告话语所认同的价值观相背离，其结果必然是广告及其产品退出市场，逐渐在公众的视野中消逝。

（三）社会意识形态的重要呈现

"30多年的广告传播，不仅折射出商业经济的发展历史，也反映出社会价值观念的时代变迁。"[①] 考察中国当代广告发展历程，可以发现在广告业复苏和初级发展时期，广告话语对社会观念的影响主要集中在对人们的消费行为、消费意识的解读和研判。"广告话语通过向公共消费群提供具有经验性、评价性、规范性和示范性的商品消费信息，建构起一种具有公共意义的消费价值体系，以影响、引导和规范消费者的消费走向和消费行为。"[②] 但当商品经济日趋繁荣，人们物质文化生活水平得到极大提高、人们的精神文化生活需求日益增强时，广告话语建构的不再仅仅是商品消费观念，它已经演进成为一种社会文化意义再造的机器，更加深刻地影响着社会民族精神文化生活的诸多层面。总之，广告话语作为社会意识形态的一种重要呈现，它所蕴含的思想、意识、观念等，在特定的时间和特定的场景中形成了一种文化霸权和价值取向，对社会群体进行教育和改造，具体表现在不仅对人们消费行为、消费观念的倡导和影响，还更多地表现在对家庭、社会群体身份的建构和对社会层级的预设和划分。

以雕牌品牌为例，其阐释的广告话语对家庭观念的影响至深。雕牌作为一个家喻户晓的国民品牌，以"有情有家有雕牌"广告话语来拉近和消费者的距离。其诉求点为致力为亿万中国家庭创造更好的家庭关系和生活品质。雕牌广告话语呈现具有连续性，20世纪90年代的经典广告语"妈妈，我可以帮您干活了"感人至深，令人印象深刻，甚至在今天看来仍然暖暖的。随着社会发展，"80后"成为家庭的主力后，新型的家庭观念也逐渐为"80后"所倡导，过往传统的家庭观念，已逐渐被平等、沟通、互爱的新家庭观念所取代。雕牌为顺应社会发展趋势，更好地与新一代家庭沟

[①] 林升梁. 33年中国社会观念的价值变迁：基于广告传播的视角 [M]. 厦门：厦门大学出版社，2012：189.
[②] 熊蕾. 广告的权力机制研究 [M]. 北京：中国社会科学出版社，2011：129.

通交流，以网络段子体的形式提出"新家观"，与新一代消费群体进行更加个性化的沟通，进而吸引更多年轻消费群体的关注。比较有代表性的广告语如"明明可以靠脸吃饭，偏要回家带孩喂饭""给孩子买名牌，不如陪他撕名牌""用心聆听，爸妈的唠叨会变成中国的好声音"等等。雕牌借助网络媒体创作的广告话语引起较好的市场反响，与广告话语传播相匹配的雕牌新营销运动将新时期网络广告话语的能量完美释放出来，取得较好的市场预期。

在新时期的广告内容不再满足于只塑造产品本身形象，更加注重广告话语对目标消费群社会意象的塑造。通过这样的广告话语实践，广告客体成为可以用于表征社会意象的符号。基于此，广告主可以通过符号化的商品对社会价值观念进行建构或重塑，而消费者透过这种符号化的商品对新的社会价值观念进行关注或消费，进而在社会实践过程中影响着自身原有的价值观念，在这一过程中，广告话语传播的形式和内容决定着其传播效果和传播预期。

五、广告话语传播的特点

广告话语是话语的一种基本形态，遵循话语传播的基本规律。但广告话语传播也是广告经营管理过程中的一种独特现象，广告话语传播带有广告运作过程中的鲜明特点；广告话语呈现与议题、文本创作和载体直接关联，议题和文本创作的新奇性和载体的适应性，是广告话语得以良好呈现基本条件。

（一）广告话语生产的时代性

中国当代广告话语的传播伴随着中国改革开放的大潮而出现，广告话语的呈现则追随着中国时代变革的步伐前行。广告话语的呈现，是中国改革开放和社会变革的温度计和晴雨表，客观反映着中国当代社会变迁的历史轨迹。广告话语传播的过程和广告话语生产的主题都打有当代社会思潮的深深烙印，也呈现出改革开放进程中广告话语多元生发、广告话语多元呈现的时代特点。

（二）广告话语走向的双重属性

中国当代广告话语传播基本沿着两个路径展开。一是商业消费舆论的倡导和话语引领，二是社会公益舆论的动员和话语阐释，这两个基本路径也决定了广告话语传播的特殊性。一方面要坚持市场导向，在广告话语传播中存在着科学、合理消费的理性声音，也存在着唯利是图、罔顾事实的叫嚣，两者共同构成中国当代消费话语传播和话语呈现的独特场景；另一方面要坚持公益导向、传播形式的统一性、主题的鲜明性和传播渠道的一致性。如社会主义核心价值观公益广告高密度、高强度、高覆盖式的传播，形成了强大的话语引导态势，也在一定程度上凸显了当代中国公益广告话语传播的中国特色。

（三）广告话语传播的场域性

中国当代广告话语传播的影响因素众多，但主要受制度、市场、资本、受众这四大要素的影响较大。政府部门的政策导向、广告市场的发育程度、中外资本的运作模式、受众的认知能力等因素，直接对广告话语传播的方向和广告话语呈现的形式产生影响。广告话语传播和广告话语呈现对如下四个要素具有十分强烈的敏感度：与制度建设相关新政策的出台；市场的宏观调控和微观调整；外资进入对现有广告结构的冲击；受众广告素养的提高产生的广告批评，会很快成为广告话语传播的焦点和广告话语呈现的主题。从当代中国广告话语传播和话语呈现的内容看，主要活跃在这四个要素所构成的话语场域中。

第二章

当代中国广告话语传播的主题

本章提要：广告话语的导向随着时代的变化而变化，从对主流意识形态的追随到对消费观念的推崇，从个人主张的表达到公众意见的吸纳，广告话语成为舆论导向的风向标。广告话语同话语一样，都存在代表谁的思想、意图或者意识形态的问题，也就是说话主体的问题。在广告活动的传播和社会互动过程中，话语的主体不仅仅是广告信息的发布者，同时应该包括因广告传播而关联在一起的、参与广告语境构建的所有主体。因为在广告传播的各个节点上都可能产生不同社会个体对广告活动的理解和认识，而这些繁杂的内容构成了广告传播产生的内在话语系统。因此，广义上，广告市场中多角关系共同构成广告话语的主体，他们通过参与广告信息和广告深层意义或象征价值的生产和传播的整个过程，实现对社会身份、社会关系以及社会价值的建构。通过对不同历史时期广告市场中多角关系所表达的广告主题勾勒，可以梳理不同时期的广告话语传播的形式和关注的焦点。

一、不同时期广告话语传播的主题

当代中国广告话语传播经历了一个较为漫长的发展过程，从单一告白到复杂组合，从政治至上到经济本位的回归，从赤裸裸的说教再到人性本位的升华，引领着中国广告事业不断前行。我国学者用较为简短的文字勾勒了这一过程:"1978年以来的改革开放使中国社会面貌发生了深刻的变化。1979年中国广告业开始复苏,发生了重大转折。经济体制的转轨和现代化进程的推进促使中国社会发生巨大的改变,而广告传播在其中起着推波助澜的作用。广告传播不仅借用既有文化来推销产品,而且往往在推销产品的同时,推销某种文化、某种价值观念。"① 通过对我国当代广告话语主体传播的广告信息内容进行梳理,可以发现广告话语传播经历了从广告主的个体话语表达,到广告市场中多角关系的公共话语诠释再到广告公众社会话语建构的变化过程。

(一)广告为谁服务

1979—1985年是广告业破冰期,这一时期的广告话语主题是"广告为谁服务"的问题。"'文革'十年,几乎所有的广告业务都被看成是'资本主义的生意经'而被明令禁止,扫进了'历史的垃圾堆'。"② 1978年,中国共产党第十一届三中全会召开,中国进入社会主义建设的新时期,以经济建设为中心成为党在社会主义初级阶段基本路线的中心。在中国面临社会转型的重要时期,广告业成为中国改革开放的排头兵。我国广告学者认为这一时期是打破坚冰的时期,因为在思想领域还存在着广告是姓"社"还是姓"资"的讨论。

1979年1月14日,上海《文汇报》刊登了丁允朋的文章《为广告正名》,这是广告复兴之初最早为广告存在的合法性进行辩护的文章。该文客观界定了广告的本质和功能,对复苏广告业起到良好的社会启蒙作用。总体而言,这一时期广告观念尚未摆脱中国特有政治环境的制约,仍未冲破计划经济的束缚,广告作为营销手段的作用还未充分发挥,还有人认为广告是"社会主义宣传工作的一种形式"。这一时期的广告话语多追随政治话语,广告话语传播内容多与改革开放初期人们对社会的认知程度及广告人的创意水平有关。"政治意识形态的阴影以及全社会因愚昧而对广告的无知是这一时期广告复兴的主要障碍,因此,广告启蒙教育成为这一时期的基本任务。"③

---

① 林升梁.30年广告镜像:社会价值观念的嬗变(1979—2008)[J].广告大观(理论版),2009(6):76-81.
② 李媛,赵正.张扬20年:留在记忆中的广告和广告事件[N].中国经营报,2005-01-03.
③ 余虹,邓正强.中国当代广告史[M].长沙:湖南科学技术出版社,2000:9.

这一时期市场消费情况处于供不应求状况，人们温饱问题尚未完全得到解决，整个市场还处于"卖方市场"，不存在真正的市场竞争。广告的影响力停留在"只要作广告，就会有效益"的阶段。广告理念与运作还采用原始方式，即简单的信息告知式。因此，广告创意突出以单纯直白的介绍产品特色为信息传播出发点，仅仅希望通过广告帮助消费者认识和了解商品的商标、性能、用途、使用和保养方法、购买信息等内容，从而发挥连接产销的作用。有的广告语会用夸张的话语建构来表现产品或服务的质量，如"国内首创""驰名中外""誉满全球""引领潮流"等，而同时还有些广告会用相对朴实的语言表现产品的性能，如"质量""经济""方便性""有效性""整洁"等，另外广告语中仍不能完全摆脱政治环境的影响，如广告语中常常出现"为人民服务""多快好省的""为大众服务的"等话语词语。

（二）广告是一种信息传播手段

1986—1991年是中国当代广告业初步发展期，这一时期广告话语主题是"广告是一种信息传播手段"。1985年前后，广告的政治意识形态逐渐淡化，广告被视为"一种传播经济信息的手段"。广告手段论出现，是广告被视为一种信息传播活动的开端。1985年，中共中央发布国民经济发展"七五"计划，提出乡镇企业要"积极扶持，合理规划，正确引导，加强监督"。这一时期，中国政府提出实现四个现代化的建设目标，商业发展获得前所未有的机遇。迅速变化的市场环境，使广告获得十分广阔的发展空间，在激烈的市场竞争面前，一大批有思想、有能力的广告主进入广告市场，广告主主体意识复苏，不断通过创作独特的消费观念广告来制造话语议题和控制话语走向，广告话语开始呈现出明显的市场导向。

随着物质的丰富，市场的活跃，消费者的需求不再是一般的解决温饱，而对物质文化生活提出了更高要求，从而增强对产品选择的意识，也提升了对广告的消费意识。这一时期，广告话语传播主要集中在对新的广告理念的引入、对民族文化的传播以及对社会公益事业的拓展。首先，这一时期广告树立了以消费者为中心的意识，厘清了广告科学性与艺术性的关系，广告代理制的理念和模式随着西方的现代广告理论引进中国。随着现代市场因素在我国的增加和有关市场体制改革等问题的提出，实施广告代理制的重要性和迫切性越来越凸显出来。20世纪80年代末至90年代初，随着"当太阳升起的时候,我们的爱天长地久"的动人广告歌曲的传播,太阳神集团第一个引入CI战略,逐渐建立一套完善的企业文化和企业形象识别系统。现代广告创意在20世纪90年代初呈现一派新气象,中国广告出现一股CI的热潮。

其次,广告成为构建民族文化的一部分。广告不仅传播经济信息,同时还传播社会文化内涵。改革开放之后,中国努力重返世界舞台中心、急于摆脱"东亚病夫"的心理在体育领域完全表现出来。商家往往借助民族文化传播尤其是体育领域里体现的爱国主义来推销产品。1990年第11届亚运会,中国代表队夺得六成奖牌,使得全民情绪激昂,精神振奋。"冲出亚洲,走向世界"广告话语传播遍布各种媒体。改革开放,走向世界成为当时广告话语传播的一个重要主题。健力宝、太阳神、中华鳖精等众多品牌在营销过程中传递了"团结起来,振兴中华"的民族情感诉求。

最后,公益广告初露头角。随着商业广告的繁荣和社会转型所带来的社会负面效应,公益广告成为调解社会关系、传播健康价值观念的工具。1986年,贵阳电视台率先以字幕的形式推出"请君注意,节约用水"的公益广告,被认为是中国现代公益广告活动的发端。广告播出后,引起贵阳市民的强烈反响,自觉节水的意识走进千家万户。"据统计,当年第四季度贵阳市自来水消耗量比上年同期减少了47万吨"[1],公益广告首次发挥了强大的作用。1987年央视黄金时段推出《广而告之》栏目,带动各地媒体纷纷开办公益广告,引起国外媒体的关注。苏联国家电台和"美国之音"评论说,这象征着中国政府已开始注重公益事业的宣传[2],公益广告话语传播和建构取得了较好的社会反响。

广告业的作用在人们社会活动与经济生活中的影响进一步加深。但伴随广告意识的逐渐增强,以往那种简单粗放的广告形式已经不能满足市场的需求,为消费者所厌弃,如何提高广告的说服性成为业界关注的焦点。这一时期涌现了一批有代表性的广告,它们将推销产品信息与企业形象塑造相结合,将推销商品的目的与传播新型消费观念的宗旨相融合成为当时深入人心的广告作品的突出特点。新型的广告经营理念开始萌生,从而实现了较好的传播效果。这一时期的广告语突出表现产品的"现代性""品质优"等特色,

---

[1] 陈洪波.扫描中国公益广告发展三十年[J].新闻爱好者(理论版),2008(10):52-53.
[2] 王云,冯亦弛.公益广告十五年[J].新闻大学,2003(2):76-79.

突出传达"爱""美好""爱国主义""尊重老人"等广告话语主题。

（三）发展才是硬道理

1992—2000 年是广告业高速发展时期，"发展才是硬道理"是这一时期的广告话语主题。1992 年邓小平南方谈话，发出了建设社会主义市场经济的信号。党的十四大确立了社会主义市场经济发展的宏伟目标，中国进入社会主义市场经济建设的新时期。中国广告业自 1992 年转变观念取消个体私营广告企业的限制举措以来，有了更加宽松空间取得长足发展。邓小平南方谈话后，"发展才是硬道理"的观念经过话语建构和传播，逐渐深入人心，中国社会掀起新一轮改革浪潮。"在这样的背景下，广告业运作开始趋于两极化，一方面是追求在短期内惊世骇俗的轰动效应引起人们的注意；另一方面是走科学精巧的广告道路，真正靠精耕细作来获得消费者的好感。"[1] 这一时期的广告业发展出现了非理性和理性发展的两种不同趋势，广告话语也沿着这两条不同路径进行建构和传播。

社会政治、经济双转型时期的到来，为广告业发展营造了良好的市场氛围，也为广告话语建构和传播提供了更大的市场空间。"这一时期是我国广告迅猛发展的时期，广告基本摆脱意识形态论的制约，在市场经济中发挥越来越大的作用。在广告的社会影响力日益扩大的同时，广告的作用也被夸大，一些非理性的广告开始蔓延，……在社会上引起广泛的争议和讨论。"[2] 1994 年央视建立招标机制，获得广告标王的企业成为广告界的热点，中国企业开始纷纷探索适合自身发展的广告之路。许多企业为了实现一夜暴富的神话，不顾一切往央视投放广告，进行广告轰炸，造就了秦池、脑黄金、三株等一大批红极一时的广告"明星"，对广告话语建构的方式也产生重大影响。有学者评论道："这个阶段新产品五花八门，市场竞争日趋激烈。商家为了取信消费者，往往请来明星代言，并借助央视的品牌效应，博得消费者的信赖。然而，'标王模式'的广告泡沫终究破灭，消费者在破灭中清醒。"[3]

---

[1] 杨海军. 现代广告学［M］. 开封：河南大学出版社，2007：96.
[2] 杨海军. 广告舆论传播研究：基于广告传播及舆论导向的双重视角［D］. 上海：复旦大学，2011：162.
[3] 林升梁. 33 年中国社会观念的价值变迁：基于广告传播的视角［M］. 厦门：厦门大学出版社，2012：192.

这里所提到的"标王模式",在特定时间领域,就是一些企业梦寐以求的广告话语建构和传播模式。

广告话语传播关注到消费者群体的主体意识,也是"发展才是硬道理"话语主题的重要组成部分。有学者关注到这一时期广告话语传播的时代特征:"消费者主导意识、个性意识、品牌意识彰显;广告作为商品信息提供者的角色被进一步认定,市民接触广告的主动性增强,广告的文化传播机能得到凸显,广告文化传播中的流行时尚元素增多,品牌与广告之间的联系已经建构。伴随中国广告业呈现热浪之后的理性回归,国人的广告意识也趋于'理性'。"[①] 在这样的背景下,企业和广告主开始对产品中所蕴含的社会、文化因素进行挖掘,以期为人们带来物质和精神的双重享受。人们在观看广告时,接收到的不仅是商品实用价值信息,更多的是关于生活方式、娱乐休闲、审美情趣等多方面的资讯。这一时期广告多以调动受众的情感为主要出发点来进行广告制作,广告语言更多地侧重于社会和人文关怀。这一时期广告话语传播也产生了一些经典案例,例如"孔府家酒,叫人想家"的广告话语创作引起较大的社会反响。该广告为广告主带来超乎想象的经济效益并荣获众多广告大奖。其成功的背后主要有两点原因:一方面,广告话语建构与社会热点较好的结合,当时热播剧《北京人在纽约》中的爱国情结和人物的情感表达成为公众普遍关注的社会热点,而广告话语巧妙地结合电视剧中的爱国情结和演员的情感自然流露,一下激发了受众的情感共鸣。另一方面,广告语、画面和音乐"紧紧抓住中国人最脆弱的感情神经:乡愁和对'家'的思念。'家'对中国人来说是一个含义深远的字眼,其文化隐喻浸透了中华民族的最深的情感、思念与寄托"[②]。在这里,广告话语传播对家国情怀的抒发恰到好处,对中华文化的诠释也十分准确到位,其良好的传播效果自然得到有效保证。

广告话语传播关注到普通人的需求和对美好生活的向往,是"发展才是硬道理"话语建构的另一个重要层面。中国广告业迎来高速发展期的同时,广告法制思想也逐步确立,广告经营管理逐渐趋于科学规范化。随着改革开放步伐的逐渐推进,市场经济快速发展,商品呈现了供过于求的现象,买方

---

① 丁俊杰,黄河. 观察与思考:中国广告观:中国广告产业定位与发展趋势之探讨 [J]. 现代传播(中国传媒大学学报),2007(4):78-81.
② 杨海军. 中外广告史新编 [M]. 上海:复旦大学出版社,2009:158.

市场全面形成,此时,人们对商品品质的关注多于商品功能和结构本身。企业和广告主纷纷意识到,消费者对商品的需求不再停留在基本的物质生活,精神层面的事物应当被给予更多的关注和重视。这也就是说人们在观看广告时,对其产生心理共鸣的不再仅仅是产品本身,而更多的是源于广告背后所隐含的深层意义。这时期的广告创意突出对人性的回归,突出人性化的表现,希望不动声色地引发消费者共鸣。广告语中常常出现如"享受""个性""爱国""传统美德""时尚""美好"等关键词,客观反映了广告传播主体在广告话语传播中关注到普通民众的心理感受和个性需求。

(四)品牌和国家形象塑造

2001—2008年是中国当代广告业振兴发展时期,广告话语传播主题集中在"形象塑造"上,其中包括"品牌形象塑造"和"国家形象塑造"两个层面。这一阶段,伴随着国民经济的快速发展,广告业逐渐成长为规模巨大、发展迅猛的独立新型产业,广告从单纯的营销工具变成肩负市场经济振兴、国家形象塑造的重要创新力量。2001年中国正式加入世界贸易组织,中国经济发展的国际化特征更加明显,国际化成为推动中国与世界接轨的重要力量。这变化不仅对国内诸多领域产生深远影响,也使广告话语传播出现较大的转向。

首先,"国际化的经营理念、世界范围内的市场需求,极大地加速了中国企业向外拓展的步伐。在'中国制造'行销世界的同时,广告成为了中国企业全面走向世界、打造中国品牌的首选手段,在世界舞台上大放异彩"[①]。2008年北京奥运会,使中国再次成为世界的焦点,在这一国际盛事孕育的无限营销契机中,世人惊喜地看到,中国企业和国际企业共同参与、共同博弈的局面已经成型。规模巨大、形式多样、覆盖媒体范围广泛的广告、满载着中国企业的品牌、产品和理念,向全球广泛传播。广告已经超越了企业营销的范畴,成为了一种承载着国家形象、经济水平和民族精神的介质,宣传着中国、影响着世界。[②]"中国制造""中国创造"的广告话语传播开始大规模出现在人们视野中,同时,"新北京、新奥运"这样的广告话语建构也以更高的频率出现在人们日常生活中。

---

①② 丁俊杰,王昕.中国广告观念三十年变迁与国际化[J].国际新闻界,2009(5):5-9.

其次,"产业化""集团化"和"专业化"成为中国广告业发展的主要路径。中国加入世界贸易组织后,国际广告集团迅速扩张其在中国市场的影响力。外资广告公司以其巨大的规模效应,为中国的广告主提供高质量的广告服务,本土广告公司必须进行集中和整合,以规模优势来解决低成本运营和高质量服务的矛盾,从而应对外资广告公司的竞争。国家经济的兴盛带来的是市场竞争的加剧,面对琳琅满目的商品世界,特别是生产技术、产品性能的同质化,消费者的目光、意识和注意力开始从商品的物质性寻求转变为对商品所蕴含的符号意义的吸引,他们更加关注其中的价值、观念、理想和意义。因此,广告话语传播开始关注企业品牌价值理念的诠释,广告传播的价值所在也从单纯的商品使用价值层面的功能效用的信息传达转向了意义符号的象征性传达。[①] 将广告的意义依附在社会意义、公益性的媒介事件或公共性议题当中,成为这一时期广告话语传播较为突出的创意策略。如2005年"神六"升空引发的蒙牛的广告营销方案,"蒙牛乳业"将自身品牌依附在"神六"之上,打出"蒙牛牛奶,强壮中国人"的广告标语,通过依附社会公共资源进而在本质上唤起人们的社会及民族情感,从而使人们认同广告主的品牌。广告话语传播关注企业品牌价值理念的诠释,取得较好的传播效果。

这一时期广告话语传播的另一个重要特点就是语义和词义的建构。1997年,第一次全国信息化工作会议上首次提出了"三网融合"的概念;2006年3月,国家"十一五"规划纲要中第一次明确提出要积极推进"三网融合"。数字传播技术为广告业搭建了新型传播平台,同样推动着广告观念的转变,促进广告话语的变迁。以互联网为代表的新媒体传播活动中,受众的主动选择性增强,同时促进了广告传受双方的互动交流。在新媒体广告价值开发和新兴广告渠道成型的推动下,媒体经营者将广告打造成为新媒体、新技术的交汇点。这一时期,广告所扮演的社会"角色"发生了翻天覆地的变化,从提出商品的符号价值"缔造者"到丰富社会意义的"建构者"。"去中心""不确定""多元化"这些广告文化精神在这一阶段被无限放大。人们通过丰富多样的媒介渠道和活动来认识和探求自我,理性与规则逐渐被抛弃,人们的存在和发展开始以自我为中心。统一的模式和方法无法起到预期作

---

① 刘泓.从"意义转移"到"意义依附"[J].东南学术,2006(6):176-182.

用。因此，个人化诉求逐渐成为该阶段广告话语传播的主流趋势，广告话语建构力争做到与消费者进行一对一的沟通和交流。在广告话语传播过程中，诉求的对象由大众转向小众，再由小众转变成个人，以至于广告话语传播的受众群体被不断地分割化。这一阶段的大多数广告话语表达突出强调个体的存在和社会地位，常出现"我""我的""我爱""我能""我就是""就是我"等广告话语语义关键词。代表性的广告话语表达有动感地带的广告语"我的地盘听我的"、安踏"我选择，我喜欢"等，这些广告话语传播带有鲜明的迎合年轻人心理需求的个性导向。

二、广告话语主题建构的两个面向

社会建构论代表人物科尼斯·格根指出："世界就是世界……但是一旦我们尝试表达存在的东西，我们就进入了话语的世界，而在那个时候，建构的过程就开始了。这一努力不可避免地同社会过程交织在一起，使得我们进入了历史，进入了文化。"[1] 中国当代广告广告话语主题的凝练过程，也是广告话语的建构过程。广告话语与意识形态、广告话语与社会关系的思考，是广告话语主题提炼的基本面向。

（一）广告话语与意识形态

无论是商业广告，向消费者推销产品；还是非商业广告，向大众传达某种信息或思想；往往都要借助大众能接受的观念，也就是借助意识形态来展开说服活动，因此广告所呈现的话语系统与意识形态密不可分。

广告话语所传递的意识形态就像罗兰·巴特（Roland Barthes）所提出的能指、所指的内涵一样，它是由表层意识形态与深层意识形态构成的二元复合结构。广告话语表层的意识形态是广告主借用广告传递的商品或企业营销信息等，是具体的广告所提出的抽象观点和价值等"由头"，它是显性表达的观点，总会在具体的广告个体中出现，直接影响着人们的现实判断。而在

---

[1] GERGEN K. Realities and relationships: Soundings in social construction [M]. Boston: Harvad University Press, 1997: 72.

社会语境下广告话语深层意识形态是一种不明言的、更高层次上的言说和表达，它实质上是一种整体的世界观和生活态度，将以长期、稳定而深层的思维方式从意识深处影响受众。

不同时期的广告话语传递的表层意识形态随着市场环境的开放和媒介技术的发展越来越多样化，但其外显形式无论多么丰富多样，都会受到深层意识形态的决定和限制。相反，再典型富有内涵的深层广告话语都需要表层话语来呈现。例如，百事可乐广告中提倡的"新"事物的价值，表层意识形态是指追求新事物——百事可乐，深层意识形态实质上是一种打破思想保守、追求创新的思想和观念意识。

（二）广告话语与社会变革

广告话语受到社会的政治、经济、文化等多方面因素的影响。通过前面我们的梳理可以发现，广告话语在社会转型、传统文化、经济全球化以及媒介技术革新等社会发展因素的共同作用下，呈现出了清晰的变迁轨迹。透过广告话语来窥视40多年来我国广告传播活动的轨迹，大致可以发现其发展脉络是沿着由以生产为中心到以销售为中心、再到以消费者为中心、最后到以产品品牌为中心的话语逻辑逐渐前行。

早期广告主发布的广告主要以生产为中心。在物资匮乏的年代，卖方市场优势很明显，企业所生产出来的产品总是供不应求，于是，广告话语表达简单、缺乏创意，几乎相当于产品说明书。随着改革开放的深入，社会物资逐渐丰富起来，市场竞争日益激烈，广告主的营销观念进入以销售为中心的阶段。广告形态由原先的"说明书"式渐渐增加了推销元素，广告创作也更加注重产品的特点及差异化，而且更为生动和人性化。随着买方市场逐渐形成，消费者的选择空间加大，广告意识也逐渐增强，广告主的营销观念开始向消费者倾斜，广告话语表达开始站在消费者的立场上，创作符合消费者需求的产品广告，只有这样才能达到广告传播的目的，广告话语传播因此逐渐进入以消费者为中心的阶段。这一阶段广告主也逐渐意识到树立长久品牌形象的重要性。在以产品品牌为中心的广告阶段之后，广告主对提升公司社会地位的公关形象广告也逐渐加大投入，他们将企业形象与社会长远利益相结合，注重形象、环保、公益事业等，广告话语传播进入了全新的社会大营销阶段。

广告话语通过表层意识形态敏锐地感受和反映出社会经济状况的细微波动，能折射出中国经济的发展历史。更重要的是，其深层的意识形态肩负着社会文化传承的使命，成为社会价值观念变迁的时代印记。

20世纪80年代中期以前，人们满足于较被动的商品消费来实现最基本的生活需要，缺乏对商品种类、功能和附加价值的主动要求；人们消费观念上的传统色彩浓重。国家、市场以及人们思想、文化方面的开放有限，导致消费观念的变化非常有限。20世纪80年代中期以后，商品种类和市场交换方式不断丰富，国外商品和广告渐渐进入人们的视线，传统消费观念开始发生变化，人们的消费需要、感受和认同尺度都慢慢放宽。20世纪90年代初，消费已经慢慢成为人们日常生活中相对独立而又可以主动发挥创造性和选择性的特定部分，人们不仅通过消费满足不同需要，还借用消费进行社会交流和沟通，随之而来的是多种消费思潮的兴起。20世纪90年代中叶以后，个人在消费观念上的主动性和选择性进一步加强，张扬个性、创造性消费、彰显自我等观念掀起了一场又一场消费革命。受全球化影响，不同人群消费观念日益分化，消费观念变化速度也日益加快，各种消费观念和行为讨论的时间缩短，新异消费观念和行为出现、流行的周期明显缩短、元素更为复杂。20世纪90年代末及进入21世纪以来，多种多样的国际时尚和民族文化在人们的消费选择中交汇共生，人们已能正确对待全球化的消费，对消费意义及多种消费情感的体验也日益丰富。广告话语传播体现出来的消费观念变迁与全球化过程和程度相适应。

三、广告话语的社会意义重构

"社会生活是在人的解释、评价、定义和筹划中被建构起来的。一言以蔽之，社会是在人的行动中被建构的，社会是主体性的产物。"[①] 在社会建构理论看来，世界不是一成不变的，恰恰是人对世界的解释和行动在社会化互动过程中对世界的形态产生着重要的影响。广告话语是社会建构过程中的重要工具，当社会物质水平达到一定的繁荣程度后，产品同质化越来越严重

---

① 胡翼青.再度发言：论社会学芝加哥学派传播思想[M].北京：中国百科全书出版社，2007：301.

时，现代广告的使命就不停留在原来传达产品信息的功能的阶段，更多的是在建构一种社会文化意识形态。因此广告话语的深层内涵实际上是广告传播过程中，广告主或创意者赋予产品或服务新的内涵，是向消费社会注入新的文化内涵。

（一）广告话语对社会认同的重构

大众传媒以话语的形式来建立与受众的关系，并因此使自身成为社会的公共领域，它通过编码和译码把受众引入公共领域，使消费者在对意义的消费中去获取自己的公众身份。因此，大众传媒对公众的建构从根本上说也便是一种身份的建构。对于广告话语传播而言，受众是媒介信息的消费者，也是广告所代言的商品或服务的消费者。但是，就大众媒体所具有的公共领域性质而言，消费者还应该是公共领域中公共舆论和意见的参与者。受众作为媒体的使用者与消费者，在大众传播形态当中，其公众身份被唤醒了，他们对事件和相关问题的意见就会成为具有社会意义的"话语"。特别是受众参与到公共事务之中，在参与公共事务的过程当中，共同构建了一个公众的公共空间平台。受众在被组织和被号召的过程中，参与了公众对社会价值、民族感情和国家利益的认同的过程，进而建构其公众身份。

2008年汶川地震期间，在面对莎朗·斯通的"报应门"事件时，每一个消费者都在显示作为"公众"的力量，这种力量汇流成"10亿消费者"的力量：最终迫使迪奥中国立即撤销并停止任何与莎朗·斯通有关的形象广告、市场宣传以及商业活动，电影院线业封杀莎朗·斯通。CNN则直接说，莎朗·斯通将失去10亿名观众4亿元片酬，这一事件也彰显了广告话语的传播力量。与此相关联的还有"王老吉事件"，汶川地震发生后，王老吉第一时间发声为四川灾区捐款1亿元赈灾款，此次善举赢得消费者好感。王老吉卖得很火，消费者在这个时候更多的是以公众的身份来展示广告话语的潜在力量，通过自己的行动表达对公益企业及其产品的支持、对公益企业价值观念的赞同。

在广告话语实践中，广告往往不遗余力地塑造当代社会中理想的生活方式，并把这种生活方式和态度不遗余力地向社会上的每个个体推介，使之成为全社会的一种共识和理想。正是通过广告话语年复一年、日复一日的强势传播，人们逐渐认同了所谓幸福、高雅的生活方式，包括对生活情调、品位、身份、地位等各方面的认同等。鲍德里亚（Jean Baudrillard）精辟地指出：广告构成了一个无用的、无关紧要的世界，一个纯粹的引申意义。它在物品的生产和使用中，都没有什么作用，然而它却是完全可以反过来变成了消费品。必须好好的辨别这种双重决定机制即它是一项针对物品所作的论述，同时它本身也是一个消费品。而且也正是因为它是一种没有用途、无关紧要的论述，它才会成为一种可以消费的文化物品。①这段话很好地解读了广告话语建构传播的意义。

广告话语对消费者身份地位的建构也具有较强的渗透力，如当飘柔洗发水强势推出"全新黄飘"广告宣传语时，其话语建构和表达就是突出现代女性轻松应对事业与家庭的多重挑战，成为一个面对"多重挑战，同样自信"的"全面"女人。其潜台词是：如果你是一个现代女性，你就应该选择黄飘，因为每个现代女性都应该努力在事业、家庭双方面做成功者。广告话语建构无形中赋予消费者一种新的身份，促使消费者选择广告中提供的这种生活方式和现代成功女性的新身份。

广告的消费和使用满足了现代社会中人们扮演和展示的需要，满足了人们构建身份和认同的需要。广告编码的过程中构建了一个公共话语空间，通过赋予产品一种文化内涵，通过将这种内涵传递给消费者，消费者在解码的过程中将这种内涵与产品一同消费，从而在公共空间中找寻社会的认同。因此，广告话语向消费社会注入新的文化内涵的过程实际上是对社会个体的一种身份建构。

（二）广告话语对情感关系的重构

广告作为消费社会最有力的一支主导力量，它对人们日常生活的深层与隐形的影响还渗透到了对人际关系的影响之中。广告话语作为广告主和创意者思想的代表，它在向消费者提供消费信息的同时，也在建构着我们生活的社会文化环境。人们的交往关系与礼仪文化都是社会文化中重要的因素，而这些重要的因素正是广告连接人们心理与商品的诉求点。在广告所建构的拟态环境中，尽管它对人际关系的建立起不到决定性作用，但它通过"润物细无声"的方式影响着人际关系的交往。

---

① [法]尚·布希亚.物体系[M].林志明，译.上海：上海人民出版，2001：187.

（三）广告话语对消费价值的重构

现代社会，广告已经不仅仅是一种营销手段，它已经成为一种文化形式。广告话语作为社会意识形态的一种重要呈现，它所蕴含的思想、意识、观念等，无形中形成了一种文化霸权。它对社会所具有的穿透力，不仅体现在对人们消费行为、消费观念的影响，更多地应该表现在对人们的价值观念乃至整个社会观念的影响上。

英国的社会学家威廉斯（Williams）认为："光是说啤酒能喝不也就够了？何必又多此一举，说喝了它就会显得雄赳赳而心神焕发，或是和蔼容易亲近？洗衣机是个有用的洗衣机器不就得了。何苦说有了它我们就比邻居来得有见识，就是邻居羡慕的对象？"[①] 现代广告内容不再满足于只塑造产品本身形象，更加注重广告话语对目标消费群的社会意象的塑造。通过这样的广告话语实践，广告客体成为可以用于表征社会意象的符号。基于此，广告主可以通过符号化的商品对社会价值观念进行建构或重塑，而消费者透过这种符号化的商品对新的社会价值观念进行关注或消费，进而在社会实践过程中影响着自身原有的价值观念。

中国当代广告的发展与中国现代化发展同步，在中国广告发展的历史语境下，可以深切感受到广告话语不仅记录着中国当代社会意识形态的变迁，而且对其产生了一定的建构作用。广告话语传播的社会功能和当代意义在意义建构中得到不断提升。

---

① 汤林森.文化帝国主义[M].冯建三, 译.上海：上海人民出版社, 1999: 236.

第三章

当代中国广告话语传播的历史进程

本章提要：广告话语传播的演进史，与中国改革开放的历史进程相呼应。改革开放之初，广告话语以政治议题为导向，广告话语多为政治口号式宣传；随着市场经济的飞速发展以及现代广告意识的形成，广告话语逐渐以市场为导向；在新时期，人们的思想、话语权空前解放，公民主体地位不断提升，公民积极参与到广告话语传播过程中，广告话语表达朝多元化发展。本章结合改革开放以来中国社会、政治、经济形势的变革，对不同时期广告话语传播的发展态势进行梳理和分析，对各个时期的典型案例进行分析和总结，探析广告话语传播的规律和特点。

一、广告话语传播的历史演进

在中国改革开放40多年的历史进程中，广告话语传播经历了广告从产品推销到品牌营销、从促进销售到引导消费、从单一产品售卖到产业结构完善、从追求商业价值到塑造文化内涵的发展过程。广告话语为中国改革开放发声，为广告业健康发展助力，推动中国广告业取得斐然的成绩，对社会、经济、文化发展作出了巨大的贡献。但不同的历史时期，受国家政策调整，经济发展制约以及社会文明开化程度的影响，广告产业发展进程中存在的问题和值得关注的议题有所不同，广告话语呈现的形态不同，但在同一历史时期集结成具有相同时代特征的广告话语,并以广泛传播的现象成为常态。这些广告话语在面向大众传播的过程中生产出了更多的与广告发展相关的知识和意义,而正是这些知识和意义指引着广告产业更加全面和深刻地认识自身发展,从而在反思和实践中不断前行。

福柯认为:"话语构造了话题,它界定和生产了我们知识的各种对象。它控制着一个话题能被有意义地谈论和追问的方法。它还影响着各种观念被投入实践和被用来规范他人行为的方式。"[①] 审视中国当代广告发展的历程,每个阶段都有符合这个时期社会语境的广告话语显现或流行,无论是20世纪80年代以来思想上的拨乱反正、现代广告意识的觉醒、制度上的科学法制化,还是21世纪中国特色广告发展道路的探索、互联网思维的渗透,都在不同程度上引导着人们对广告业发展方向的追问和探讨,影响着人们有关广告发展的观念、看法被转化为现实的广告实践。

丁俊杰在《中国广告观念三十年变化》一文中对中国广告观念变化轨迹进行的梳理和解读,认为"广告是社会发展的镜子,广告折射社会的发展变迁,在宏观的社会背景中,广告的作用与意义得以充分诠释。广告观念不断出现、持续更迭,从一个侧面展示了中国改革开放三十年来走过的风雨历程。广告观念的变化,是社会发展的宏观背景下多元力量相互作用、共同推动的结果"[②]。这些认知,较准确揭示了广告话语在宏观社会环境下发展变化的功能价值和意义,为本书把握中国当代广告话语传播的发展脉络提供了思路。本书结合学者们的观点和看法,将中国当代广告话语传播的发展划分为起步期、初步发展期、高速发展期以及成熟期这四个时期,并结合不同时期社会宏观政治、经济环境变化,对不同时期广告话语传播的规律和特点进行分析。

(一)"为广告正名"话语体系的建构

1978年,中国共产党的十一届三中全会确立了我国"以经济建设为中心"的发展目标,这不仅为我国社会经济转型指引了方向,同时为中国广告业的全面复苏提供了契机。这一时期,广告话语的传播主要集中在对广告业

---

① [英]斯图亚特·霍尔.表征:文化表象与意指实践[M].商务印书馆,2005:44-45.
② 丁俊杰.中国广告观念三十年变化[J].现代广告,2008(12):31-37.

存在的合法性和必要性的论证上。在当时的社会环境和话语语境中,"政治意识形态的阴影以及全社会因愚昧而对广告的无知是这一时期广告复兴的主要障碍"①,因此,广告业各传播主体主要围绕如何冲破话语障碍这个话题进行讨论,伴随着经济发展和话题讨论的深入,一些禁锢广告业发展的思想开始松动,广告观念开始发生转变。随着《为广告正名》《办好人民广告事业》等一系列探讨广告作用和地位的文章陆续发表,社会对广告的认识开始出现变化,话语认知也从"资本主义市场兜售商品、欺骗顾客的行径"向"一种传播经济信息的手段"转变。同时,对广告的功能价值也作了更符合社会发展实际的评判,认为广告是"社会主义宣传工作的一种形式,既要为建设社会主义的物质文明服务,又要为建设社会主义的精神文明服务"②。这些观念的变化和更新,表明在社会转型时期,广告话语建构的社会引导力和影响力开始发挥巨大的作用。

上海是中国近代广告的发源地与摇篮,也是中国当代广告复苏的策动地。在广告业破冰期,通过上海广告公司和上海市广告装潢公司一批思想开明的先驱者的努力,沉寂多年的中国广告业燃起了复苏的希望。改革开放的信号发出以后,上海广告公司向中宣部多次提出在国内恢复商业广告的建议,最终上海市相关管理部门明确指示支持恢复和发展广告业③。这一指示极大地鼓舞了为改变当时广告业发展现状而奋斗的大批有志之士。上海广告公司元老陈建敏、凌燮阳、丁允朋等人在这样的鼓舞下做了两件意义重大的事情:"一是他们讨论了如何为广告正名的问题,1979年1月14日在《文汇报》上发表了由丁允朋执笔撰写的文章《为广告正名》,在舆论引导和话语建构上为广告复兴做准备;二是他们四处奔走,说服媒体发布外商广告。1978年以后,已有不少外商来华开展广告业务,但当时国内媒体不敢做也不会做,陈建敏等人先说服并帮助上海媒介发布外商广告。"④在他们的共同努力下,1979年上海广告公司先后投放了几则国内"第一"的外商广告,如2月13日《文汇报》刊发了承办进出口广告的广告;3月15日上海电视台播出了改革开放后第一条外商电视广告——瑞士雷达表广告;同期上海南京路竖起了第一块外商户外广告以及在上海第一百货公司

---

① 余虹,邓正强.中国当代广告史[M].长沙:湖南科学技术出版社,2000:9.
② 丁俊杰,王昕.中国广告观念三十年变迁与国际化[J].国际新闻界,2009(5):5-9.
③④ 余虹,邓正强.中国当代广告史[M].长沙:湖南科学技术出版社,2000:10.

展出了第一个外商橱窗广告。与此同时，上海市广告装潢公司也为国内广告业复兴作出了重要的贡献，连续创造了几个国内商业广告"第一"，如1979年1月28日上海电视台播发的引人注目的第一例商业性电视广告——参桂补酒广告，1979年3月15日上海人民广播电台播发的第一例商业广播广告——春雷药性发乳广告等。上海广告公司在促进广告公司的联合、推动中国广告行业协会组织的建立、创办广告刊物等方面都发挥了举足轻重的作用。

总体而言，这一时期广告观念尚未摆脱中国特有政治环境的制约，仍未冲破计划经济的束缚，广告作为营销手段的作用还未充分发挥，还有人认为广告是"社会主义宣传工作的一种形式"。这一时期的广告话语建构多追随政治话语，广告话语传播的内容多与改革开放初期人们对广告业认知水平相适应。但顺应社会、政治、经济形势的变化，勇敢探讨广告传播的可能性和合理性，这在广告话语传播发展史上具有革命性的时代意义。

（二）"以消费者为中心"广告话语的倡导

1985年国家"七五"国民经济发展规划提出之前，中国实行的是"计划经济为主，市场调节为辅"的经济发展方针，尽管市场化的经济成分不断增长，但由于整个国内经济市场刚刚打开，消费市场还处于"卖方市场"，因此，广告的传播形态仅仅停留在传统的信息发布层面，广告话语的传播以商品信息传播为重要内容。"七五"国民经济发展规划实施以后，国家的经济政策进行了重大调整，开始解决重工业与轻工业发展比例失衡的问题，重视市场调节的作用。政策的调整和迅速变化的市场环境，为商业发展提供前所未有的机遇，各行各业积极参与到国内外经济大循环之中去，面对激烈的产品市场竞争，越来越多的人开始意识到广告在现实生活、生产、流通过程中的优势和重要性，也切实地看到、感受到它带来的显而易见的经济效益和环境效益。"这一时期消费需求急剧扩张，日用消费品的生产超常规高速发展，同类产品愈来愈多，具有相当购买力且开始有选择购物的大众消费者群体逐步形成，在某些行业出现了'卖方市场'向'买方市场'的转变，竞争趋于激烈。在这种市场竞争的压力之下，一些企业厂家和广告经营者深感以传统的方式做广告已力不从心，他们开始摸索新的广告方式,并迅速接受了西方的现代广告理念。"① 在市场的经济压力和西方现代广告理念的双重作用下,这一时期形成的广告话语传播主题逐渐明朗:一是在实践层面积极探索中国广告的独特发展道路,二是突出和强调现代广告理念的学习和应用。两者结合,形成了这一时期广告话语传播的独特历史景观。

首先,从理论层面和实践层面来探索适合转型期中国市场的广告业发展之路。从 20 世纪 80 年代后半叶开始,围绕现代广告意识觉醒的广告话语建构主要呈现为以下几个问题:"以消费者为核心"的现代广告意识逐渐取代传统的"以生产者为核心"的观念;广告代理制的模式随着西方现代广告理念引入中国,并逐渐凸显它的重要性和迫切性;市场整体营销的广告战略意识逐渐淹没传统的信息发布式的广告传播模式。

其次,探索中国特色的广告话语实践体系。这一时期,广告话语建构和传播出现新的转向,从三个层面对中国广告话语传播进行创新,引领中国广告业健康发展:以《中国广告》为核心的学术杂志进行"现代转向"的探讨和研究,这其中涉及现代广告的观念、主张、特点和核心内涵等问题的研究。相关问题的探讨有助于现代广告学的中国化以及广告业各主体的认知。冠以"现代广告"之名的学术著作开始大量出版,最有代表性的有丁允朋的《现代广告设计》、赵育冀的《现代广告学》、杨荣刚的《现代广告学》等,这些书籍从广告知识体系化建设、广告学科体系化建设方面对国内广告业发展起到积极推动作用。

再次,西方现代广告理论实战工具陆续被引入国内广告实践。一方面,大量国外广告经典著作被引进到国内,方便学术界探讨和研究,并形成新的广告话语热点议题,如对以大卫·奥格威(David Ogilvy)为代表的广告大师的广告经历的讨论,对广告创意流派的阐释和解读等。另一方面,广告理论工具被广泛运用到广告实践中去,如"CI 理论"在 20 世纪 80 年代末被太阳神集团引入国内,逐渐建立一套完善的企业文化和企业形象识别系统;在 20 世纪 90 年代初,中国广告业出现一股 CI 热潮,其关注的内容也成为广告话语建构和传播的首选议题。

---

① 余虹,邓正强.中国当代广告史[M].长沙:湖南科学技术出版社,2000:47.

（三）科学化与法制化视域下广告话语探讨

1992年，邓小平南方谈话掀起了市场改革的浪潮，"震动了中国广告业各级广告组织转变观念，解除对私营个体广告经营的限制，允许经营广告，实行国有、集体、个体私营、外商投资企业一并进入广告市场，实施公平、合法、公正竞争优胜劣汰，私企政策的调整为广告市场放开拉开序幕，极大地调动了各方积极性"①。广告主市场空间的扩大和广告公司队伍的迅速壮大，为中国广告业创新发展带来新的活力；同时，一些急功近利的不规范操作也给广告运作带来负面影响。这一时期，广告运作开始出现两极化现象：一类广告讲究广告运作的科学精巧，不仅注重经济效益更注重广告主品牌的社会效益；另一类广告则只追求短期效益而不注重广告的文化内涵和社会效益。"在广告的社会影响力日益扩大的同时，广告的作用也被夸大，一些非理性的广告开始蔓延，其广告语也真实地反映这种现象，企业以自我为中心的广告语创作开始大量出现，并在社会上引起广泛的争议和讨论，形成舆论漩涡和导致舆论批评，产生广泛的社会影响。"② 因此，就整个广告业发展状况而言，这一时期的广告话语较多的围绕对广告业制度的科学法制化建设问题的探讨，对不规范广告的质疑和批评也是这一时期广告话语传播的主要内容。

在社会转型时期，社会矛盾逐渐显现，广告似乎成为社会诚信体系受到破坏的"替罪羊"。随着广告影响的不断扩大，问题广告、争议广告的聚焦和扩散效应也不断增强，成为社会转型和广告业快速发展时期一个显著的社会话题。问题广告往往会成为广告主体和广告受众矛盾集中爆发的"导火索"，在较短时间内变成"显性议题"。在这样的话语语境中，广告业为社会创造的巨大物质财富和精神财富的事实被忽略，社会民众对广告的指责和非议成为广告话语传播的重要议题，呼唤广告法制层面的规范管理，也成为广告话语传播的紧迫议题。这一时期，问题广告的迭出和广告行业自身运行的不规范，导致制度层面的政策法规亟须完备显得迫在眉睫。经过三年多的调查研究，我国第一部较为完备的《广告法》于1994年10月审议通过。自此，以《广告法》为核心的广告监管系统初步形成。其中包

---

① 范鲁彬.中国广告三十年纪实[J].中国广告，2009（4）：55-65.
② 杨海军.广告舆论传播研究：基于广告传播及舆论导向的双重视角[D].上海：复旦大学，2011.

括制度层面的法律、法规、行政规章,管理层面的各种广告管理机构、审查委员会以及行业协会,另外还有庞大的社会舆论监督群体。因此,这一时期广告话语关注的广告制度建设和科学法制化建设的内容和形式都得到较好的回应和完善。

(四)中国特色的发展道路的广告话语选择

2001年,中国正式加入世界贸易组织,中国经济发展的国际化特征更加凸显。随着中国广告市场的全面对外开放,国际广告集团大量涌入中国市场。面对巨大的压力和挑战,提高中国广告产业的国际竞争力成为大势所趋。另外,这一时期,国内消费市场进入稳步、健康、繁荣增长期,广告主品牌意识强劲,广告创作过程趋于成熟,中国元素凸显。本土广告公司向"国际化"迈进,跨国广告公司则趋向"本土化",整个广告产业进入了开拓与创新的发展时期。"广告公司的发展,最重要的还是提升自己的核心价值,……真正能生存、发展和有所突破的必定是那些有独特的研究能力和创意能力的公司。"[1] 因此,这一时期的广告业如何实现建设上的创新发展成为人们普遍关注和讨论的话题,在当时的广告话语语境下,广告业界和学界不断探索和尝试广告创新的可能性,力图从内部广告文化建设和外部产业结构调整两个层面对广告业创新发展的路径进行探索。

首先,增强广告文化内涵,创造独具特色的广告价值,成为广告话语引领的重点内容。有学者认为:"国际化的经营理念、世界范围内的市场需求,极大地加速了中国企业向外拓展的步伐。在'中国制造'行销世界的同时,广告成为了中国企业全面走向世界、打造中国品牌的首选手段,在世界舞台上大放异彩。"[2] 在这里,广告话语传播的视野放在国际化经营传播的语境中去考量,广告话语建构和传播的国际传播文化价值受到高度重视。

其次,关注商品符号意义的象征性传达,也成为广告话语建构和传播的主要方向。有学者认为:"面对琳琅满目的商品世界,特别是由生产技术、产品性能的同质化,消费者的目光、意识和注意力开始从商品的物质性寻求

---

[1] 陈刚.喜忧参半:对文化产业振兴规划与中国广告业的未来发展的思考[J].广告大观(综合版).2009(9):28-29.
[2] 丁俊杰,王昕.中国广告观念三十年变迁与国际化[J].国际新闻界,2009(5):5-9.

转变为对商品所蕴含的符号意义的吸引,他们更加关注其中的价值、观念、理想和意义。因此,广告传播的价值所在也从单纯的商品使用价值层面的功能效用的信息传达转向了意义符号的象征性传达。"① 广告创意中大胆启用"中国元素",传播过程中向世人传达独具中国特色的文化内涵,成为中国创意人在广告话语建构和传播中最有意义的探索和尝试。2004年,上海梅高创意咨询有限公司董事长高峻首次提出"中国元素"概念。随后,"中国元素"被确定为2006年第13届广告节主题内容,并在这之后相当长的一段时间内被广泛运用到国内外广告创意之中,广告话语的有关中国元素议题的建构和传播在广告话语实践中一直保持较高的热度。

再次,创新广告产业发展模式、完善广告产业运作模式是广告话语建构和传播的重要议题。中国加入世贸组织后,跨国广告集团迅速扩张其在中国的市场,它们以巨大的规模、优质的服务给本土广告公司带来了较大压力。有学者提出:"中国广告公司要实现对广告业发达国家的超越,必须创新广告产业发展路径,走专业化—专门化—集群化—规模化的产业发展之路。"② 根据制约我国广告产业发展的两大核心问题:低集中度和泛专业化,学者提出了解决问题的建议:"中国广告产业需要以创新来推动产业的改造与升级,即创新广告产业发展模式和运作模式,以高度的专业打造广告公司的核心竞争力,在专业化的基础上建立产业集群,进而以联合重组、兼并重组的方式逐渐实现中国广告产业的规模化发展。"③ 这一时期,广告话语的议题主要集中在对本土广告公司的发展建议上,认为本土广告公司必须进行集中和整合,以集群的诸多优势来解决本土公司高度分散、实力弱小的劣势,通过外部合作实现规模化,在一定程度上可以保证本土公司的竞争优势,从而应对跨国广告集团的市场冲击。这一时期,广告话语的选择还是重点关注广告企业的创新发展问题,强调广告企业要挖掘自身发展的核心竞争力,在建设独具特色的中国广告产业发展道路上贡献自己的智慧和力量。

---

① 刘泓.从"意义转移"到"意义依附":广告意义的结构转型[J].东南学术,2006(6):177.
② 张金海,廖秉宜.中国广告产业集群化发展的战略选择与制度审视[J].广告大观(理论版).2009(1):60-65.
③ 张金海,刘芳.中国广告产业"低集中度"与"泛专业化"两大核心问题的检视:兼论中国广告产业的改造与升级[J].现代广告(学刊),2009(B4):58-62.

（五）互联网思维下的广告话语重构

伴随着网络和数字技术的快速发展，传媒行业逐渐进入媒体并存、相互融合的阶段。依托传媒产业为载体的广告业在媒体融合的背景下面临着前所未有的挑战。广告业赖以生存的社会传播环境和营销环境发生巨变的同时，必然带来产业的巨大变革。在广告业融合发展时期，广告话语传播主体着重思考我国广告产业如何适应内外部变化的环境，从而形成了这一阶段具有代表性的广告话语议题：互联网思维下的广告话语重构。

随着网络媒体的普及，互联网思维逐渐渗透到几乎所有的行业变革之中，广告行业的技术属性也加速了互联网思维的深度渗透。互联网技术运用首先改变着消费者的思维方式和行为模式，广告话语传播应及时转变思路以应对变化中的营销环境和营销对象。广告话语传播的目标是引导消费者把注意力从传统媒体转向移动互联网，引导广告企业将广告投放模式从传统的以量取胜转化为以精准取胜，强化互联网广告传播实时、精准、互动等特点，丰富广告话语传播内容，提高广告话语的传播效果。

从早期的人们谈论"三网融合"到"媒介融合"再到"互联网+"，不同的媒体发展形态，相同的变革思维，在这样的社会语境的引领下，广告话语传播更多的是关注广告业未来发展的新形态、新业态，带着全新的思维方式——在技术与商业的互动中实现对人自身生活状态、生活方式的重新审视——来思考广告话语实践活动。"互联网+广告"相较于之前的广告发展模式而言有两个重大的突破。

首先，更加注重深度融合。它意味着传统广告不仅要与互联网融合，还要按照互联网的规律进行整体运作，产业发展的各个方面都应渗透互联网的基因，构建互联网化的产业生态链。这种深度的融合对于广告行业乃至整个品牌传播行业的影响是深远的。2012年，腾讯手机管家官方微博利用"元芳体"展开产品推广，通过鼓励粉丝以"元芳体"创作与腾讯手机管家相关的段子并奖励Q币的方法，激发用户UGC内容的参与。这就是"互联网+广告"的一个很好的现实案例。

其次，更注重以人为本的发展核心，真正回归了"以消费者为中心"的广告理念。实时、精准、互动的广告传播发展趋势，更加注重消费者的受众体验，针对不同消费群体甚至是个人进行个性化定制。正如电商网页中根据用户消费记录进行的定制广告，再如微信中根据用户朋友圈兴趣点进行的推送广告，这些都是基于信息技术和互联网平台而进行的业态融合的产物。"互联网消减了广告主与受众之间的隔阂，企业与用户互动，用户与用户互动，消费者不再是广告信息的沉默受众，他们可以通过网络向企业提要求，表达自己的意愿；同时，通过即时地与受众互动和沟通，广告主可以了解并引导受众的舆论走向，快速处理来自受众的咨询、建议和投诉，深度聆听受众的声音，帮助提升品牌的亲和力和受众黏度，更可挖掘目标受众群的核心需求，企业与消费者之间的距离变得越来越近，在塑造良好品牌形象的同时，提升了品牌知名度和好感度。"[1]互联网为广告话语传播创造了公共空间，也为广告传播主体和受众之间建立起更有效的广告话语沟通桥梁提供了更多便利。

二、广告话语传播的时代特征

观察广告话语传播的历史轨迹，首先应该了解其在不同历史阶段所显现的时代特征。广告话语传播的时代特征显现与媒介导向、公众导向、渠道建构、议题设置、传播模式变化和传播方式变革、效果控制预期和传播规制建设等要素密切相关。综观不同时期广告话语传播轨迹，可以发现广告话语传播具有以下时代特征。

（一）媒介导向与公众导向

现代广告作为一种话语传播形态，其理想目标是运用多种传播方式、渠道，影响、支配受众的消费行为和理念。对于广告信息传播而言，受众呈现出三重身份的结构形态：既是广告传播的信息受众，也是广告所代言的商品或服务的消费者，同时就大众媒体所具有的公共领域性质而言，还应该是公共领域中公共舆论和意见的参与者。[2]在新媒体时代，广告主正在通过多样的有效的广告传播手段制造、引导和控制广告话语传播方向。与

---

[1] 杨景越.广告传播中的"互联网思维"应用［J］.新闻与写作，2014（12）：94-97.
[2] 刘泓.广告传播对受众身份的建构［J］.东南学术，2009（4）：148-152.

此同时，随着受众消费者权利意识和公众社会责任意识的增强以及消费行为模式的变化，公众也在积极参与广告议题的议程设置，影响广告话语走向。制造广告话语的主体越来越多元化，广告话语传播方式越来越多样化，广告话语传播引发的效果越来越难以控制和想象，广告话语传播生态呈现复杂化趋势。

（二）渠道为王和议题优先

广告话语传播与媒介的生态环境密切相关，在传统媒体时代，广告主和广告代理公司对媒体的依赖程度较高，媒体的命脉又把握在广告企业手中，广告话语传播的权利主要集中在企业和媒体手中。传统媒体时代，报纸、杂志、广播、电视的强势传播和单向信息传递，都能取得预期的效果，媒介的选择和媒介组合成为广告话语传播和广告话语呈现的决定因素，从这个意义上讲，优质传播渠道成为广告话语传播和话语呈现的先决条件，即便如此，广告话语传播过程中的"议题"优先原则一直没有改变。广告主张的议程设置、广告观点的阐释和广告态度的宣讲，都是广告企业和媒体愿意投入大量精力去做的事情。新媒体时代，互联网、微博、微信、移动客户端、移动车载电视、弹幕广告出现，广告传播的互动性增强，广告议题的来源更加广泛，围绕议题进行的讨论更加充分，广告话语传播对"议题"把控也更加灵活和精准。

（三）模式变化与方式变革

改革开放 40 多年，无论是学习西方国家广告经营管理的经验，还是根据中国独特的市场环境进行广告实践的创新，中国广告市场广告企业的经营和管理大多形成了较为规范的操作手段，或者说形成了相对固定或相对成熟的经营模式。改革开放初期，我国广告创作主要从广告主的角度来考虑传播效果，广告话语传播受制或依附于这种传播模式，其传播方式和呈现形式也相对稳定。无论是广告热点事件的讨论，还是流行广告语的传播，其固定模式下的平台传播效应还十分突出。随着市场经济发展以及先进广告理念的引进，广告商越来越注重受众诉求，虽然广告话语主导权仍然控制在商家手中，广告话语传播的形式没有根本改变，但话语权的转移开始悄悄发生。互联网时代，随着消费者行为模式的变化，如广告传播由

AIDMA模式到AISAS模式的转变等,公众在广告话语传播中的地位和重要性凸显,在新的广告运营模式中,受众不再是被动接受观点、意见,而是主动参与、深入了解、分享信息,甚至自行制造广告话题,引导广告话语走势,广告话语传播主体改变,广告话语呈现的平台模式更新,广告话语传播的方式更加多元化。

(四)效果控制与传播规制

传统媒体时代,广告话语传播的路径和方向相对容易把控。新的媒介环境下,信息呈病毒式、裂变式传播,广告话语的引爆点和拐点难以控制,广告话语传播的预期效果也越来越难以把握。新的市场环境下,一些非专业的网络营销人员、网络推手有了更多扩大影响力、增加关注度的机会,另类营销的趋势扩大;另一方面,关于企业的负面信息、负面舆论也会呈裂变式传播,企业面临危机的概率增大,这就需要对广告话语传播的市场环境提出新的要求,建立新型的传播规制成为必然。在广告话语传播和话语建构的过程中,广告主应建立互联网思维模式,注重与受众的互动,建立强关系链。广告主的广告话语传播和话语引导要基于对受众全方位的立体的认知,选择适宜的传播方式进行有效的广告话语传播。另外,针对新时期广告市场的开放性,除了积极推进相关政策和法规出台外,广告主和作为广告话语传播载体的媒体都应加强自律,严格遵守相关规章制度,配合行业管理部门加强制度的建设,规范广告市场行为,按照效果控制的要求来推动广告话语传播规制的建设与实施。

三、广告话语传播的新趋势

广告话语的传播往往限定在特定的场域中,广告话语按照其运行机制生发和传播。广告话语的呈现则需要议题的设置、文本的创作和载体的选择,三则有机结合才能使广告话语传播呈现的形式和结构相对完整和有序。根据广告话语传播的基本方法和路径,可以窥探到广告话语传播呈现的新趋势。前文提到,广告话语传播具有相对稳定的时代性特征。在数字媒体时代,广告话语传播的内容和方式出现新的变化,关注的对象也有所调整。特别是政治生态的变化和经济结构的调整,使新时期广告话语传播有了新的价值理念和内涵的时代特征。

(一)广告话语传播的政治引领

2016年,习近平总书记在党的新闻舆论工作座谈会上强调:"党的新闻舆论工作是党的一项重要工作,是治国理政、定国安邦的大事,要适应国内外形势发展,从党的工作全局出发把握定位,坚持党的领导,坚持正确政治方向,坚持以人民为中心的工作导向,尊重新闻传播规律,创新方法手段,切实提高党的新闻舆论传播力、引导力、影响力、公信力。"[①] 广告要发挥好话语的引领作用,确实有很多工作要做。在传播力上,要发挥商业广告话语和公益广告话语两个场域的作用;在引导力上,要强化广告话语传播的价值判断;在影响力和公信力上,要积极构建和打造新媒体环境中广告话语传播的多元话语体系;使广告话语传播成为治国理政、定国安邦的意识形态新工具。

(二)广告话语传播的联动机制

构建广告话语和新闻话语传播的联动机制,也是新时期广告话语传播的新要求。中国当代广告的发展与中国现代化进程相适应,同中国社会变革与中华民族伟大复兴的梦想相观照。在传统媒体时代,广告话语是新闻话语的重要组成部分,在新媒体时代,广告话语与新闻话语的互动、互补性进一步加强,在构建人类命运共同体的大国方略中发挥着独特的舆论导向作用。新闻话语和广告话语在坚持正确的舆论导向、诠释正确的价值理念和传递时代变革的声音等方面都具有自己得天独厚的优势,如新闻话语的呈现直接、显性、寓意明晰;广告话语的呈现往往间接、隐性,表达委婉。前者在舆论导向上可以获得先声夺人的优势,后者在话语引领上则可取得润物无声的效果。这种互补优势,就为构建好新闻话语与广告话语传播的联动机制、进一步扩大新媒体环境中新闻话语传播和广告话语传播的联动效应提供了便利。

---

① 人民日报社评论部.论学习贯彻习近平总书记新闻舆论工作座谈会重要讲话精神[M].北京:人民出版社,2016.

（三）广告话语传播的社会实践

遵循广告话语的传播规律和特点，不断创新广告话语传播的新思路和新对策，坚持以人民为中心的广告话语传播导向，是广告话语传播的社会实践要求。在中国广告发展的现实语境下，如何坚持以人民为中心的工作导向，也是新时代提出的全新命题。在广告话语传播实践过程中，不仅要坚持政治导向功能、经济把脉功能、文化阐释功能，还要坚持其独特的民意表达功能和社会监督功能。习近平总书记在党的十九大报告中指出，当前我国社会主要矛盾已经转化为人民日益增长的美好生活需要和不平衡不充分的发展之间的矛盾。关注人民群众对美好生活景愿的向往和追求，表达人民群众对小康社会实现的诉求和心声，也成为广告话语传播的重要内容；通过广告话语的新传播形式，坚持对中华文化的全球传播的理论和实践探讨，以独特的创意和新颖的手法实现中华优秀传统文化、红色文化和社会主义现代文化的全球跨文化传播。收集和整理广告话语传播的典型文本，建设案例库，分析不同时期广告话语语境的结构及蕴含的时代意义；对广告话语实践中的重要事件、重大问题和典型案例进行专题研究，探讨其在话语引领上的社会价值，对当前社会环境中广告话语传播方向和广告话语所建构的内容进行系统建构和预测规划，进而牢牢把握住广告话语的传播力、引导力、影响力和公信力。

第四章

广告话语传播的运行机制

本章提要：广告话语传播的运行机制，是指在广告话语有规律的运动中，影响这种运动的各因素的结构、功能及其相互关系，以及这些因素产生影响、发挥功能的作用过程和作用原理及其运行方式。这里涉及广告话语传播运行的社会环境、广告话语传播实现的方式、广告话语传播实现的途径及广告话语传播运行特点等相关内容。

一、广告话语传播的社会环境

广告营销观念的变化和媒介传播环境的变化，使广告话语传播有了更大的运行空间。新媒体广告发展与生产方式转变，数字广告传播与广告观念变革，计算机广告运用与广告产业生态重构，智能广告创新人机协作加强，这些都使得广告话语传播的社会环境得以优化。

（一）新媒体广告发展与生产方式转变

伴随着媒体技术的发展和营销环境的变化，广告的内涵和外延也在不断衍化。新媒体广告既是人们对广告功能重新阐释、对营销传播本质从不同视角解读历时性认知的领域，也是人们根据媒介技术的创新和运用、对广告营销传播价值即时性解读的范畴。

新媒体广告是以数字化技术为基础、运用多媒体平台的整合优势资源，采用多元互动的方式，向特定受众精准传递广告主的商品、服务、品牌信息的媒介传播形态。新媒体广告具有广告信息多层次传播、广告与内容营销共生、广告传播手段多元化、广告信息的创新传播等显著特征。在实际运用中，新媒体广告具有在广告主和受众之间建立信任关系、通过用户画像实现精准传播、运用数据分析推动品效合一的传播功能。

媒介技术的革新，使得严重依赖媒介的现代广告的存在方式不断被质疑，现代广告的运作模式、概念及内涵等随着媒介技术的更新换代也在不断发生着转移和演变，广告话语传播受技术变革因素的影响越来越大。

首先，广告的生产方式发生变化。传统媒体时代，广告被视为以创意为核心、以策划为主体的广告整体运动形式，广告内容生产的主体是创意公司和创意人。新媒体时代，广告的程序化创意和平台互动创意使得创意的主体多元化、创意的技术驱动力和受众驱动力增强。新媒体打破了传统媒体时代单向度的信息传播模式，广告受众可以与广告发布者进行更加便捷深入的互动性交流，从而让广告受众具有了更强的参与感，使得广告客户的信任度和接受度有了较高的提升。在在这样的情形下，广告话语传播逐渐成为广告市场多角关系多元互动的产物。

其次，广告表现形式多元化。随着互联网及数字技术的不断革新发展，新媒体广告的表现形式越来越趋于多元化。依托新媒体平台出现的广告分布在庞大的网络空间中，包括信息流广告、开屏广告、闭屏广告、五大生活场景广告与人们的现实生活联系更加紧密，在这样的背景下，广告话语传播的场域选择和时间锚定上有了更多自由度。

再次，广告的边界日益模糊。数字新媒体技术的运用，使得广告的发展突破了时间和空间的限制，也突破了以创意为核心、以策划为主体传统的经营模式和经营理念。以平台交易为特征的互动广告、程序化购买、计算广告等广告形式的大量运用，线上和线下广告活动的广泛开展，广告的公关属性、营销特质、品效合一的理想都得到较为充分的展现，广告的功能不断扩展，边界日益模糊，广告话语传播的路径日益多元化。

进入移动网联网时代以后，随着媒体生态环境与社会文化语境的快速变革，既有的广告形态已不再适应新的媒体环境。新媒体广告多角关系的重构，新媒体广告生产方式和传播方式的创新，新媒体广告互动性、主动性、多元性传播特征的显现等，都对广告的生产方式产生重大影响。

（二）数字广告传播与广告观念变革

数字广告指投放在数字媒体上的广告，通常以文本、图像、声音、视频的形式呈现。数字广告实现了内容生产的数字化、渠道传输的数字化和终端接收的数字化。数字广告的核心要素是数字广告技术，数字广告技术包含展示技术，如 banner、视频、音频、HTML5、AR、VR 等；竞价技术，如通过竞价系统向广告主拍卖广告位置等；定向技术，如 Cookie 定向追踪、语义行为定向等；程序化交易技术，即数字广告交易与发布技术，主流的是 RTB（real time bidding，实时竞价）与 PMP（private market place，私有交易市场）等。数字广告时代的来临打破了广告信息发布者与广告受众之间的边界，任何组织和个人都可以成为广告信息的发布者。如越来越多的广告主开始重视运用新媒体进行广告信息的传播与发布，借助新媒体传播平台，可以明确广告的目标受众，以最小的广告成本投入获得最大的广告收入。数字广告传播特点表现如下。

首先，广告信息的多层次传播。移动互联网时代，信息的交互方式发生了很大的改变。在复杂多元的媒介环境中，新媒体广告的显著特点主要表现为通过广告信息的多层次传播实现互动传播价值与舆论引导。数字广告的互动性决定了不仅受众可以选择广告信息，广告主更可以利用便捷的自媒体自主传播广告信息，从而使数字媒体双向对称的传播特性得以凸显。数字媒体为广告主提供了自主、便捷地传播广告信息的条件，这些广告信息不仅包括直接的、功利的产品信息，还包括突出广告主良好形象的品牌信息。广告信息的多层次传播，成为数字广告的显著特征。

其次，追求传播价值的最大化。相比传统媒体广告的一次传播，新媒体广告可以形成二次传播、三次传播、病毒传播等多种形式。尤其是自媒体时代，万物皆"媒"，内容制作、内容分发及商业模式这三个核心环节被再次推倒并被重新建构，在这样一个过程中，衡量一个广告影响力的重要标尺就是广告信息能否在各个环节被用户所分享。从这个意义上讲，广告信息多层次传播背后的逻辑是广告信息的多元立体传播，即广告信息传播所呈现的意见和主张通过有效互动、群体认知和多层传播，而实现最大限度的传播价值。

再次，广告的功能有效扩张。广告主可以借助新媒体的传播手段和传播技术实现多层次传播，进而增加广告的影响力。当一则广告在社交媒体进行传播时，受众会对广告内容进行筛选过滤。被受众认可的内容，其传播过程会自动延续并转化为广告话语的形态继续扩大影响力。因此，从某种意义上来说，广告不仅仅是一种信息传递，而且是通过新媒体的多层传播转换为了一种具有选择性和共识性的广告意见和主张，实现了信息的即时互动，使得广告信息以群体传播和多元传播的方式延伸下去，并在更广大的范围和空间里继续发挥广告话语的引导作用。

（三）计算广告运用与广告产业生态重构

2008 年前雅虎副总裁安德雷·布罗德（Andrei Broder）首次提出了计算广告学的概念，他认为计算广告学要解决的最主要问题就是——在特定语境下特定用户和相应的广告之间找到最佳匹配。在国内，周傲英在 2011 年提出，计算广告是一种精准投放的广告投放机制：它在计算基础上找到最优匹配的广告内容并定向给目标人群以实现广告收益最大化。

计算广告是以数据为基础、以算法为手段、以用户为中心的智能营销方式，它在数据的实时高效计算下，进行用户场景画像，并快速投放、精准匹配及优化用户一系列需求。计算广告具有显性的营销传播特征。从广告形态看，计算广告是为了给特定情景下的用户找到一个"最优"匹配的广告；从投放方式看，计算广告是一种精准投放的广告投放机制，它在计算基础上找到最优匹配的广告内容并定向给目标人群；从产业发展看，计算广告是根据特定用户和特定情境，通过高效算法确定与之最匹配的广告并进行精准化创意、制作、投放、传播和互动的广告业态。

计算广告的出现，重构了广告市场的多角关系，广告的内容生产、运作流程和传播生态都出现较大变化，对广告舆论传播和广告话语呈现也产生重大影响。

首先，基于面线点的精准投放传播。早期的互联网广告被认为是除了杂志、报纸、电视、电台之外新的媒体版面的呈现形式[①]，媒体在互联网平台上售卖固定的广告位给广告主，不同的是在线合约广告是按时段售卖，广告更新得较快。但这种合约广告只是粗精度投放的广告，无法对消费者的行为动

---

① 刘庆振."互联网+"时代的计算广告学：产生过程、概念界定与关键问题［J］.新闻知识，2016（6）：9-15.

机做出准确的预估，而且需要耗费大量的成本。因此，媒体为了提高流量的变现，摆脱广告位这一标的物，逐渐衍生出竞价广告模式。它将量的约束从交易中剔除，多家广告主同时竞争，单位时间内流量"价高者得"，将无法用合约售卖的剩余流量找到变现渠道，用户画像也初具雏形。2000年前后，随着互联网媒体和用户数的激增以及竞价模式的不断完善，产生了新的实时竞价模式，为了同时满足广告主和媒体的利益，衍生出了供需求方和供给方交易的平台。由于它是根据计算机的算法和设定的程序自动完成交易的，所以一系列的过程被称为程序化购买。计算广告彻底摆脱了量的约束，摆脱了从面到线的传播方式，逐渐走向个性化的定制广告方向。这种智能化操作的计算广告不同于竞价广告，竞价广告是根据搜索引擎以及用户上下文的历史记录来预估消费者的行为模式；而智能化的计算广告不仅可以通过消费者离线的和在线的数据分析消费者的现状，还可以预估消费者未来可能发展的行为轨迹，开发用户潜在的行为取向。这是计算广告发展到目前阶段质的突破，真正做到了比用户更了解用户。

其次，趋于消融的广告传播边界。广告的边界趋于消融首先表现在投放的广告带给用户沉浸式的体验，让人无法分离和分辨广告与内容。互联网通过程序设定和算法模型对人类行为进行筛选，精准预估和判断用户的行为轨迹，原生广告在这样的背景下应运而生。原生广告展示风格和形态变得和用户内容一致，广告的投放决策逻辑和内容生产一样[1]。由于可以通过大数据精准锁定目标用户，因此可以根据目标用户的需求不断地调整投放的广告。广告交易双方在不断调整广告内容的过程中构建信任度和关联度，企业更注重追求与用户共同构建品牌文化与价值，广告传播主体的多元化也导致很难给广告传播划定一个清晰的边界。

再次，整合营销传播到融合定制的传播。整合营销就是通过多渠道的有机配合来达到整体投放效果的最优。传统的广告就是通过营销整合的手段和传播媒介发出同一个声音，把工业化大规模生产的同质化产品传播并输入到全国甚至全球更广范围的地域和更多的同质化消费者面前[2]。计算广告算法技

---

[1] 段淳林，杨恒.数据、模型与决策：计算广告的发展与流变[J].新闻大学，2018（1）：128-136.
[2] 刘庆振."互联网+"时代的计算广告学：产生过程、概念界定与关键问题[J].新闻知识，2016（6）：9-15.

术的运用使广告主对于用户的定位更加精确，消费者就从原来同质化的"画像"中开始分离出来，逐渐向多元化、立体化、个性化的方向发展。同时，计算广告可以通过PC端的Cookie追踪分析技术、移动端的生活记录技术、可穿戴设备的定位追踪技术等进行用户画像，使广告传播沿着融合定制的方向发展。

二、广告话语传播的实现方式

广告话语传播与广告运作的政策环境和产业环境有关，也是广告运作中多角关系的互动产物。但广告话语传播作为一种社会实践，最重要的原因则和舆论传播及话语呈现的路径选择直接关联。在现实生活中，广告话语传播主要沿着追随国家主流意识形态、反映和代表社会组织和团体的利益主张、聚合社会公众集合意识等路径展开。

（一）广告话语建构的多元导向

广告是国家经济发展的晴雨表，也是国家政治变化的温度计。从古至今，广告追随着经济的增长而繁荣，伴随着时代的变迁而兴衰。同时，广告文化也是民族精神和民族意识的载体，彰显着民族品格和民族气质。广告传播的这种特性，决定着广告话语建构存在着多元导向。在广告发展演变的历史进程中，广告话语的市场导向、受众导向、文化导向和意识形态导向，都会对广告的发展水平和价值取向产生重大影响，广告的商业话语引导和公益话语引导也决定着广告话语呈现的侧重点不同。广告话语导向的多元性在广告的历史发展进程中发挥着不同的功能效应，与广告发展所处的生产力发展水平相适应，与国家存在的政治、经济环境相匹配，广告话语多元导向成为广告话语多元呈现的直接推动力量。在现代市场环境中，广告话语导向的价值内涵得到进一步提升，国家市场监督管理总局在2022年颁布的《"十四五"广告产业发展规划》明确指出，要贯彻落实习近平总书记"广告宣传也要讲导向"的重要指示精神，倡导坚持政治导向、意识形态导向、文化导向和更好满足人民群众美好生活需要的广告创作导向，使广告话语导向的价值内涵更加丰满和完善，对指导当代广告业高质量发展更具有实践意义。

（二）广告话语建构的主流价值观诠释

在公益广告宣传中，广告主题的凝练、广告观念的表达、广告意义的阐释往往和国家倡导的主流价值观保持高度一致，广告话语建构紧紧追随国家舆论传播。我国学者认为："国家舆论集中体现了国家统治阶级意志对社会生活实施有效管理的重要途径。由国家政权自上而下的舆论传播具有其他舆论无可比拟的权威性和影响力，可以使人们的认识、倾向在某种程度上趋于一致。因此，在广告宣传中，对于国家舆论的正确运用和预见，能够使广告传播产生极大的效力。"[1]国家舆论是一种自上而下传播的舆论形式，涉及的内容多和国家战略传播及阶段性方针政策有关，国家舆论倡导主流价值观，对广告话语建构往往产生重大影响。

习近平总书记指出："人类社会发展的历史表明，对一个民族、一个国家来说，最持久、最深层的力量是全社会共同认可的核心价值观。"[2]如果没有共同的核心价值观，一个民族、一个国家就会魂无定所、行无依归。2012年11月8日中国共产党第十八次全国代表大会报告中提出了"三个倡导"，即"倡导富强、民主、文明、和谐，倡导自由、平等、公正、法治，倡导爱国、敬业、诚信、友善，积极培育和践行社会主义核心价值观"[3]。在社会主义核心价值观基本内容中，富强、民主、文明、和谐是国家层面的价值目标，自由、平等、公正、法治是社会层面的价值取向，爱国、敬业、诚信、友善是公民个人层面的价值准则。

社会主义核心价值观从国家、社会、公民三个层面分别阐述了价值目标、取向和准则，正确理解社会主义核心价值观的内涵对于传承优秀传统文化基因、增强国家文化软实力、引领社会思潮、凝聚社会共识具有重要的理论意义和实践意义，也为广告话语传播提供了丰富的素材和传播方向。

（三）广告话语传播反映社会团体的主张

社会团体是当代中国政治生活的重要组成部分。在我国，社会团体包括

---

[1] 邓惠兰.广告传播的舆论学观照[J].江汉大学学报（人文社会科学版），2002（3）：77-81.
[2] 习近平.习近平著作选读：第1卷[M].北京：人民出版社，2023：238.
[3] 习近平.习近平著作选读：第1卷[M].北京：人民出版社，2023：239.

行业性社团、学术性社团、专业性社团和联合性社团等。我国现阶段社会团体除了准官方性质的社会团体外，还存在着非官方性质的企业团体。企业团体是社会团体的重要组成部分，企业团体的广告话语传播往往是社会团体意见的延伸或是社会团体主张最直接最具体的反映。

《社会团体登记管理条例》规定，成立社会团体必须提交业务主管部门的批准文件。业务主管部门是指县级以上各级人民政府有关部门及其授权的组织，社会团体实际上附属在业务主管部门之下。[①]这就决定着团体组织是上级业务主管部门的分支机构或业务延伸机构，其舆论主张在一定程度反映各级政府部门的主导思想和团体业务活动范围内的业务意见。同时，社会团体按照其章程开展活动，必然要反映其团体的主张。有学者认为："团体舆论，就是代表团体的共同意志及认识的意见，或以团体名义所从事的舆论活动。"[②]新媒体时代，广告话语传播主体趋于多元化。其话语指向不同，反映和代表的利益团体也就不同。所谓团体舆论，即指社会团体组织和网络社群的意见和主张。广告团体舆论传播与广告话语呈现，多与社会公益组织和网络社群的广告舆论引领和广告话语的建构密切相关。

新媒体时代的网络社群中，具有相同观念、主张的人聚集在一起，容易在一些焦点问题和公共事物上达成一致或相同的看法。这些看法或主张可以通过团体组织的活动集中表达，也可以通过网络媒体的强势传播，形成舆论形态或话语导向，有学者认为："团体作为一种中介力量把个人和整个社会联系在一起，整个社会的活动及其具体形式，都是通过无数团体的活动表现出来的。从不同的角度来看待团体，就有不同的方式来通过广告传播引导大众的态度。可以通过团体影响社会，可以用团体带动团体，还可以通过团体组织来营造销售气氛。"[③]广告是社会团体表达其意见主张的重要工具和通道，团体意见和主张如果以广告形式特别是以公益广告形式传播，其团体舆论就会转化为广告话语传播；团体与团体之间也存在着业务往来和意见沟通，不同团体之间在一些问题上的相似或相同看法，也会形成更大规模和更大范围的意见沟通和意见讨论，如果在有关公共事务、社会权益、国计民生

---

① 参见《社会团体登记管理条例》，1998年10月25日以中华人民共和国国务院令第250号形式发布，自1998年10月25日起施行。
②③ 邓惠兰.广告传播的舆论学观照［J］.江汉大学学报（人文社会科学版），2002（3）：77-81.

等重大议题上能够达成共识,并以广告话语的形式呈现,其话语波及的范围就更宽和更广。

(四)广告话语传播聚合公众的意见和议题

公众是具有公民权和独立社会意识的社会群体。社会公众聚集在一定的社会场景中,表现出较为显著的群体特征。首先,公众具有共同的利益的目标。维护共同利益是他们对社会问题表达出共同见解和强烈关注的动因。其次,公众有相同或相近的价值观。共同的需要、价值观、利益追求和尊严成为影响社会变革的力量,也成为广告话语传播的社会土壤。舆论学者认为,公众和加入某一组织或活动的群体是有区别的公众,"公众是不经组织而有一致意向的大众,多数人是不相识的,由于分布在社会不同角落却对社会问题产生共同见解,因而他们是结成一致思想的整体"[①]。

在现实生活中,公众个体往往能够独立发表见解并用自己的态度和观点去说服别人,也常常能够以别人的意见和观点来对照和调整自己的看法。在不断地相互交往和沟通中,公众个体意识往往服从群体意识,在重大问题或突发事件中就容易形成一致性的意见和看法,这些个体之间大致相同的意见和看法,可以称之为集合意识或集合舆论。舆论学者认为:"集合意识是舆论的内核,无限地溶解了个体意识,是由公众的利益目标和价值观一致而铸成。个人在修正了不相容的见解后,渐渐汇入集合意识的洪流,舆论便获得更大的强势。"[②] 集合舆论是人类舆论活动中最常见、最普遍的舆论类型,它主要是指人们自发、无组织地集合在一起所形成的舆论。因为它无处不在,随时生发,社会影响力巨大,所以,也往往成为广告话语传播的基本形态。

广告传播在传统媒介环境中带有强制性,但并不能限制公众独立发表自己对广告的意见和群体之间的自由交流。广告主的广告主张往往聚合公众的心理需求,不仅积极主动为公众呈现话题,并利用媒体的持续传播帮助公众修正自己的意见和看法,引导个体公众从意见角落走到公开讨论的平台,从个性鲜明的意见趋同于大多数人的共同意见,进而促使广告话语传播的聚合和生发。在新媒体环境下,广告交易平台的共享,使公众成为广告运作的主

---

①② 刘建民,纪忠慧,王莉丽. 舆论学概论[M]. 北京:中国传媒大学出版社,2009:31.

体之一,在公众和广告主、广告媒体、广告交易平台的多元互动中,使自己的广告意见和广告主张较为真实地融入广告运作的全流程。公众作为积极参与者,和广告市场的多角关系一起,自觉汇入广告集合意识的洪流,变成了广告话语传播的推动要素。

三、广告话语传播的实现路径

在新媒体环境中,广告信息的传播走向往往按照广告传播主体预设的路径流动,广告话语传播主体结构的复杂性,也规定了广告话语传播路径的多元化。其中包括广告主的意见表达方式与过程主导、广告人话语议题制造与话语文本生产、媒介广告话语传播的"议程设置"、受众意见表达与讨论的参与机制等。

(一)广告主广告意见表达与过程主导

广告主是广告市场的消费者和广告传播活动的发起者。传统媒体时代,广告传播的内容是由广告主决定的;而对广告受众来说,只能被动地接受广告信息而无法表达自己的看法。这样的广告环境下,从本源上来说,一切广告传播问题的产生都是由广告信息传递的单向性特征决定的,这是广告问题产生的核心问题。这一时期,广告话语传播路径较为清晰,广告话语传播多由广告主的意见主张表达而引发,广告话语也多由广告主所设定,其呈现的场景则由广告主、创意人和广告受众共同铸就。

广告主意见主张表达的强度和广告主的市场地位有关,也和当时广告主所处的市场环境有关。由于广告主与广告对象的背景多元化,决定了广告信息传播中的政治利益流动、经济利益流动以及文化利益流动多元存在。在不同的传播领域,广告主的意见主张和广告认知决定着广告传播问题的产生、发展和走向。人的本质属性是社会性,其中,经济利益关系是一切社会关系的基础。对个人来说,人在社会中的经济地位决定了其政治地位和文化地位;对国家来说,在国际社会中经济地位的高低,决定了其在各个方面的话语权。广告主和广告对象都是依附一定的经济关系而存在的,其经济地位决定了其话语权的大小。就广告传播过程来说,广告主一般占据着社会的优势资源，而广告受众相对处于信息不对称的劣势地位。广告信息传播是由"高势能"到"低势能"的流动过程，广告主在经济关系上的比较性优势，从根本上决定了广告主在广告信息中的强势话语权。广告主的传播行为决定了广告主引导话语传播的主体地位，广告话语传播的强度与走向与广告主所处时代的生产力发展水平相一致。

广告主的需求决定广告话语传播的生产和传播，是广告话语传播形成的动因。广告主通过付费要求广告代理公司和广告媒介帮助其实现广告主张，要求广告代理公司制作符合其广告意见的广告作品，要求广告媒介传播符合自己广告意图的广告议题；通过对代理公司、媒介进行议程设置，大规模、高频率地传达广告主主导的广告话语传播。①

新媒体时代，广告供求方式和传播流程出现重大变化。广告主依托互联网广告交易平台，进一步强化自己的广告意见和广告主张。广告话语引导和广告话语建构主要依靠广告交易平台的互动力量来实现目标，其中包括需求方平台、供应方平台、数据管理平台、广告验证平台、广告监测分析平台上各利益主体的互动和交流所产生的广告舆论流动和广告话语文本。从形式上看，在广告交易平台上，各利益主体都有表达意见和主张的权利，广告信息的流动呈多元趋势。从本质上看，这种意见的交流和主张的呈现仍然是围绕广告主的广告意见和主张设置广告交易的核心内容和核心议题，广告主的意见表达和过程主导地位并没有发生根本性的变化。

（二）广告人话语议题制造与话语文本生产

传统媒体时代，广告是以策划为主体，以创意为核心的整体运动形式。从某种程度上说，广告人的创意思想生产和媒介组合的策划往往决定着广告话语传播的发展方向。广告代理公司或广告从业者以创造性的思想和工作来制作、完成符合广告主需要的广告作品，这一过程包括广告运作的主要流程，涉及市场调查、广告策划、创意、媒体发布等主要环节。广告人的创意

---

① 杨海军．"势能理论"与广告传播中的社会问题探析［J］．新闻与传播研究，2006（2）：45-49，95．

思想之所以能够转化为话语影响,其前提是建立在广告主、广告人对受众心理认知的全面洞察。对受众进行深入、全面的分析和了解,是广告话语议题制造的基础。作为话语主导的广告主在分析、了解受众心理需求的基础上,确定并瞄准某些受众作为广告话语传播与广告话语呈现传播的特定公众,并确立明确的预期目标,然后委托广告人制作有吸引力和说服力的广告作品,通过媒介选择和组合传播出去,这时的广告话语传播表现为广告主、广告人、媒体利益联盟的群体舆论形态。通过媒介传递,广告话语传播在广告创意锚定的范围内传播扩散,通过信息传播和受众形成情感或认知共鸣,进而形成大多数人所公认的意见。这时的广告话语传播才由广告人的创意发想转变成某种社会意识。多年来,广告话语传播很大程度上由广告人的创意造势而起,好的广告创意不仅使广告信息传播达到最佳效果,更能在最短时间内使广告公众的意见趋于一致,形成正向广告话语传播态势;低俗和另类的广告创意不仅不能有效地传递广告信息,也往往在短时间聚集起公众对其存在的问题和不良影响的指责和批评,形成反向广告话语传播,广告人的创意造势成为广告话语传播产生的推动力量。[①]

新媒体时代,广告的程序化创意和智能广告内容生成淡化了广告创意人的主观能动性,强化了广告创意人的协同创新能力。同时,基于广告主的广告主张和消费者心理洞察的平台创意,使广告话语传播的走向和形式发生较大变化。程序化广告创意导致的广告话语传播不再是一对多的话语流动形式和单一的文本呈现形式,而是基于数据分析、消费者画像定制的"千人千面"的广告信息多元流动和广告文本呈现形式。智能广告内容生产,改变了广告创意小组"头脑风暴"式的意见表达方式。"人机协作"智能化内容生产,可以突破广告创意人固有的思维模式,根据数据挖掘、算法推荐和机器学习逻辑呈现的广告意见表达和话语文本,具有艺术、情感、价值判断和商业目标的和谐统一特征。广告话语引导和话语建构的路径不再囿于广告主意见主张的诠释、广告人创意思想的自我呈现,而是更多关注到消费者沉浸式消费体验和场景式消费行为目标实现的创新内容生产。

---

① 杨海军.广告舆论传播研究:基于广告传播及舆论导向的双向视角[M].北京:中国社会科学出版社,2020:114.

(三)媒介广告话语传播的"议程设置"

广告话语传播是广告主控制媒体、对媒介进行议程设置的结果。在大众媒介环境下,广告话语传播的实现,离不开媒体的平台和通道。无论是广告主"制造"出来的话语,还是公众聚合意识中生发出来的话语,只有在媒介平台上被渲染和放大后,才能真正以话语的成熟形态绽放(见图4-1)。从这个意义上说,广告话语传播的最终形式往往是以媒介话语的形态展现在众人面前,并以媒介的价值和标准影响着人们的社会价值观和广告消费观。

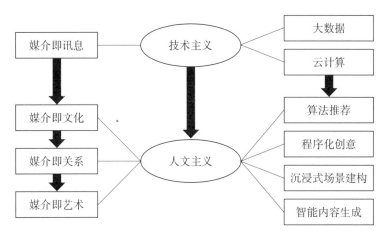

图 4-1 媒介平台与广告话语生成路径

媒介话语的形态多种多样,包括新闻话语、娱乐话语和广告话语等多种类型。在媒介实践中,媒介的特性也决定着其往往是广告话语传播的发起者和操纵者。媒介对广告议题的设置、广告问题的批评、公众广告意见的报道,对广告话语的传播往往起到导火索的功效。同时,媒介基于国家战略和话语引领对公益广告进行的策划、设计、制作和传播,使媒介也成为广告话语传播的发起主体。媒介的态度和主张决定着广告话语的性质,也在很大程度上左右着广告话语传播的走向。

传统媒体时代,媒介的话语引导和话语建构功能十分强大。媒介不仅被视为信息传递的载体,还被视为社会文化的传承者、社会关系的建构者、社会艺术的表达者。媒介的这些特性决定着媒介广告话语引导的可能方向和话语建构的预设场景。在传统时代,媒介是连接广告主和受众的桥梁,广告信息往往通过大众传播媒体传递给受众；在新媒体时代，媒介是广告市场多角关系平台互动的端口，广告传播则采用平台匹配的方式实行媒介端的精准营销。在新媒体环境中，广告话语的平台传播和话语建构成为常态，传统媒介的部分功能效应往往被受众群体所分担。其基本逻辑是：广告话语引导首先是针对目标人群进行传播，目标人群成为广告信息的载体，当广告信息通过目标人群向其他更广泛的人群辐射时，这些目标人群就充当了二次传播中的广告舆论领袖的作用，他们往往是广告产品或服务的忠实使用者或推荐者，在口碑营销中，是广告话语建构的中坚力量；其次是针对或通过舆论领袖传播，有时，舆论领袖就是舆论的发起者，在新媒体时代，这些舆论领袖往往拥有自媒体平台，在广告专业领域具有一定的权威性、专业性，对广告话语信息更加敏感，广告话语建构能力较强，这些舆论领袖在自媒体平台上的言行、观点，公开发表的广告学术文章，开通的直播平台、网站上的学者专栏、名人博客、专业 APP 等，都发挥着媒介传播的功能效应。媒介"议程设置"和两次传播的意义在于揭示了媒介和舆论领袖在广告传播中的重要地位，从媒介功能意义上揭示了其在广告话语传播中的不可替代作用。

（四）受众意见表达与讨论的参与机制

广告受众意见集中表达是广告话语传播不可或缺的条件，广告话语传播从出现到消亡，整个过程都离不开受众意见的集中表达。无论是广告受众的广告认同性意见、认知性意见、评价性意见或是反对性意见、批评性意见，在一定的时间内和一定的空间里只要达到一定的密度和强度，就会以群体广告话语、众意广告话语或是民意广告话语的形式出现。新媒体时代，广告受众意见的集中表达往往被设定在特定的时间、空间和消费场景中，广告主制造的广告话语传播具有引发、引导受众意见的作用，影响受众意见朝着预期的方向发展，但是对受众意见的形成不具有直接的决定作用。因而，在新媒体时代，广告主往往通过场景营销和沉浸式营销的场域设置，引导广告受众对广告主发布的广告信息进行甄别、判读和筛选，并通过与其他广告受众的交互验证，达成消费认知和反馈性意见，进而实现广告话语传播的目标。在现实生活中，广告话语传播多以三种不同的形态表现出来，以广告语言表达的显性话语、以情绪和信念表达的潜性话语和以行为表达的行为话语。

四、广告话语的生成模式

（一）广告话语生成的合作协商形式

广告话语的生成模式与广告信息传递的形式直接关联。在传统媒体时代，广告主通过付费可以购买媒体的版面和渠道，可以选择自己喜欢的方式表达广告主张，在与广告公司、媒体合作协商中实现自己的广告理想。在这种协商模式下，广告话语的呈现带有"共谋"的鲜明色彩。广告主的广告主张不仅要通过广告公司的创意设计得到强化和升华，还要通过媒体的选择和组合达到最佳传播效果。但在传统媒体时代，这种协商模式的外显形式是部分利益主体之间的协商，广告受众的广告意见和主张并不能得到有效表达，只能通过广告市场调研和广告效果检测过程的受众参与，实现意见和主张的部分表达。在这里，广告传播往往以单向信息传递的形态呈现，广告传播的一个显著特性就是其强制性，这种强制性首先表现在信息的不对称传播上。作为广告议题，广告主可以把媒体变成意见表达的主要通道，可以公开表达自己的主张，可以强势传播自己的观念。受众面对广告主的强势传播只能选择面对、逃避或抗争。在传统媒体的强势信息攻势面前，受众的抗争性意见表达往往受到信息通道不通畅的限制，在有关广告传播的群体意见出现之前，受众又是生活在各个角落的个体，其个体意见表达的声音十分弱小，不足以对广告主广告意见的强势传播造成冲击，所以在现实生活中，广告主的广告话语传播往往以单向信息流的情形呈现。广告话语传播的强制性其次表现在广告主和媒体对广告传播密度和强度的控制上。由于广告传播具有单向性和重复性的特征，广告主可以在特定的时间段和购买的版面空间中实施广告传播的媒介策略，可以按照自己的预设目标组合广告传播的时间和方式。为了实现区域性和阶段性战略目标，广告主的广告投入有时是惊人的，广告传播的密度和强度也往往超出常人能够忍受的范畴，广告话语传播的形式往往带有主观性而让人难以接受。广告话语传播的强制性还表现在广告主和广告人以自我为中心的广告创意表现上，在广告话语传播过程中，广告主和广告创意人往往用高密度的广告传播强加给受众，这种创意表现以挑战受众忍受极限和破坏消费者消费情绪、甚至不惜以刺伤受众心灵的方式以期取得创意轰动效果、提高广告产品或服务知名度的做法，在广告话语传播的特殊时期却有很大的市场空间，如"脑白金"送礼广告、"恒源祥"十二生肖贺岁广告都是高密度、高强度、高重复性广告话语传播的典型代表。当其广告语为大多数消费者所熟知，并参与话语议题的讨论与热度时，其"协商"的意义也因此呈现。因此，在话语权牢牢控制在广告主手中，广告传播的强度、密度、理念都超出常理时，广告话语传播就以疾风暴雨式的狂轰滥炸形式出现，而广告市场各利益主体在广告话语的传播上通过主动或被动的参与"协商"，为这种广告话语传播的形态背书。

（二）广告话语传播的温情诉求方式

传统媒体时代，广告话语狂轰滥炸式的传播方式虽然广招诟病，但在特定时期对提高产品或品牌的知名度有帮助，在较短时间内也能形成多次传播的话语议题，容易引起更多人的关注。但这种立竿见影的传播方式因存在着先天性不足而使广告主在实际运作过程中忍痛割爱。许多广告主更愿意以温情的广告诉求方式来营造话语的氛围，或通过与目标受众的互动来找到话语传播的合适场域。理性广告诉求重在说理，感性广告诉求强调以情动人，而温情诉求式广告话语传播则是关注到广告传播所有环节的综合型广告语言和文本生成方式。

温情诉求式广告话语传播重视建构传播场景与受众进行感情沟通，重视受众的心理感受和国民记忆，能够在广告创意表现中考虑受众的实际利益和情感利益的有效结合，满足受众的信息需求，促使广告话语生产和呈现就像春风拂面风一样，静静飘落在受众心中，达到随风潜入夜、润物细无声的效果。温情诉求式广告话语传播除了在理念上力图和受众达成意见共识外，在广告创作和广告传播方式上也极力追求广告的和谐传播。在广告创作上，广告主和创意人精心营造和谐、欢快的消费场域和家庭生活场景，运用温馨的画面、优美的语言、动听的音乐来展示产品的优点和服务的特色；在广告传播上，广告主和媒介往往会考虑到受众的信息接受习惯和信息接受方式，人性化地考虑到广告播出的密度和频度符合受众记忆和遗忘的间隔时间，广告主和媒体也会合理安排不同性质和不同形态媒体之间的广告传播组合，使广告信息科学、合理、有效地到达目标人群。温情诉求式广告话语传播，情感表达真实，创意表现得当，传播场景温馨和谐，很容易在第一时间拉近广告主和目标受众的距离，也容易使广告主的广告主张在目标人群中产生反响或引起共鸣，广告主的意见和主张在不断地互动中也往往会转化为受众的意见和主张。温情式广告话语传播，导致广告市场多角关系之间一致性意见和相似性意见增多，广告话语生产和呈现的过程就相对顺畅。

（三）广告话语生成的争鸣方式

广告话语生成的争鸣方式的形成与广告传播活动的复杂性有关，广告话语呈现由广告传播活动所引发，涉及广告传播流程中多角关系的广告信息再加工等诸多因素。同时，广告议题的设置、广告事件的出现、广告创意的争议问题、广告传播政策性变化都会导致广告意见的争鸣，进而造成广告话语生产呈现以意见争鸣的形式的扩散。

广告话语生成的争鸣方式形成首先和争议性话题的出现有关。争议性话题的设计是广告传播的常用手法，目的是吸引更多受众参与到争议话题的讨论中来，进而扩大广告传播的影响。由于外界因素的强烈刺激，话语形态逐渐形成，从刺激到话语建构并渐渐形成争议性话题，一般来说，争鸣性话语形成大致有以下刺激因素：一是具有引爆功能的事件；二是舆论领袖的煽动；三是新的证据出现导致的舆论反转。广告主的广告主张在社会上不可能没有议论，广告主的广告主张大多数情况下都处于舆论的漩涡之中。但在广告传播中，突然出现以上三种情形，就不可避免地出现争鸣式广告话语的扩散。引发话语建构的客体不同，其对应的主体构成也会出现相应的变化，广告话语传播主体和受众群体所关注的议题和争论的问题的焦点也不尽相同，当两者的认知出现较大差异时，广告话语传播走向就会偏离广告主预先设置的轨道，打破广告传播的线性模式，沿着多方位的路线延伸，在更大范围内、更多人群中形成话语辐射。话语辐射方式为媒体报道、公众集会和人际传播等。在这一过程中广告话语传播始终保持争鸣和讨论的扩散状态。不同意见交织在一起，不同的观点之间的碰撞，意见群体内部和意见群体之间的争鸣和议论甚至辩驳，都会加快话语扩散的过程。

（四）广告话语传播的环境推力方式

广告话语的传播与广告环境的建设密切相关。良好的广告环境营造，有助于广告话语的健康传播；缺乏经营管理的广告环境，往往会影响广告话语传播的效果。广告监管体系不健全,广告运行机制存在先天性不足,广告问题的处理或解决不透明,天长日久,意见不断升温,就会导致广告话语突然被引爆。广告话语传播的主体多由政府、媒体、社会公益团体和社会公众来充当,广告议题也多和广告监管、广告法律建设、广告行业自律和广告公益事业有关。广告话语传播主体借助媒体发表强势性的导向性意见,倡导、呼吁社会成员关注广告真实性问题、虚假广告问题、广告法的修订及完善问题、广告行业经营规范和竞争规范问题、广告传播监控体系建设问题、公益广告工程建设问题等。广告的监控和引导,需要构建有利的广告行业外部环境和行业内部环境。这个构建过程是一个系统工程,外界环境建设可以通过政府法律、受众监督对广告主体的经验行为和广告本体的特性进行控制,但这远远是不够的。我国学者认为:"广告行业内部的各种机构还需要通过行业内广泛认可的自律规则对自己的经营行为进行自律,以维持良好的公平竞争环境、保证行业成员行为的合法性,这样,就构成广告行业内的自律环境,包括自律规则、自律监督机构、自律行为等。"① 这些观点较为全面阐释了对广告环境的看法,为理解广告话语传播与广告环境建设的关系提供了思路。

广告监督、管理内外部环境的和谐构建,才能避免因封闭式管理而导致的广告话语的失控。监控管理式广告话语传播的发起主体一般较为明确,即为广告行业外环境的政府机构和相关管理部门、内环境的自律机构和自律团体,还有关注广告管理机制和效率的社会民众。这种广告话语传播旨在对社会进行监控和守望,进行话语引导,发出健康的声音消解谣言和清除舆论噪声,保证正确的话语导向和广告受众的合法权益。这类广告话语传播往往超越小集团的利益,反映社会成员的共同要求,通过广告话语的合理建构和有效引导,使多数的社会成员在广告认知、广告传播理念和广告价值观上达成共识。

从我国目前广告话语传播监控评价体系中的话语生成路径来看,引导性的广告话语传播的生成路径较通畅,对广告话语的引导也成为一个常规性的工作;而来自行业内部建设性的广告话语意见表达和来自民众的广告意见呼声还很微弱。社会公众、自律机构和团体的社会影响力、意见表达的意愿、意见表达的合力、意见传播的方式都制约建设性广告话语的生成和传播。

---

① 丁俊杰. 现代广告通论:对广告运作原理的重新审视[M]. 北京:中国物价出版社,2003:101.

第五章

新媒体环境下广告话语生成机制

本章提要：新媒体广告的出现和迅速崛起，改变了广告信息生产方式、传播方式和广告受众的信息接收方式，颠覆了传统广告营销的观念，也开辟了广告话语建构新模式。新媒体的交互性和公共性，使得个体意见、群体意见的自由表达变得更加通畅，公众一致性或相似性意见的形成也相对变得更加容易。新媒体平台成为当代舆论的生成场，也成为广告话语建构的实验地。广告主、广告公司、媒体、受众和政府管理部门通过策划、制造、参与广告舆论事件，自觉或不自觉地成为广告舆论的发起者、加工者、传播者、引领者和广告话语建构者。在这样一个过程中，广告中的政治、商业色彩日益被貌似自由表达的公共意见所掩盖，广告话语与其他社会话语之间的界限变得逐渐模糊，而正是基于此广告才取得更好的传播效果。因此，在新媒体语境下对广告话语建构典型事件进行梳理，对新媒体环境中广告话语传播特点与生成机制进行探析，可以进一步明晰广告话语的传播和话语建构价值，对拓宽话语传播研究视野具有重要的理论和现实意义。

一、新媒体环境下广告话语传播特点

传统媒体环境下，广告话语的构成要素是"分散而松散"：广告主依托大众媒介进行商品信息的传递，接收到信息的消费者在较小的范围内进行讨论；人际传播或者小范围内的讨论组成为舆论生成的主要场域；而广告话语的影响力也脱离了大众媒介的"时空范围",因为无论是认知、理解或是购买行为都发生在大众媒介之外。① 而新媒体传播环境下,完全改变了广告话语的传播模式,将广告话语渗透到了个体的认知过程中,成为人们大脑的延伸,正如麦克卢汉(Marshall Mcluhan)所说的"媒介是人的延伸"。以互联网为代表的新兴媒介的广泛应用,大大改变了人们的感官应用。网络将文字、图像、声音、视频等多种信息载体融为一体,人们在接受网络媒体带来的各种信息的过程中,自觉地将各种感官系统统一起来。当今任何一种传播诉求想达到预期效果,必须尊重受众的主体性。基于此,广告话语在新媒体环境下的传播相较传统媒体环境下呈现出了以下几个新的特点。

(一)广告话语传受者身份的模糊

不同于传统媒体由点到面的单中心、单向度的传播,新媒体环境下的传播特点是多中心、离散式的。在互联网、移动互联网上,每个人都可以成为话语传播的主体,既可以是信息的接受者和评论者,也可以是信息的制造者和传播者。2014年12月滴滴专车发起"滴滴体"海报造句征集活动以来,以"如果……至少……"为句式的造句,在微信朋友圈瞬间成为最热话题,曾创下每秒钟上传"滴滴体"海报超过1.5万张,每秒转发分享5 000人次的记录。在这样广告话语场域中,不仅传者和受者的界限消解,舆论领袖和追随者的身份也可能随时发生交替。先后有联想、京东等众多企业参与进来发布各自的"滴滴体"海报。在微博、微信朋友圈、各大网络论坛,大批明星和媒体人也参与其中,乐此不疲地用"滴滴体"造句。

海报中"如果生活是苦逼的,至少梦想是牛逼的,全力以赴的你,今天坐好一点"更是赢得千万网友的共鸣,一时成为人们的口头禅。滴滴专车发起这次与网友的UGC互动,可谓相当成功。不仅成功打响了滴滴专车的品牌,直击用户心底软肋,用情感沟通和真诚来打动用户,让其"今天坐好一点"的品牌理念深入人心,更重要的是具有社会意义,通过这次"滴滴体"海报征集评选活动,让用户在参与的时候能够反思自己的生活以及和家人的

---

① 冯雅颖. 微博中广告舆论的生成路径及社会影响:以新浪微博为例[J]. 东南传播,2015(6):128-131.

关系，关爱自己，也关爱家人。

（二）广告话语生成路径的多元化

广告话语的生成，与舆论生成模式有很多相似之处，是各种因素相互作用的结果，各种因素的不稳定性也决定着广告话语生成模式的不确定性。舆论学者认为："舆论形成的模式是不可捉摸的，一次选举、一场宣传和一批追随者的呼应、反目和喧嚣，使舆论的出现成了复杂的问题。"[1] 在新媒体语境下，基于互联网对时空的跨越，信息传播的交互性、开放性、隐匿性等特点，实现了信息瞬间生成、瞬间传播、实时互动和高度共享，其隐匿性也使传统媒体中的"沉默的螺旋"不复存在，各种思想、观点、意见都在网络中得以发表和传播。因此，这种传播环境为广告话语的生成创造了宽松空间，使其生成路径变得更加多元化。简而言之，就是在传统媒体环境下你曾意想不到的事情，在网络环境下都有可能成为广告话语生成的诱因。

（三）广告话语传播周期缩短

传统的广告话语传播过程是从广告传播到引发讨论，再到问题发酵生成广告热点事件，最后逐渐消解。凭借互联网和移动互联网的传播优势，广告传播速度更加快捷，受众影响力更加广泛，因此，也逐渐缩短了广告话语从生成到发酵再到消解的周期。另外，新媒体环境下信息的多样性和碎片化，使得人们在同一个热点事件上关注的时间逐渐缩短，受此影响，广告话语传播的周期逐渐缩短，人们很快就会找到一个更有趣的替代性话题，发表新的广告主张，建构新的话语议题。如从2010的"凡客体"、2012年的"陈欧体"、2013年"张太体"、2014年的"挖掘机体"、2015年的"滴滴体""duang体"等，到2021年的"后浪体""躺平体"、2022年的"新赛道"体等。随着互联网进入社交媒体、自媒体时代，网民活跃度逐渐增强，同时广告主更易锁定与接近消费群体，通过频繁地制造、传播话语议题，通过多样化的互动方式刺激话语传播主体，在与受众互动过程中实现品牌的推广。在此过程中，广告话语传播主体、通过程序化创意或 AI 技术的运用，不断创新创意传播思路，通过个性化广告推送，抓住消费者的注意力，从而

---

[1] 刘建民，纪忠慧，王莉丽. 舆论学概论 [M]. 北京：中国传媒大学出版社，2009：59.

缩短受众在单一广告热点事件上的关注时间，使得广告话语相较之前在更短的时间内发酵、消解。

二、新媒体环境下广告话语生成机制

前文提到，广告话语生成方式较为多元，包括广告话语生成的合作协商方式，广告话语传播的温情诉求方式，广告话语生成的争鸣方式，广告话语生成的环境助推方式等。考虑到新媒体环境下广告话语传播呈现的新特点，结合以上关于广告话语传播方式的分析，通过实例佐证，对广告话语正反向生成机制和新媒体环境下复合生成机制进行研究和分析。

（一）广告话语正向生成机制

广告话语正向生成机制在广告传播过程中分为两个路径，其一是广告话语传播和控制过程中较为理想的一种生成机制，可以极大地提高广告传播效果和延展广告传播的功能。它是通过广告传播实现话语主体对广告主张、广告意愿、广告观念的高度认同。在这一过程中，广告人的广告创意很好地表现了广告主的意图并代表或反映广告受众的广告意愿，而媒介的广告传播组合也通过科学、合理、有效的信息传递，帮助广告主和受众在观念和认知上达到相对一致。通过广告的有序传播，广告受众以个人理性判断为起点，以公众的合理讨论为转折，以最终形成公众一致性或相似性意见为其外显形式。在这个过程中表现为消费者在接触广告主的话语主张后，选择性接受广告信息，并将自己的感受与他人互动交流，从而形成比较一致的认知意见。

例如，2014年大众汽车为了宣导"开车别看手机"这一公益主题，包下了电影院影片开播前的广告位，播放了一段第一视觉的汽车前进画面，再用LBS技术推送短信给现场观众。当观众听到短信提示音后，都纷纷拿起手机查看，而这时电影屏幕中的汽车也发生了事故。在最后的画面中，大家看到提示"玩手机是当前交通事故的主要发生原因，珍惜生命，勿玩手机"。让大家不再是以旁观者的视角来观看影片，而是作为第一人物深刻体会到，效果很震撼。在移动互联网当道的今天，为场景化互动营销提供了温润的土

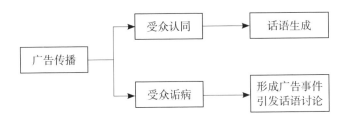

图 5-1　广告话语正向生成机制

壤。大众公司这一广告营销案例将用户在生活中经常遇到的场景与移动互联网结合，因为主题贴近生活、关爱生命，所以更容易抓住用户的注意力，赢得用户的心，从而引发用户的共鸣。

　　正向生成机制的第二个路径是，广告话语传播和控制过程中出现了广告主预期之外或是偏离广告话语走向的正常轨道的广告话语生成机制。在广告传播过程中，信息涉及违背消费者或者是社会主流价值观的内容，从而因负面影响生成了广告话语，这类广告意见较难控制，发展进程难以预料。2015 年 9 月 1 日，被称为"史上最严"的新《广告法》正式实施了，在央视财经频道《中国政策论坛》的录制现场，国家工商总局公布了 2015 年涉嫌违反《广告法》的十大典型案例。这其中大多数是因广告代言人传播虚假信息、广告内容不实等原因，触犯了广告法的相关规定，不仅损害了消费者的利益，同时也引发了负面的广告舆论。这十大典型案例带给人们的负面影响超出广告主预期，广告话语的走向出现偏差，围绕十大典型案例生成的话语多具有批评性，在一定程度上强化了消费者对广告企业或品牌的负面认知。

（二）广告话语反向生成机制

　　广告话语反向生成机制是广告主借助公众关注的焦点问题所引发的舆论热潮的势头，将产品或品牌的推广融入消费者易于接受的环境中，从而实现品牌或产品的营销战略的一种广告话语生成过程。其过程往往通过现有社会热点事件的影响力争夺消费者眼球，借助消费者自身的传播力、依靠轻松娱乐的方式潜移默化地引导市场消费。这就要求广告主及时关注现实社会或网络热点、焦点，将品牌或产品的特点与社会热点、焦点相"嫁接"。广告传播内容要求趣味性较强，容易获得受众心理认可并愿意作出"转发""点赞"

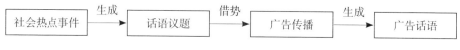

图 5-2 广告话语反向生成机制

或"评论"等社交媒体化的参与动作。这种内容借"意见"或"解读"之名,行"广告"之实,在潜移默化中将产品的特性或品牌的气质与当下社会热点事件"绑定",为消费者提供更多元的热点解读方式。

不少广告主在网民一轮轮的讨论中发现了实现品牌升级的机遇,借助热点事件实现品牌营销战略,成为新媒体环境下广告主品牌营销的突出且较为有效的手段。以 2014 年李娜退役为例,网络上掀起一阵热潮,各行各业纷纷送上祝福致敬李娜。各大品牌岂能落后,杜蕾斯、耐克、可口可乐、伊利、奔驰、脉动等掀起了一场营销接力赛。杜蕾斯快速反应,堪称速度营销。李娜发表公开信之后,杜蕾斯马上跟进官方微博:"一路有李,娜就很好!"其他品牌也不甘示弱,纷纷以李娜退役为话题在微博上展开各种攻势,以期与广大用户互动,提升品牌推广度。其中有趣的是可口可乐"娜些快乐,感谢有你",网友呼声最高,纷纷留言要求可口可乐出纪念款。企业借助此事件的影响,进行"二次传播",通过话语建构对李娜个人的温情关怀的流露,从而实现品牌知名度和美誉度的提升。

2015 年 8 月天津塘沽爆炸事件一出,各方纷纷响应,为灾区人民送去祝福,并发图发文祈福,可以说,灾区的一举一动都牵动着人们的心。而在这个时候,广告主如果口口声声说着祈福,却在祈福图片上堂而皇之地打上品牌的 logo,那么,从消费者的角度来看,这到底是祈福还是宣传呢?毫无疑问,这样的借势必引起消费者的反感和鄙夷,也会对品牌形象造成极大的负面影响。因此,借良性之势,可以让品牌引发关注,深入人心;而如果借势牵强、生搬硬套,最多也就是换来消费者的调侃或者笑话;更有甚者,有的品牌拿天灾人祸、恶俗事件来造势,其话语建构的动机就会收到质疑,话语表达就会遭到消费者诟病,甚至让消费者产生厌恶之感从而远离该品牌和旗下产品。

(三)广告话语复合生成机制

以上所描述的正反向广告话语生成机制,在广告运行中处于相对稳定的状态,在新媒体环境下依然富有活力,并因传播生态环境的改变表现更为突出。但由于广告话语传播平台的拓展、参与主体的增多、议题讨论的方便快捷、舆论传播周期的缩短,各种生成路径更多表现出重叠交叉的复杂局面。因此,在分析过常规的正反向话语生成机制的基础上,要对这种复合的广告话语生成机制进行分析和说明。它突出表现了新媒体环境下广告话语传受者身份的模糊、广告话语生成路径的多元化以及广告话语传播周期的缩短等传播特点。新型媒介的异军突起,打破传统媒介的生态环境,在"人人都有麦克风"的传播格局下,传统广告传播的参与者广告主、广告创意人、广告媒体、广告受众、广告管理者以及广告话语传播中的意见领袖都可以成为广告话语"议题"的制造者和传播者,多样化的"议题"来源和讨论平台使得参与互动讨论的个体更加丰富,讨论程度更加充分,"合意"速度更加迅速,最终对人们产生的直接或间接的影响力也更大。

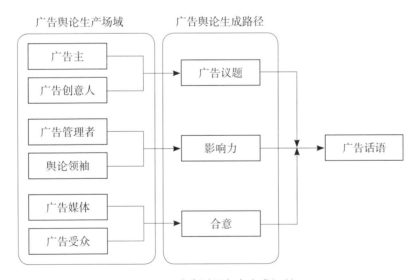

图 5-3　广告话语复合生成机制

三、广告话语传播"合意"共生现象

以互联网、移动互联网为代表的新媒体的不断发展,改变了媒介生态环境,重构了广告媒介市场结构。以单向传播、强势传播、硬性广告传播为特征的传统广告在产品宣传、形象塑造、品牌营销方面的优势渐渐丧失。特别是在宏观经济市场不景气、品牌竞争日益加剧的大背景下，以传统媒体为载体的广告传播已力不从心，传统的广告代理公司为核心的广告策划和创意活动也日渐式微。寻求新的广告方式来拉近与消费者之间的距离，实现与消费者更直接、更深入地沟通和交流成为广告主、广告公司、媒介经营单位的共同选择。

（一）广告话语"议题"来源的多样化

新媒体环境下，广告话语场域更加活跃、更加开放，广告话语与社会整体环境的相互连接和作用更加密切。因此，由广告传播引发的广告热点事件不断增多，广告话语传播的模式和路径也发生较大变化。话语"议题"来源的多样化，"合意"过程的复杂化，以及话语对消费者产生的多层次影响成为新媒体环境下广告传播的常见景观。广告话语能够从商业文化的立足点折射出民众心态与舆论热点，也能反应不同地域、不同历史阶段、不同经济背景下的民俗与文化。新媒体传播模式中的广告话语一经产生，就借助流行语体、广告乐曲等符号系统传播，除了实现品牌曝光、识别度增加等"本职"外，还"反哺"着社会流行文化，助推消费主义在新媒体中的渗透。

（二）广告话语的二次影响力

随着市场竞争加剧，同质化产品日益增多，而消费者欣赏水平和对物质的选择标准逐渐提高。广告如果仅充当"告知者"，则很难构造强有力的品牌形象，更难以应对瞬息万变的传播环境和社会环境。在现实生活中广告话语时而"被制造"，时而"被引导"，时而又"被控制"。因此，广告话语作为广告传播的二次影响力，如何被恰当地运用，使其潜移默化地影响消费者，是新媒体环境下广告发展的必然趋势。面对新媒体传播格局的形成，广告传播相关主体在话语形成、传播以及引导过程中的地位与作用日益凸显，并逐渐形成一种共生的模式。如何挖掘共生模式的社会价值，利用好广告二次传播的影响力，这些都是在广告话语研究和广告话语建构过程中必须加以关注的新论题。

第六章

数字广告营销的话语引导与话语建构

本章提要：数字广告营销是基于数字技术而引发的营销新形态，技术的变革导致营销理念的变革和营销场景的再造，数字广告营销的广告话语引导和话语建构就成为人们关心的话题。数字广告营销涉及新营销手段中广告话语引导的本质特征、功能价值和市场逻辑，也论及广告话语建构价值判断、话语转向和话语的场景运用。近年来，在现代数字广告营销生态中，沉浸式营销、过度营销和银发营销成为人们关注的热点，所引发的广告话题和话语讨论较为集中，为广告话语的引领和话语的建构提供了大量创新案例。

一、沉浸式营销广告话语的功能价值

沉浸式营销是企业运用新媒体技术手段、整合传播平台优质渠道资源、引导目标消费者深度体验企业品牌传播价值的营销活动。"从近年来企业的实践看，沉浸式营销更多强调通过科学技术和泛广告手段，在消费者出现的所有渠道中打造独特的营销场景，通过与消费者的深度互动，给他们带去具有凝聚力、情感度的全方位消费体验，进而实现企业品牌传播的目标。"[①] 沉浸式营销是新媒体环境下企业营销方式的创新之举，遵循了市场营销的基本

[①] 杨海军. 沉浸式营销的本质特征和功能价值[J]. 国际品牌观察，2022（6）：58.

原则和广告传播的一般规律，关注消费者的消费意愿，整合企业品牌传播的渠道资源，强化消费者的深度体验和企业品牌价值传播的初衷。从这些营销特征看，沉浸式营销是市场营销的创新形式之一，也是广告话语传播和建构的新场域。

（一）沉浸式营销广告话语建构

无论是传统媒体时代还是新媒体时代，广告营销的本质是发现和发掘准消费者需求，通过信息传播让消费者了解产品或服务的真谛，进而达到销售产品或服务的目的。这些目标的设定，是广告话语建构的出发点，同样也是广告话语引导的重点。由于广告营销的基本场域是市场或市场生态，因而广告营销是针对消费市场开展经营活动、销售行为的过程，即经营销售实现转化的过程。在这一过程中，广告市场营销形成了以创造、沟通、传播和交换产品或服务为表征，以品牌方、消费者、合作伙伴利益关系建构为目的营销过程和体系。在相对封闭的营销过程和体系中，场景营销主要集中在媒体上的广告营销、直播营销和线下的终端营销泛广告营销形态。早期的广告营销活动，营销的手段和方法多在竞争场域中展开。在新媒体时代，无论是场景营销、体验式营销或沉浸式营销的本质都没有发生根本改变，都可依托新媒体平台，借助线上和线下的社区互动，利用虚拟现实、增强现实等技术手段，通过技术加持、情感赋予、场景建构和空间转换创造崭新的营销氛围，有效地传播企业品牌的价值理念；通过广告话语的引导和建构，在企业品牌和消费者之间建立一种新型信任关系，实现企业品牌的价值转换。从这一目标实现路径来看，沉浸式广告营销是企业品牌与消费者互动的产物，是企业品牌方与消费者信任关系通过广告话语引导和建构结果。

（二）沉浸式营销广告话语场域建构

沉浸式营销承继了场景广告营销和体验营销的精华。场景广告营销是指基于消费者洞察，在品牌和消费者之间建立起互动信任关系。沉浸式营销广告话语场域建构，就是在预设的消费场景下，关注消费者消费意愿和情感需求，通过与用户的互动沟通和定向服务，树立品牌形象或提升转化率，实现精准营销的营销行为。沉浸式营销广告话语场域建构可赋予企业品牌生动化的意义。运用沉浸式营销广告话语场域建构,可真实再现消费者的生活场景,勾画消费者的理想生活场景,将品牌嵌入场景中,打动消费者,激发消费欲望。近年来,企业关注消费者日常生活的五大生活场景,精心打造的"白色情人节""女神节"等情感节日,精心经营"双11""双12""5·20"等购物节日,充分利用了沉浸式营销广告话语场域建构的手法来吸引目标消费者,在特定的场域中锁定消费者的消费意愿。体验式营销也是近年来兴起的新营销方式,是指站在消费者的感官、情感、思考、行动、关联五个方面,重新定义、设计广告营销的思考方式。此种思考方式突破传统上"理性消费者"的假设,认为消费者消费时是理性与感性兼具。从这个意义讲,体验营销关注的重点,仍是通过沉浸式营销广告话语场域建构关注消费者心理需求,与沉浸式营销关注的重点问题相一致,只是经营的侧重点更加偏向把握消费者的情感消费平衡。沉浸式营销广告话语场域建构是企业运用新媒体技术手段、整合传播平台优质渠道资源、引导目标消费者深度体验企业品牌传播价值的营销活动,兼具场景营销和体验营销的特质。沉浸式营销广告话语场域建构能够拉近与用户之间的距离,让消费者能够身临其境地感受到沉浸式氛围下的场景,同时,沉浸式营销广告话语场域建构正处于创新发展阶段,通过学习借鉴不同领域沉浸体验好做法,如影视领域、大型沉浸式游艺展览、主题游乐园、线上和线下情景游戏等领域的沉浸体验技术的运用,学习利用AR/VR等科技手段打造场景等,使沉浸式营销的消费体验更具有魅力。从实践效果看,沉浸式营销通过场景建构和心理体验强化出售一种生活方式,传播新的生活观念,塑造新的消费态度,承继了广告场景营销和广告体验营销的传播理念,可视为消费升级背景下场景营销和体验营销的整合版和升级版。

(三)沉浸式营销广告话语建构的技术赋权

沉浸式营销是企业、平台和消费者共谋的创新营销方式。企业的产品和品牌、平台的数据资源和技术资源、消费者的消费能力和消费意愿,都是构成有效沉浸式广告营销不可或缺的条件。沉浸式营销广告话语建构的技术赋权,是通过平台力量实现广告话语有效转换的重要路径。从企业品牌传播的系统性过程考量,沉浸式营销广告话语建构具有显性的技术特质和独特的传播功能价值。

第一,沉浸式营销广告话语建构的核心指向,从本质上讲仍是洞察消费者的消费意愿,这和体验式广告营销和场景广告营销并无本质区别。沉浸式营销广告话语建构,以关注消费者的消费欲望和消费意愿为前提,只是在形式和内容上由于技术的加持能够更生动、更直观、更有效关注且满足消费者消费欲望和消费意愿。其生动性主要表现在营销场域中AI技术和元宇宙技术使用所产生的心理体验和感受上。在这里,消费者的情绪、情感能够被有效调动起来,消费愉悦感被有效放大;其直观性和有效性主要表现在广告营销的场景建构仍然以消费者现实生活中熟悉的场景为主,只是在空间代入和场景转换上更有效和更直接。消费场景的虚实运用和转换更多元,消费者的主动选择更积极,消费者消费态度的转变和消费意愿在现实中更容易得到满足。这也是沉浸式营销广告话语建构得到市场认可、受到商家和消费者欢迎的重要原因。

第二,沉浸式营销广告话语建构的多模态心理体验和多场景消费选择,成为新常态,建构了沉浸式市场营销的新通道。沉浸式营销广告话语建构可以给予消费者多模态的消费心理体验和消费场景呈现,使消费者心理体验的层次更丰富,心理体验的视角更开阔、心理体验的效果更真实;同时,也使消费者有更多的机会参与到消费场景的构建和消费场景的选择上,进而使消费者在场景消费的认知和感受上也更有代入感。例如,通过平台技术的运用,消费者熟悉的五大生活场景的广告话语建构可以通过多屏联动,通过话语引导和强化传播,可以使消费者在沉浸式营销场域中的心理消费愉悦感不断被放大,积极参与和建构消费场景的积极性也会不断增强,营销的群体效应被激发。特别是年轻消费群体在沉浸式广告营销中,因感性认知更强烈而成为有生力量,这也是沉浸式营销广告话语建构迅速成为风口,受到企业重视和市场青睐的重要原因之一。

第三,沉浸式营销广告话语建构在企业品牌建设和品牌形象传播领域有较大的拓展空间。在现代市场环境中,品牌竞争是市场竞争的主要形式,品牌的美誉度与好感度通过广告和媒体平台的沟通交流,也可以在消费者心目中留下较深的印象。随着消费升级,单纯的体验营销已经无法留住消费者对品牌的忠诚。通过营造更有代入感、互动性更强的沉浸式体验氛围,在消费者和品牌之间建立起一阵更为自然、更为亲切、更有粘连性的相互信任关系,可以强化消费者对品牌认知和喜好的惯性,保持消费者对品牌的信任热度，从而使企业品牌能够保持较为持久的生命力和市场活跃度。近年来，人工智能技术对广告场景营造和消费者心理体验能级的提升，成为广告话语建构的重点领域。我国学者认为"元宇宙中的营销是体验者身心的高度沉浸的营销，在元宇宙中，人类具有更高的自由度、灵活性、更真实和多维的体验，人与人、人与物之间互动关系体现了传播实践中身体的回归，体验者可实现身心的高度沉浸"[1]。机器人广告文案写作、元宇宙数字人品牌代言、虚拟数字品牌藏品技术运用，使消费者的心理体验更加真实和多维，也使企业品牌建设和品牌形象传播空间进一步拓展，广告话语建构的指向也更加明晰。

第四，沉浸式营销广告话语建构在消费者洞察和未来市场拓展上具有较为明显的优势。伴随虚拟现实、增强现实等技术在营销领域的应用，品牌沉浸式营销快速生长。将营销体验搬入元宇宙，虚实结合的营销场景和营销体验更符合网联网原住民"90后""00后"的消费习惯。基于对年轻消费群体的市场洞察，沉浸式营销广告话语建构不仅最大限度上满足年轻人娱乐诉求的愿望，在品牌功能诠释和品牌理念解读上更能够给年轻消费者带来身临其境的、全方位的刺激体验，契合年轻人的心理体验。同时，沉浸式营销广告话语建构有趣的互动、有代入感的场景描述、高效刺激的娱乐体验宣传，营销影响力和市场号召力非常强大，不仅使全方位无死角消费体验相融合的沉浸式营销成为企业和商家的首选，也使广告营销者将沉浸式营销广告话语建构作为未来市场拓展的重要利器研发和使用，发展态势向好。

（四）沉浸式营销广告话语传播的功能价值

沉浸式营销广告话语传播是一个系统化的多元互动过程，对技术加持、情感赋予和价值实现有较高要求。在企业沉浸式营销策略实施过程中，应该注意避免出现以下几个方面的问题。

第一，广告话语建构坚持品牌价值的传播，避免营销的形式大于内容。品牌玩转沉浸式广告营销的前提是在洞察消费者消费意愿基础上，合理、合规、有度地使用沉浸式广告营销的手段和方法传播品牌的价值理念。具体来

---

[1] 姚曦，任文娇．沉浸式营销的元宇宙图景［J］．国际品牌观察，2022（6）：64．

说，就是通过与品牌特征相契合的广告话语引领和消费场景的建构，与消费者品牌消费认知相匹配的消费体验的预设，结合新颖独特的传播手段和方法，来传播企业品牌的价值理念，使企业品牌价值理念在沉浸式广告营销的效率转化中保持稳定的目标指向。这样，才能够有效在企业品牌和消费者之间建立起相互信任的关系，实现对品牌的长期投资，同时避免舍本求末，避免营销的形式大于内容。

第二，广告话语建构保持好沉浸式营销的合理尺度，避免理性和感性消费认知的失衡。在沉浸式营销中，广告话语建构应把握好三个尺度：价值度、娱乐度和虚实度。把握好价值度，是保持好沉浸式营销的合理尺度的关键要素。在广告话语建构中，坚持品牌的愿景和理想，坚持品牌为消费者服务的理念，沉浸式广告营销的功能意义得以凸显。更为重要的是，沉浸式广告营销在突破传统的"理性消费"假定上，不是对营销底线的破圈，更不是对营销本质的颠覆，而应是通过营销形式、方法手段的创新，使企业的品牌价值得以更好地传播和实现。广告话语建构把握好娱乐度，是增强沉浸式广告营销场景代入感和心理体验感的重要指标，也是引导和留住年轻消费群体的重要保证。合理娱乐场景的植入和愉悦心理体验的达成，是沉浸式广告营销保持理性消费认知和感性消费认知平衡的基本要求。广告话语建构把握好虚实度，也决定着未来沉浸式广告营销之路能够走多远。技术加持，可使虚幻的消费场景的建构更逼真、消费心理体验的刺激更强烈，特别是消费者通过虚拟现实、增强现实等技术可以在虚实空间里自由转换、多场景的代入和强刺激的依赖，很容易使消费者理性消费认知和感性消费认知出现失衡，使消费者陷入技术娱乐的漩涡里不能自拔。在广告话语建构过程中有效规避这些问题，可以使沉浸营销为品牌传播服务、为消费者服务的初心之路越走越宽。

二、过度营销广告话语传播的市场逻辑

过度营销广告话语传播是一个崭新的话题。过度营销是一个历时的概念，是具有独特语境的一个概念。围绕过度营销展开的广告话语讨论也是企业营销的热点问题。过度营销与企业营销活动的阶段性划分密切相关，与产

品生命周期阶段性营销策略的实施也直接关联；过度营销概念的形成和类型的演化，也与不同时期企业营销的实践路径选择和营销重点领域的强势竞争不无关系。过度广告营销是市场机制的产物，符合市场运行的竞争逻辑，是市场试错的副产品。在特定时期，企业过度营销策略的实施也与迎合消费者的消费偏好有内在因果关系。关注消费者的多元化消费需求、个性化消费需求、情感消费需求也是过度广告营销产生的一个重要推动力。从这个意义来讲，过度营销广告话语建构是企业与消费者在消费意向上共同选择的结果，只是选择的方向上出现了偏差。因此，认知过度营销广告话语传播可从营销的市场逻辑和消费选择两个层面来考量。

（一）过度营销广告话语传播误区与话语偏向

传统媒体时代的过度营销，是指企业在运营过程中过度依赖广告、促销、回扣、价格战等市场营销手段而展开的活动。其典型特征是忽视企业的战略管理和系统管理、注重短期效应和轰动效应、忽视企业长期竞争优势地位建立的短视行为。与此相适应，过度营销广告话语传播的典型特征是过分追求短期效应和轰动效应，无视通过合理的广告话语建构实现对品牌的长期投资。新媒体时代的过度营销，主要指品牌方在网络平台上通过竞价排名、算法推荐、短视频传播、网络直播等营销手段进行无序投放和恶意竞争的营销行为。其广告话语传播的典型特征是盲目追求点击率和平台流量，无视品牌的信誉和平台的公平交易原则。无论是传统媒体时代还是新媒体时代，过度营销广告话语传播的共同特征是企业或品牌方把追逐短期利益放在第一位，而放弃了营销目的是在企业和消费者之间建立起一种信任和亲密关系的初衷。

一般来说，企业的广告话语建构活动和品牌的传播活动是一个系统工程。传统媒体时代，企业的广告话语传播一般要考虑产品、定价、渠道、促销等要素，这些要素构成了企业营销的完整系统。要素的合理使用也使企业营销流程的运行更加顺畅，营销环节的对接也更加合理，营销的效果也就更为理想。同样，过度营销广告话语传播的发生也会与这些要素的过度使用相关联，发生的时间节点也会与这些要素构成的营销的环节相对应；新媒体时代，企业的广告话语传播一般要考虑品牌、竞价、平台、流量等要素，涉及品牌的溢价、程序化购买、平台交易和流量聚集分发等营销环节，企业的营销也往往在这些环节上发力,过度营销广告话语建构在这些环节上发生的概率相对较高。

(二)过度营销广告话语传播体系建构

传统媒体时代,企业的市场营销效果与产品的生产能力、渠道的铺货能力、价格的竞争力、广告的传播力都有直接的关联。这一时期企业的过度广告营销,是指企业在运营过程中过度依赖产品的市场细分、海量的广告投放和不计成本的价格战等营销手段开展市场营销活动。与这些活动相关联,过度营销广告话语传播归纳起来有以下较为典型的形式。

第一,过度营销广告话语传播体系中的产品营销。产品是企业的核心竞争力,任何企业都会重视产品的质量建设、功能开发和产品的包装设计。与此相对应,过度产品营销也包括过度产品质量营销、过度产品功能营销、过度产品包装营销三个层面。过度产品质量营销,是指企业在产品质量方面的资金投入过多,从而忽视了消费者对产品功能价值和心理体验等其他方面的需求。过度产品功能营销,是指产品的许多功能并非为消费者所接受或所喜爱,企业开发这些功能不仅增加了生产成本,而且闲置和浪费了产品资源。过度产品包装营销,是指某些产品的包装与产品定位不符,不是过于追求新奇豪华,就是过多资金投入包装生产线,包装成本甚至超过了产品成本。过度产品营销的案例很多,汇源企业的过度产品营销较具有代表性。20世纪90年代,汇源公司为了和碳酸饮料市场进行区分,开发了果蔬汁饮料市场,汇源公司依靠100%纯果汁的专业定位和新品类发展战略,引进先进的生产工艺开发出系列果汁产品,包括鲜橙汁、鲜桃汁、鲜猕猴桃汁、鲜苹果汁等,广告话语建构倡导健康饮品的消费理念,受到市场消费者的青睐。通过产品营销,汇源企业短短几年内迅速进入中国饮品企业的十强,并不断扩大市场份额,相继开发出野山枣汁、野山楂汁、果肉型鲜桃汁、葡萄汁、蓝莓汁、木瓜汁、酸梅汁等新品种。但过度的产品营销,使汇源企业的主打产品的品牌影响力遭到削弱。当统一企业通过广告话语建构,推出以年轻、健康、美丽女性为目标对象、包装精美的"鲜橙多",康师傅通过广告话语建构推出以追求健康营养为诉求点的"每日C",可口可乐通过广告话语建构推出深受儿童和家长喜爱又酷又炫的卡通形象的"酷儿"等果汁饮品后,汇源的市场份额被不断挤压。面对竞争对手的挑战,汇源把市场份额下滑的原因归结为竞争对手产品精美的包装上,花巨资引进数条"PET包装生产线",并不断加大广告投放力度和广告话语传播的力度。结果因产品的过度营销、包装的过度营销和广告的过度投放,使企业的成本控制失去平衡,市场竞争力不断下滑,逐渐失去了果汁市场领导者的地位。

第二,过度营销广告话语传播体系中的价格营销。价格营销是企业根据市场需求、合理制定产品价格,通过基于成本控制和目标市场消费能力评估的价格定位进行营销。企业在营销的过程中,出于竞争的需求适当降低产品价格刺激市场销售是一种常见做法。而过度价格营销则主要表现为与竞争对手打价格战。为了巩固市场份额,留住目标用户,企业往往不惜代价通过广告话语传播打价格战,产品售价甚至低于生产成本或进价,从而造成抛售商品的行为和形成新的广告话语引领态势。21世纪初,商务通和名人品牌通过广告话语引领导致的广告价格大战,成为过度价格营销的典型案例。1999年,商务通以过硬的产品质量和功能、良好的广告创意塑造了良好的品牌形象,获得消费者青睐和市场认可。1999年商务通实现销售量100万台,超过1998年所有品牌PDA的总销售量,销售额达7亿元人民币,市场占有率达到60%以上,市场营销获得巨大成功。2000年,手持式PDA新品名人开始向商务通发起过度营销的价格大战。2000年8月,名人通过强势广告宣传和广告话语引领,将自己的主导产品PDA328降到600元,价格仅为商务通同类产品的1/3,首次在国内同档产品中跌破1 000元;而其另一品牌"一指连笔王"也降到1 600元,比商务通同类产品低380元,引起市场较大震动。不仅如此,2001年4月20日,名人再次发动广告大战,将PDA328A从600元降到498元,又一次打破业内"掌上电脑不会跌破500元"的价格底线,通过广告话语的引导和广告话语传播触发市场价格大战。针对名人的广告话语建构策略,商务通也作出强势回应,通过广告话语的引领,将主流产品价格下调35%,原来2 000元以上的产品也快速降至1 000多元,同类产品也大幅降价。价格大战的结果,导致PDA产业生态遭到破坏,市场竞争力减弱。伴随着新产品的进入,PDA产品市场占有率不断下滑,产品的黄金销售时期也一去不再复返。

第三,过度营销广告话语传播体系中的渠道营销。渠道营销是指选择最方便、快捷、优质的销售渠道,将产品送达消费者手中。一般来说,销售渠道包括渠道流通营销组合与渠道终端营销组合。过度渠道营销则表现为，为了追求短期效应，人为割裂渠道流通营销组合和渠道终端营销组合的系统性和关联性，盲目加大渠道营销某一环节或某一层面的营销投入，贪图营销效果的一步到位或营销流通的一劳永逸，破坏了渠道营销的科学性和合理性。例如，在房地产行业曾一度流行名企渠道营销的"极致模式"，也是广告话语传播中的泛广告营销模式，对广告话语的引领和话语建构也具有典型意义。第一种是为房产行业所推崇的融创模式：从周边刚需盘到市区高端盘的营销，只关注线下渠道。广告话语建构的目标只有一个：通过高额的佣金和名目繁多的奖励模式吸引销售人员。渠道营销只看一个指标，就是无论是拦截还是做商超做社区，最终的目的就是要把客户带到售楼处。第二种是碧桂园模式：从百人作战转变为全民营销体系。广告话语传播在集中开盘或是大节点集中百人销售渠道人员进行全员拓客时发力。顺销阶段做全民营销模式，即非销售类员工皆有义务为项目输送客户，高额提成点位是其渠道策略之一。第三种是恒大人海战术：组建400—500人的项目团队，内场销售、外场拓客相结合，广告话语传播实现对整个城市客户集中区域进行全方位覆盖。同时企业内部非销售人员进行销售推荐，成交则给予高额佣金。第四种是中原模式：代理项目启动渠道模式加以2%代理费，百人公司渠道为各项目输送客户，另组建专属项目组10余人，负责为项目带客户。以4‰作为佣金奖励，广告话语传播在各个环节上给予支持，渠道部门负责人有额外渠道奖励金。从这些房企的做法看，追求渠道营销的"极致"，是以单一渠道拓展为主线的"极致"，也是以自我为中心的渠道营销"极致"，广告话语传播也是为这种"极致"渠道营销服务。

  第四，过度营销广告话语传播体系中的促销。市场促销的手段很多，概括起来主要包括广告宣传和销售推广等层面，与此相对应，过度市场促销也包括过度广告宣传、过度销售推广两个促销领域。过度广告宣传是指企业在市场拓展期或市场竞争期为了追求企业广告轰动效应，期望企业一战成名，超越企业营收和成本控制的实际，选择主流媒体或央视媒体平台，投入大量广告费用，进行高强度、高频次的播出广告，通过广告话语的强势引导进行话语建构。由于广告费用的过度投入，造成企业营收的失衡，破坏了企业营收生态，进而导致企业退出竞争市场甚至死亡。过度销售推广是指企业为了快速拓展市场，采取冠名、赞助、有奖销售、让利销售、事件营销活动等市场推广策略，其典型特征也是不计成本，盲目投入，期待市场奇迹，同样是泛广告的营销活动。结果是违背市场的营销原则，给企业带来巨大伤害。20世纪90年代，中国社会从计划经济向市场经济转型，在市场经济大潮的冲击下，一些企业开始迷失方向，相信广告宣传和销售推广是解决企业发展问题的万能良药，希望通过电视广告的狂轰滥炸引导舆论，建构广告话语，典型的案例就是秦池酒业和哈药六厂的广告宣传。秦池酒业集团1992年营销出现亏损，但1995年出资6 666万元夺得中央电视台黄金时间段广告标王，1996年再次以3.2亿元的天价夺得标王。秦池的过度广告投入，极大超越秦池的年度广告预算，超越企业的营销成本控制，直接导致销售额和利润直线下滑，也使秦池企业很快从销售神坛上滑落，并逐渐退出市场。这一时期，哈药六厂、脑白金也开始使用频繁广告轰炸策略，不断进行广告话语造势和话语建构；蒙牛、洋河集团也热衷追逐热点事件来增加企业的曝光度。这些营销举措因违背了以消费者为中心的促销逻辑，在广告话语引导和话语建构层面走进误区，给企业的健康发展带来较大的负面影响。

（三）过度营销广告话语选择与发展趋势

新媒体时代，企业营销仍遵循市场竞争逻辑，按照市场营销的原则规范自身的营销行为。新媒体时代的广告过度营销，是互联网平台上多元主体消费话语引导和广告话语建构的直接结果。

第一，过度营销广告话语选择。新媒体时代，企业营销的路径有了更多选择。新媒体赋能使企业的营销流程进行了重构，特别是数字媒体技术的广泛运用，使传统媒体的单一营销渠道发生了革命性改变。平台广告营销使企业营销的选择性增大、互动性、可控性和精准性增强，但平台结构自身的缺陷和管理的过失，也会给过度营销广告话语选择创造出更多的市场机会。与传统媒体时代过度营销相似，新媒体时代的过度营销同样依附于企业营销要素的变化和营销流程的重构，也给平台进行广告话语引导和话语建构创造更多机会。新媒体时代，过度营销一般会涉及品牌的溢价、程序化购买、平台交易和流量聚集分发等营销环节，其广告话语引导和话语建构的形态可能更加多元和复杂，但必然依附于互联网建构的新营销生态。从新媒体营销实践看，新媒体时代的过度营销也是互联网消费生态舆论场和广告话语场各主体利益博弈和互选的结果。

第二，过度营销广告话语传播另类消费路径选择。新媒体时代的企业营销是指通过互联网平台广告把企业的品牌形象根植在消费者内心深处，实现品牌传播的价值和效益。具体来说，就是企业通过广告话语建构赋予的品牌定位、品牌要素提炼、品牌形象塑造和品牌理念诉求来强化消费者品牌认知、情感认知，利用消费者对品牌的消费需求、文化心理体验和价值认同强关系的建立，最终形成品牌效益的营销策略和过程。品牌营销的关键点在于通过广告话语引导和话语建构为品牌找到一个具有差异化个性、能够深刻感染消费者内心的品牌核心价值，它让消费者明确、清晰地识别并记住品牌的利益点与个性，是驱动消费者认同、喜欢乃至爱上一个品牌的主要力量。品牌营销的前提是产品要有质量上的保证，这样才能满足消费者的消费需求。品牌的维护建立在有形产品和无形服务的基础上。有形是指产品的新颖包装、独特设计以及富有象征吸引力的名称等。而服务则是在营销过程中给予消费者的人文关怀。从新媒体时代企业营销的全过程看，通过广告话语引导和话语建构的理想营销价值和效益的实现，仍然是在企业品牌和消费者之间建立起信任和亲密关系的基础，而这种关系的建立，同样也是基于企业和消费者在消费理念、消费认知和消费偏好上共同选择的结果。反推新媒体时代的广告过度营销，一定是脱离营销常识，在企业和消费者共谋的消费选择上另辟了路径，这就是广告话语引导和话语建构的特殊功效。

第三，过度营销广告话语传播的互联网平台消费选择。在特定时期，企业过度营销策略的实施是为了最大限度迎合消费者的消费偏好，过度关注消费者的多元消费需求、个性消费需求和情感消费需求，这也是过度营销广告话语传播不断出现的一个重要原因，符合消费选择的逻辑。但从企业营销的角度来讲，企业的营销路径并不是由消费者的消费偏好单方面决定的，还取决于新媒体企业的产品生产力、品牌的传播力所主导的广告话语传播力和话语建构力。同时与新媒体平台流量聚集分发、数据算法运用、排名竞价、程序化购买的平台运作有直接关联。传统媒体时代，过度营销可能会发生在企业成长的不同阶段、产品生命周期的不同时期、企业发展战略实施的不同阶段。传统媒体时代，企业的营销路径并无更多选择，面对相对稳定的消费区域、相对稳定的消费能力和相对稳定的消费群体，广告话语引导和话语建构的路径也相对固定，过度营销出现在产品、价格、渠道、促销营销环节上，广告话语引导和话语建构也出现在这些环节上，是传统媒体时代广告营销试错带有共性的选择。新媒体时代，企业的过度营销除了企业的消费选择、消费者的消费选择，更多是需求方平台、供给方平台和交易平台消费选择的结果，广告话语引导的环境和话语建构方式发生了较为明显的变化。

（四）过度营销市场竞争逻辑与广告话语价值判断

在中国企业创新发展的过程中，产品开发和市场营销是企业进行物质文明生产、推动中国社会进步的重要手段。企业广告营销要遵循中国市场的运行逻辑，即通过广告话语引导和话语建构发现或发掘消费者需求，让消费者了解该产品进而购买该产品。换句话说就是试图通过广告话语引导的特殊影响力和广告话语建构的特殊功效，在企业和消费者之间建立起一种信任和亲密的关系，但在实际操作过程中，过度营销广告话语建构也往往会走向误区。

第一，过度营销广告话语传播的价值取向出现偏差。过度营销往往违背了市场运行的逻辑，注重企业的短期赢利效应，忽视对健康营销生态的建构，忽视对消费者的人文关怀，其广告话语建构价值取向走到了误区。例如，以脑白金为代表的国内保健品生产企业，在广告话语引导中夸大产品的功能疗效，人为建构过年过节"送礼"的广告话语。有些保健品甚至通过虚假指标宣传其药效功能，并通过海量广告诱导和误导消费者走进消费误区，所制造的噪声对消费者身体上和心理上造成双重的伤害，成为过度营销广告话语引导和话语建构较为典型的反面案例。

第二，过度营销广告话语传播脱离了科学化规范化轨道。在中国企业市场营销的实践中，广告营销被视为是在创造、沟通、传播和交换产品中，为消费者、客户、合作伙伴以及整个社会带来经济价值的活动、过程和体系。它主要是指营销同时针对市场开展经营活动、销售行为的过程，即经营销售实现转化的过程。广告话语的引导和话语建构在这一经营转化过程中，往往发挥重要作用。经营销售实现转化的过程也是市场运营科学化和规范化的过程，经营销售不仅是一个整体，需要统筹规划和循序渐进实施企业营销战略，更需要遵循市场竞争的逻辑和规律，既不能急功近利，也不能顾此失彼，更不能抓住一点，不计其余。从目前国内外过度营销的现实表现看，往往是在营销的一个环节或多个环节上出现偏差，从而造成营销系统的失灵，使企业的信誉度和竞争力受损。例如，从 20 世纪末到 21 世纪初，以健力宝为代表的中国功能性饮料的市场陨落，近十年来以王老吉、加多宝为代表的凉茶饮品头顶神圣光环的消失，从价值判断看，是企业在广告话语传播和建构过程中背离了市场营销的基本逻辑，在广告话语引导和话语建构上走进误区，在广告营销科学化、规范化的方向上偏离了正确的轨道。

第三，过度营销广告话语传播违背了市场细分和成本控制的原则。企业营销的两个基本原则是市场细分和成本控制。前者保证企业营销活动的指向始终不会偏离自己的目标人群，锁定企业的忠实受众并为其提供最优质的服务。后者则是保证企业营销运行机制良性发展的警戒线。坚持好这两个基本原则，能够形成企业营销环节的良性互动，背离这两个基本原则就意味着放弃了营销的底线而使企业的未来不可预期。前文谈到，超越成本控制的过度广告营销源于企业或品牌方急功近利的市场行为，企业或品牌方在广告市场和产品市场上的盲目扩张，都是急功近利市场行为的具体表现。过度进行市场细分同样会造成经营成本的大幅增加，由于市场定位和市场细分的失误导致细分市场带来的经济效益远远低于其经营成本，企业的可持续发展就会失去动力和支撑。另一方面，忽视细分市场的容量、营销渠道的可达性、竞争的差异性，导致产品滞销和经营成本的控制力减弱。例如，上海地产项目"汤臣一品"在最初的市场定位中，将目标对象定位于福布斯全球排行榜上的亿万级富豪、商界顶层的领袖级人物，广告话语引导和话语建构的细分市场目标对象层次太高，容量不足，导致项目滞销；过高定位也超出了"汤臣一品"自身资源的可达性，致使营销渠道的可达性不通畅；同时，"汤臣海景公寓""汤臣国宝"的市场诉求与高端市场定位不匹配，差异化营销的优势也不存在，导致产品滞销和成本控制力减弱。

第四，过度营销广告话语偏差损害的是企业和品牌的长期利益。过度营销是一把双刃剑，可以短时间内帮助企业开疆辟土、占据新市场、分割旧市场、保持市场份额和形成竞争优势。但长期看，与过度营销相匹配的广告话语引导和话语建构损害的是企业市场运营的良性机制、破坏的是品牌竞争的良好生态、失去的是理性消费的信任感，最后损害的仍然是企业或品牌的长期利益。从市场逻辑看，这是企业成长必须经历的阶段或必须付出的学费。或者说是企业生命周期中不可或缺的组成部分，这些现象也与中国独特的市场生态和市场环境相匹配。新媒体时代，广告话语的引导和话语建构建立在营销数字化和算法推荐的基础上，在企业内部或网络平台上建立一套完善的过度广告营销预警系统,保证广告话语引导和话语建构的方向性成为可能。过度广告营销预警系统的建立,可以形成有效的营销信息反馈机制,为企业保驾护航,减少企业过度广告营销的概率,并警示决策者减少或终止过度广告营销的市场行为,最大限度减少广告话语错误引导和话语建构的方向性错误对企业和品牌造成的伤害。

三、银发营销广告话语导向与美好生活建构

近年来,伴随着城市化进程加快和城市老龄化,银发经济的概念走进广告营销领域,并一度被推向舆论的风口。银发经济又称老年经济,指的是随着社会老龄化而产生的专门为老年人消费服务的经济产业,又称老年产业或老龄产业。银发经济的概念借用了老年群体共同拥有的"银发"外在特征,从广告话语传播的角度考量,该用词符合当代中国老年社会群体的审美取向,生动、形象地表达了该消费群体积极健康的消费态度,在广告话语引导和话语建构上一定程度诠释了新时代老年经济创新发展的价值内涵。

我国学者认为:"探索银发营销,有两重关键的意义,为老年化群体创造更美好、更便捷的生活,同时为企业带来增长,最终达成双赢。"[①] 银发经济是市场经济发展的产物,从市场细分和市场定位的角度看,银发经济是市场经济结构的重要板块,也是市场经济层次中相对稳定的层次,是保持美好生活建构愿景、保持城市经济市场竞争活力的重要因素。银发经济也是全球现代化进程加快、城市化程度提升、特大城市和超大城市逐步形成过程中的新经济现象。城市老年化程度日益增高,老年消费群体逐步形成,针对老年消费群体的新兴产业不断形成和聚集,成为超大城市新经济产业生态的重要景观。银发经济也是社会转型时期消费文化多元化发展、广告话语适时引导和广告话语新场域建构和消费理念不断创新的结果。生活方式和养老方式的改变,使银发群体的消费理念发生变化。新消费生态和新消费场域的构建,也使银发经济的消费文化理念特征逐渐显现,消费文化内涵不断丰富,成为21世纪新消费文化的重要组成部分。银发营销创意因而也成为城市美好生

---

① 林莹.银发营销[J].中国广告,2022(9):14-15.

活建构的助推器。

（一）银发营销中的广告话语呈现与聚集

2021年，国务院印发《"十四五"国家老龄事业发展和养老服务体系规划》（以下简称《规划》），《规划》提出了"十四五"时期的发展目标，养老服务供给不断扩大，老年健康支撑体系更加健全，为老服务多业态创新融合发展，要素保障能力持续增强，社会环境更加适老宜居。《规划》的出台，为银发经济广告话语的引领和广告话语的建构提供了政策依据。

银发经济作为当代产业经济的重要组成部分，按其服务老龄群体的经济类别来看，可分为日用品经济、保健品经济和服务类经济等，这些经济类别市场占有量大、产业链条完整、结构稳定，具有较大的市场容量和空间。从当代银发经济的产业结构看，主要包括两大板块。一是传统老龄产业板块，如与老龄人衣、食、住、行、用密切相关的产业；二是新型老龄产业板块，如老龄娱乐、旅游、保健、社区服务、养老服务、老龄教育等，这些板块也是银发广告营销的主战场。银发广告营销依托于银发经济的庞大市场，其营销创意有较大的提升空间；银发消费市场新驱动力的形成，则与银发经济的快速增长、银发消费市场的发育和银发市场结构的不断调整密切相关，现有的两大板块也是广告话语引导和广告话语建构的主要发力点。

第一，银发经济规模效应与广告话语议题的聚集。伴随着中国现代化进程稳步推进和城市化进程加快，中国社会特别是城市社会老龄化程度加剧，银发市场的规模效应开始显现。针对老年群体的市场消费空间和消费能级的广告舆论引导一直高热不下。按照国际人口占比标准，当一个国家65岁及以上人口占比7%～14%，社会为轻度老龄化；占比14%～20%，社会为中度老龄化；占比21%～40%为重度老龄化。第七次全国人口普查数据显示：我国60岁及以上人口的比重达18.70%，其中65岁及以上人口比重达13.50%。这一数据表明，我国已接近中度老龄化社会。老年人口增多，各种类型的老年市场不断发育扩张，银发市场的规模效应逐渐显现。从相关机构的研究数据看，银发市场的老年人口占比还在逐年增长。巨大的市场空间和消费能级，使银发经济的发展前景被普遍看好，这为广告话语引领和广告话语建构提供了很好的议题。银发市场的人口规模，决定着该市场的产业容量和消费能级，也持续着广告话语引领和话语建构的热度。

第二，银发消费群体广告话语引导和话语建构的能力。改革开放40余年来，中国和平的发展环境、稳定的家庭结构和尊老爱幼的文化传统，使银发群体的消费能力一直保持在一个较高水平之上。较强的消费能力，是保持市场活力的重要因素，也是银发消费群体保持较强广告话语引导和话语建构能力的重要原因。有的演员是出演老年保健品、老年日常消费品广告的主角，诠释新家庭生活方式的理念和意义，代言老年品牌的影视广告和网络作品，建构银发消费群体广告话语体系。中国银发群体的收入来源多元，主要有养老金、个人储蓄、政府补贴、社会组织捐助、家庭赡养费等，这是银发群体保持较高水平消费能力的基础，也是广告话语引领和话语建构的重点领域。有数据显示，老年用户的人均年消费额是平均水平的2.3倍。同时，中国银发消费群体伴随着新中国成长，普遍受到过良好的教育，经历过不同历史发展阶段消费环境的历练，对家庭消费和个人消费认知有较为理性的规划，在家庭生活中有较高的地位和消费决策权。决策权和话语权也是消费能力的一个重要表现。更为重要的是，这一代银发群体经历过巨大的社会变革，享受过改革开放经济繁荣带来的社会福利，特别珍惜当前和平稳定的晚年生活，在消费选择上具有较强的积极性和主动性，在广告话语引导和话语建构上方向明确、能力较强，成为推动银发广告消费市场创新发展的有生力量。

第三，银发群体广告话语引导和话语建构的美好愿景。中国社会经济的快速增长、社会财富的不断积累、物质文明成果的不断推出，也使人们的消费理念不断变化。银发群体追求美好生活的消费欲望成为银发消费市场创新发展的基本驱动力，这也是广告话语引领和话语建构创新主题不断呈现的直接推动力。新时代的银发消费人群，有稳定的收入来源和温馨和谐的家庭生活，对美好生活的追求和向往是这一消费群体的显性特征。在针对银发消费群体的广告创意中，在广告话语的引导和话语建构中，这些生活特质往往被捕捉和展现，形成多元的情感共鸣，产生良好的传播效应。热爱生活，保持健康消费的活力，享受生活，通过合理消费提升老年生活的质量，是银发消费群体在新媒体环境下通过广告话语引导建构的新消费理念和新消费生态，广告话语结构也从单一的满足基本生活需求转为娱乐、精神和体验的多元结构。

（二）老龄化社会广告话语场景建构与话语呈现

银发产业的存在是一种社会经济现象，也是一种社会文化现象。当银发群体和老龄社会、城市化、新媒体变革等诸多因素交织在一起的时候，银发营销也就通过广告话语引导和话语阐释建构了独特的新消费文化场域景观。银发市场中的各利益主体站在各自的立场，对银发经济作了概念界定和营销定位，并根据银发产业类型和银发产业生态发展对银发广告营销的新消费文化场景作了勾勒和阐释，塑造了丰富多彩的银发新消费文化场域景观。

第一，银发营销的"朝阳产业"定位策略与广告话语建构。将银发产业定位为"朝阳产业"，就给银发经济划定了具有积极意义的广告营销场域景观，从文化认知上改变了人们的一些消极的甚至是错误的消费文化理念。在中国传统文化中，老年产业被称为"夕阳产业"，这种认知根深蒂固，影响深远，不利于在积极状态下进行银发广告营销的市场推广。在银发经济发展过程中，许多商家将银发产业称为"朝阳产业"，通过广告话语引领和话语建构，赋予其积极的符号意义，除了为银发产业正名外，更为银发营销提供了更为宽阔的创意空间。在资本市场，也有投资者作了形象的比喻，认为人类在18世纪发现了儿童、19世纪发现了妇女、20世纪发现了老年人。这些标签化的广告话语引导，实际上也是在为银发经济构建新的文化消费场域景观，使银发产业市场各利益主体突破固有思维，对银发经济和营销的未来保留更多的信心和希望。

第二，银发营销的公共议题梳理和公共服务场域的广告话语建构。新文化消费场域的广告话语建构要与银发消费群体的消费特征相吻合，在现有社会结构中，银发消费群体往往被视为弱势群体，是社会救助的对象。在营销场域中，银发消费群体的身份存在和群体特征呈现的方式又是多元和不确定的，这就为营销创意策略的制定和实施带来困难。广告公共议题的梳理和公共服务场域的建构，符合银发消费群体共同的心理预期，因而许多企业或商家通过广告话语设置与银发有关的公共议题或参与公共服务场域的建构来树立自己的品牌形象、拉近和银发消费群体的距离。例如，在保健品市场领域，不少保健品生产厂家和销售商家往往利用重阳节设置关爱老人的广告议题，免费开展一些诸如健康咨询、专家讲座、义诊、保健品赠送等活动。有些商家还深入社区,把公共服务送到银发群体家门口,在银发群体中建立起良好的品牌或服务的口碑。

第三,银发营销新消费文化生活场域的广告话语建构。在城市发展特别是超大城市发展过程中,人们提出了"城市让生活更美好"的广告口号,从商业营销的角度来实践这一目标,商家和新媒体平台通过广告话语引导和话语建构,提出城市五大消费生活场域打造的营销理念,如百度联盟为合作伙伴提供了信息流、开屏和聚屏三种全新的广告变现方式。此外,重点深耕家庭、出行、生活服务、楼宇和影院五大生活场域,通过人脸、语音、VR 等智能交互模式,快速落地 AI 赋能的聚屏广告业务。商家和新媒体平台关注与消费者日常生活密切相关的五大生活场域的广告营销,并在广告营销策略上强化与消费者心理预期相吻合消费场景的建构,形成消费者和商家共同在场的现实或虚拟广告话语场域,以便更有效地提升营销传播的效能。这种新营销理念的变化可以为银发营销能级的提升提供借鉴,根据银发经济的类型和银发产业的特征,优选与银发群体生活密切相关的新消费文化生活场域,如超大城市发展中"一公里生活圈"建设中的银发群体中所锚定的银发公共食堂、银发公共医疗设施、银发公共活动空间等新消费文化生活场域的打造,针对独居老人而开展的社区送餐服务、智能居家安全监测系统场域建设等。这些新消费文化场域景观建构,一方面通过政府部门、社会力量、社区组织的积极运作来实现;另一方面,通过广告话语的引导和话语建构,形成社会共识,使社会各利益主体对银发经济创新发展的期待和银发群体对美好生活追求的愿景得到较好的结合和展示,其实践范式和价值意义凸显。

(三)广告话语导向与城市社会治理的话语转向

银发经济成为城市经济发展中的新现象,银发群体成为广告消费市场的新锐力量,对城市发展的中心工作和市场营销的格局都带来较大的影响。一方面,银发消费群体的崛起,为城市经济的发展和消费市场的重构带来新的活力;另一方面,庞大的银发消费群体的存在、银发产业的重组以及银发市场的重构,都给现代城市社会治理带来新的问题和挑战。基于现代城市治理、特别是超大城市社会治理的视角来观察银发营销广告话语导向和广告话语建构,有许多问题也值得思考和探索。

第一，创新银发产业广告话语传播政府资源配置的新模式。当银发经济成为一种显性经济现象、银发产业成为社会各利益主体共同关心的产业的时候，其广告营销创意的主动权和话语建构权应把控在政府手中。前文提到，银发经济是政府经济，银发产业是民心工程。政府应发挥其在资源配置方面的优势，在银发经济优质资源整合方面发挥其功能效应。银发经济的发展应纳入政府的中长期发展规划中，作为城市发展、文明进步和美好生活建构的基本职责和任务来推进和完成。一方面，政府应出台相关配套政策，关爱银发群体的生存和发展状况，关心银发群体的利益诉求，支持银发群体的公益事业和公益项目的开发与应用；另一方面，通过资源配置优化和遴选优质项目，重点支持和扶持有利于银发产业优化的养老产业创新发展。例如，重点对公益机构和民间组织投资的养老机构给予地方财政、土地开发上的支持，鼓励社会资本和公益机构开发和拓展银发居家智能化产业监测系统，整合社会各界资源打造银发产业生态园区，构建城市银发智能服务交互平台，通过增强政府在银发产业领域的资源配置能力，提升银发产业广告营销创意的新能级，使社交化、年轻化、智能化成为"银发经济"的主要发展方向，并在广告话语引导和话语建构层面促成政策落地和资源合理配置。

第二，建构传统银发产业与新兴银发产业融合发展的创新广告话语体系。传统银发产业多与老年群体的衣、食、住、行生活日常有关，围绕这些生活场景的广告话语引导和话语建构的概率相对较大。伴随着城市化进程加快，老年群体人数快速增长，老年群体追求消费体验、关注消费质量的要求也越来越高，一个显性问题是传统老年市场产品资源匮乏与银发群体日益增长的消费需求脱节，新兴老年市场的产品开发和产业链的打造又相对滞后，也不能满足银发群体对娱乐消费、旅游消费和教育消费的现实需求。这就需要从广告舆论引导和话语建构的功能效应层面破解这些问题。从现有市场格局看，老年用品市场的需求巨大，老年群体对生活用品、护理商品、辅助商品等老年人用品有巨大的市场需求，除此外，部分老年群体对与生活相关的日常用品有特殊要求，如轮椅、拐杖、助听器、睡眠仪、老人床垫、坐便具、放大镜、老花镜、假发、假牙冲洗器、按摩器、保健腰带、足底按摩鞋、舞蹈服饰、旅游用品等。这些生活用品需求量大，功能独特，更新也较快，但市场生产能力有限、产品质量和个性化生产都不能得到充分保证。资本涌入银发市场，大多分割的是银发市场的现有蛋糕。如何生产出新蛋糕？如何打造银发市场新消费产业链？研发资金投入不够，产业布局缺乏长远规划。因此，通过广告话语引导和话语建构，培育银发市场的新消费主体、打造银发市场的新产业链条、营造银发市场新消费生态、推动传统银发产业与新兴银发产业融合发展，是实现银发营销能级提升必由之路。

第三，通过广告话语传播，重点解决和规避银发产业发展中的问题。银发经济发展首先要和中国特色的生态养老产业发展紧密关联。健康养老、和谐养老、绿色养老是银发产业发展的基本要求，这是广告话语引领和话语建构的主要领域和重点方向，由此催生的高、中、低端银发全产业链建设、全营销场域打造、全消费生活场景建构，是提升城市生活品质、为银发群体提供更好良性产业生态服务的预期结果。其次，银发经济发展与高、中、低端银发全产业链打造相适应，市场细分、品牌传播、分层营销、终端服务的渠道建设和信息沟通要跟进，通过广告话语引导和话语建构深耕区域营销、差异化营销和精准营销，满足银发群体基本生活消费需求、个性消费需求和情感消费需求，实现营销能级的提升。例如，随着人们生活水平的提高，老年人的消费观念正在发生变化，不少70岁以下的老人时尚感增强，他们在服装上不仅注重舒适，还要考虑面料、做工款式、颜色等。作为一个特殊的社会群体，老年人特殊的生理、心理和行为特征，决定了其消费观念、消费习惯、消费偏好、消费能力、消费方式等方面的特殊性，由此形成了现实消费需求和潜在消费市场，这些都需要通过广告话语引领和话语建构来挖掘和激发。再次，加强对银发产业的规制和引导，避免银发消费走向误区。如有学者提出，银发经济的高端化现象令人担忧，资本力量不能为银发产业的盲目高端化推波助澜，在产业数量、资源占比上要有严格的控制。同时，银发产业的发展还需要把工作重心放到低收入老龄群体的养老建设上，加大财政支持力度，加强对社会资本的引导与调控，抓住现阶段养老建设的重心，着力解决最紧迫的问题。与此同时还要加大力度，对银发市场中不正常、不合理的现象进行整治和改进，这些问题，也同样需要通过广告话语引领和话语建构进行规避。如保健品市场中的鱼龙混杂现象、老年教育市场的缺失问题、养老产品智能化程度不高问题、养老产业发展的城乡不平衡问题等，这些问题的规避或解决，可以使银发产业沿着健康理性的道路前行，也可为超大城市社会治理能力的提升提供更多的实践借鉴。

（四）银发营销话语导向与城市美好生活建构

银发营销是超大城市建设过程中的系统工程，需要综合运用社会资源进行考量和运作。从社会文明进步、全球卓越城市建设的高度认知，银发营销是政府民心工程的重要组成部分，也是市场营销的主战场，还是社会公益组织重点关注的区域和领域。因此，银发广告营销创意空间是立体、多层次、多维度的创新思维空间，基于产业健康良性发展的广告话语引导和话语建构也就存在着更多的可能性。

第一，发挥政府银发营销广告话语建构和创意的引领功能。关爱老年群体，是中华民族的传统美德，也是历届政府的工作职责。通过发挥政府部门的管理功能、广告话语的引领功能和话语建构功能，制定符合中国国情的养老政策，大力建设养老工程的基础服务设施，倡导尊老、爱老、养老的良好社会风尚，规范社会机构养老的行为，推动养老工程稳定健康发展，将银发营销纳入政府制度建设和工作规划长效机制中，是保证银发营销健康和可持续发展、提升银发营销质量和能级的重要路径。从这个意义讲，政府广告话语引领和话语建构就能够充分利用制度优势、文化引领优势和长效规划机制，使政府银发广告营销创意的效能得到最大限度的发挥。

第二，优化银发营销广告话语传播的市场资源配置机制。银发广告营销是市场营销的重要类型和板块，遵循市场发展规律推动银发营销的升级换代，也是银发经济各行为主体坚守的基本原则。前文提到，银发经济的崛起，首先是银发消费群体快速增长的结果，涉及市场规模扩大、消费能力提升和消费欲望增强等关键要素，要素的变化导致消费群体结构的重组。各行为主体针对银发消费群体进行市场细分，探寻银发消费市场区域化、差异化的特征，研究银发消费群体特殊性、阶段性的消费心理需求，制定相应的营销策略，抓住这些关键要素，可以尽快找到银发营销广告话语引导和话语建构的切入口的优化路径。因此，基于银发消费群体科学有效的市场洞察的广告话语建构，是提升银发营销能级的前提和基础。例如，通过调研，可以发现老年食品类的天然食品、功能性食品、保健类食品、滋补营养品受到银发群体的欢迎；老年专用医疗器械、康复护理设备、治疗仪器等市场需求量较大；贵重中药材、药膳滋补品、老年性保健药品、老年常发病、多发病的预防、治疗药品、特殊医药用品等消费市场潜力较大。这些广告话语的传播和建构，对银发产品的生产、研发都具有较高的参考价值。其次，银发经济的发展，使资本市场对银发群体的关注度日益提高，"万亿"养老市场悄然开启，各路资本纷纷涌入，银发经济的市场分割加剧，银发经济产业链打造和银发营销产业平台建设成为资本市场进入银发经济领域的重点工作内容。分析银发产业产链条上的上游产业、终端产业和下游产业的市场容量和市场竞争力，关注银发营销新媒体平台、电商平台、购物平台和移动终端平台建设的机制和效能，通过广告话语引导和话语建构，找准营销发力点，用好和不断优化营销平台资源，是坚持市场的问题通过市场运行机制来解决，提升银发营销质量和能级的又一重要路径。

第三，重视社会公益项目的广告话语传播的营销创意示范作用。银发营销在中国特色的制度环境中是民心工程的重要组成部分，在银发营销广告策略实行的过程中，公益基金的设立、公益活动的展开、公益项目的实施、公共服务空间的建设都是广告话语引导和话语建构的重要内容，可以迅速拉近市场利益主体与银发消费群体的距离，在企业品牌形象塑造、企业理念诠释和企业服务落地等各个环节都能够发挥"润物无声"的传播效果。同样，在银发广告营销创意组合设计和选择上，公益主题、社会热点议题、民生关切和重大突发公共卫生事件中的社会关爱，都可为银发营销助力，使银发广告营销创意有更多的社会关注热度和更大的创意发想空间。

第四，通过广告话语建构，用好银发产业营销创意的政策和人口红利。根据研究机构的预测，到 2030 年我国的老年人口要达到 2.48 亿人，平均每年要增长 596 万人。到 2050 年老年人口将达到 4.37 亿人，平均每年要增长 620 万人，老年人口的比重将占到总人口的 31.2%。按照这些数据理解，未来几十年，银发产业会一直站在"朝阳产业"的风口。银发人群将成为中国最为庞大的消费群体。未来的市场在哪里？市场有多大？这是由人口、消费力和消费欲望共同决定的。面对具有较大市场规模、又有较强消费能力、还保持有通过消费实现美好生活愿景理想的银发消费群体，政府对银发产业的扶持政策会不断出台，人口规模效应也会保持在较高热度。也有越来越多的企业加入有待开发的银发市场。近年来，华映资本探索在传统银发服务上叠加互联网模式，互联网帮助完善用户画像，精准匹配内容，提供定制化服务，进而满足其确切需求。雀巢健康科学探索中国模式，帮助 2.5 亿老人解决营养问题，联合中国合作伙伴，探索中国模式，洞察中国市场老龄化人口需求，以国际经验与本土实情相结合服务中国消费者。[①] 通过广告话语引导和广告话语建构，强化各利益主体分享政策与人口的红利的可能性和实践路径，将对社会各利益主体在银发产业市场竞争中的利益选择产生重大影响。

[①] 丁佳雯. 重遇银发人群，助力银发产业：《中国老龄化社会的潜藏价值》报告解读 [J]. 中国广告，2022（9）：34-35.

第七章

广告话语传播与公益广告价值体现

本章提要：改革开放以来，我国公益广告经历了五个发展阶段，在不同的发展阶段，公益广告呈现出不同的公益主题和公益活动，展现不同的社会价值观念。公益广告与社会各阶层的价值观念碰撞过程中，突显了不同的社会功能，扮演了不同的话语传播和话语引领角色。1978—1985年公益广告是公益活动的动员者；1986—1995年在全社会提倡"致富光荣"的阶段，公益广告扮演道德建设的"轻骑兵"；1996—2000年在社会风气一度失衡状态下，公益广告成为道德新风尚的引领者；2001—2011年在工业化、城市化快速发展阶段，公益广告作为社会荣辱观教育的"践行者"；2012年至今在文化强国背景下，公益广告担当社会主义核心价值观的"培育者"。

一、思想解放阶段的公益广告话语动员

2016年，国家六部委联合发布的《公益广告促进和管理暂行办法》，是为了更好地在"五位一体"社会主义现代化建设中发挥公益广告的积极作用。"公益广告，是指传播社会主义核心价值观，倡导良好道德风尚，促进公民文明素质和社会文明程度提高，维护国家和社会公共利益的非营利性广告。"[①] 社会价

[①] 参见2016年1月15日国家工商行政管理总局等六部委联合发布的《公益广告促进和管理暂行办法》第二条中对公益广告概念的界定。

值观是社会经济体制、各种政治关系和文化结构的集中反映，体现在人们多种多样的行为方式和纷繁复杂的社会现象当中。"为了使主导价值观能为社会价值观所消化吸收，在公益广告的传播过程中，通过议程设置，努力实现民间与官方的双向互动，从而提高党的主导价值观对社会生活的调节力。"①

（一）公益广告话语传播的社会动员

改革开放政策的实施极大地推动了社会思想解放和社会主义文化事业发展。但国人在接受国外先进资本技术的同时，不免出现崇洋媚外的心理，将国外的精华与糟粕一并接收。一些腐朽的文化思想、价值观念严重损害了社会道德风尚。早在中华人民共和国成立之初，党中央就提出"提倡爱祖国、爱人民、爱劳动、爱科学、爱护公共财物为中华人民共和国全体国民的公德"②，这个公民道德要求对改革开放初期的国家建设十分重要，也为这一时期公民道德建设提供了范本。这个时期我国精神文明建设的目标是逐步恢复公民道德建设，并正式提出建设高度的社会主义精神文明的任务。在共建物质文明和精神文明的价值观引领下，20世纪80年代初期，"五讲四美三热爱"③、"全民文明礼貌月"等群众性公益活动在全国范围内开展起来，以改善中国城乡的社会道德风貌。这一时期，大量的以此为主题的公益广告宣传在全国范围内展开。此外，以巩固国家政权、倡导社会道德风尚进行的社会动员和规劝警示公益广告也开始大量出现，还涉及计划生育、交通安全、节约能源、预防火灾、爱党爱国等相关主题，公益广告的传播形式也多种多样。如街头招贴、广告牌、活动现场散发的宣传单等，也开始尝试运用广播、电视和报纸进行知识性和宣传性教育。如为宣传国家计划生育政策，广大农村墙体上常出现"只生一个好"的广告话语引导，"山区人民想致富，少生孩子多种树"等话语建构也较符合当时的广告语境；为激发人们劳动积极性和创造性，深圳蛇口工业区树立了"时间就是金钱，效率就是生命"的广告话

---

① 史娜.改革开放以来中国社会价值观的嬗变与建构［D］.沈阳：辽宁大学，2010.
② 中共中央文献研究室.建国以来重要文献选编：第1册［M］.北京：中央文献出版社，1992：11.
③ 1981年2月，由全国总工会、共青团中央等9个单位共同发出《关于开展文明礼貌活动的倡议》，开展"五讲四美"文明礼貌活动。1983年2月，党中央提出开展"全民文明礼貌月"活动，同时在"五讲四美"又增加了"三热爱"，成了"五讲四美三热爱"。五讲：讲文明、讲礼貌、讲卫生、讲秩序、讲道德；四美：心灵美、语言美、行为美、环境美；三热爱：热爱党、热爱人民、热爱社会主义。

语传播，影响了一代人的认知理念和工作态度。

（二）作为公益动员的广告话语

思想上的拨乱反正为广告业的复苏带来了生机，随着以《为广告正名》为代表的广告话语传播和讨论，借助广告促进商品销售、传播思想的观念逐渐被人们所接受。这一时期，具有公益理念的广告话语传播活动也日益丰富。1984年7月5日，《北京日报》《北京晚报》《经济日报》《工人日报》等报社和八达岭特区办事处联合举办"爱我中华，修我长城"广告宣传活动，因涉及爱国和修长城等广告话语主题，该活动受到各级领导、各界人士的积极支持和热烈响应，国家领导人邓小平、习仲勋等也纷纷为此次活动题词，国内外诸多媒体以活动口号、领导人题词、活动进展等为线索进行广泛报道，使活动影响力辐射到全世界。此次活动的广告话语建构层次丰富，传播影响力巨大，也取得较好的传播效果。1984年，中国野生动物保护组织在首都各大新闻单位和企业的支持下发动了一场抢救国宝大熊猫的社会募捐活动，公益广告话语建构的场景聚焦在北京首都，各大新闻媒体助力，也取得较为理想的预期效果。1981年中国女排首次夺得世界冠军后，全国范围内掀起了"学习女排精神"的公益宣传活动。广告话语传播呈现出立体式分布、爆发式增长的势头，伴随着中国女排夺取五连冠，女排精神通过广告话语的建构和传播深入人心，成为一个时代国民的精神寄托和精神高地。

二、"致富光荣"阶段的广告话语倡导

在改革开放初期，公益广告作为政府和社会民众沟通的一种新型信息传播形式，受到政府各级部门的支持和社会民众的欢迎。随着媒介技术的嬗变，这种沟通形式逐渐成熟，逐步由单向度传播向双向度传播转变、由固定化传播向多样化传播转变、由下达教化式传播转化为互动引导式传播，其广告话语建构和传播的方式更适应时代的发展和公益广告传播的语境。伴随着改革开放不断深入，我国社会主义建设逐步进入新的历史时期，政治、经济、文化等领域的改革深刻而有力，对社会价值观念的冲击也十分猛烈。而社会价值观与公益广告传播具有双向映射的关系，社会价值观念决定公益广

告主题、创意表现、文本风格等符号要素，同时，也规定着公益广告话语传播的主题和方向。

（一）实现共同富裕的广告话语建构

随着改革的不断深化，人们思想进一步得到解放，计划经济被市场经济所取代的趋势已不可逆转，中国当代社会宽松自由的经济环境和文化环境得以优化。以往的重义轻利、平均主义、吃大锅饭的传统观念在市场经济建设的过程中逐步被致富光荣、允许一部分人先富起来的新观念所取代。这些思想观念，成为这一时期广告话语建构和传播的重点内容。在社会关系认知上，人们面对个人与集体的利益，不再将两者简单地对立起来，而是开始关注个人对利益的追求。

20世纪80年代中后期至90年代初期，中国社会经济发展进入过热时期，个人主义泛滥、"全民经商"热潮的掀起、社会诚信缺失所导致的贪污腐败、瓜分国有资产现象时有发生。1986年，《中共中央关于社会主义精神文明建设指导方针的决议》正式提出"道德建设"的命题，指出社会主义道德建设要体现在社会生活的各个方面，要鼓励社会主义集体主义精神，要不断加强职业道德建设、纠正行业不正之风，大力发扬社会主义人道主义精神，尊重人，关心人，特别要注意保护特殊群体，提倡文明健康科学的生活方式，克服社会风俗习惯中存在的愚昧落后的东西。这一阶段社会价值观引领既注重个人价值的实现，又提倡以集体利益为重；既追求个性解放、自主自强，又强化效率与公平意识的建立；既重视社会经济发展，又要协调好精神文明建设的发展。中国社会转型时期，社会主义道德建设在个人和集体利益之间找到平衡点，广告话语的建构和传播也遵循这样的逻辑。特别是尊重人，关心人，保护特殊群体，提倡文明健康科学的生活方式，克服社会风俗习惯中存在的愚昧落后东西的提法，迎合了社会转型时期人们的心理需求，为公益广告话语建构和传播找到了契合社会文明发展语境的诉求点。

（二）公益广告话语引导的全民运动

从社会价值观念引领和道德建设的需求出发，我国公益广告活动逐步迈入了自觉发展的阶段，公益广告价值观引领和春风话语的传播功效，也逐渐引起媒体、企业、广告公司的关注，他们开始自觉响应政府号召，积极开展公益广告传播活动。从第一条具有现代意义的电视公益广告《节约用水》的播出，到第一个电视公益广告栏目《广而告之》的开播，再到全国各省、市电视台纷纷效仿开办公益广告节目，公益广告被更大范围和更大规模地引入大众视野，广受好评，逐渐成为人们喜闻乐见的社会道德风尚的传播载体。《广而告之》成为国家广告话语建构的主阵地，成为有关部门宣传国家大政方针、基本国策、法律法规和伦理道德的有效平台。[①]1987—1995年，《广而告之》栏目播出的公益广告主题，涉及道德行为规范的广告占较大比例。据统计，其中行为规范和道德规范分别占总播出量的59%和29%。[②]在电视公益广告的带动下，传统的平面媒介和户外媒介也不断丰富其传播公益广告的内容和形式。大众传播媒介的公益广告话语建构功能得到强化，现代意义的公益广告迅速得到普及，成为社会生活中一种新的文化景观。

这一时期，公益广告话语传播的形式也十分丰富，新闻报道式、故事小品式、批评曝光式、提醒规劝式、歌曲动画式的公益广告创作打开了公益广告话语建构的视野，丰富了广告话语传播的创新路径。为鼓励公益广告创作并提高创意水平，这一时期，在全国范围内开展了公益广告专项奖的评选、主题研讨会等活动。1989年，第四届全国电视广告"印象奖"评选中首次增设了"公共广告奖"。1994年、1995年分别在山东曲阜、安徽黄山召开全国首届、第二届"电视公益广告研讨会"，会议以媒体从业者分享公益广告的理论认识和创意实践过程中的心得为主。经过几年的摸索和努力，一些经典公益广告脱颖而出。例如，1989年我国"希望工程"公益海报——"我要上学"，让人们永远记住了那个渴望求学的"大眼睛"女孩。1993年北京地铁门张贴出一则以"回家"为主题的公益广告，真实质朴的画面、诗一般的广告话语打动了无数的市民，在当时引发了较强的舆论热潮。20世纪90年代初，中央电视台相继拍摄的《希望工程》《反腐倡廉》《勿忘历史》等公益广告，采用独特的诉求表现、生动的创作画面、恰当的语言和非语言符号，给受众带来强烈的情感震撼，深受观众的喜爱和好评。这一时期，公益广告话语建构的领域不断被拓宽，公益广告话语传播的话题更加多元。

---

① 黄艳秋，杨栋杰.中国当代商业广告史[M].开封：河南大学出版社，2006：229.
② 统计内容依据唐忠朴先生为1996年"全国公益广告题材规划会"发言时所做的调研进行归类整理而来。

三、社会风气失衡阶段的广告话语引领

公益广告是社会发展的一面镜子,无论是它的主题、传播内容,还是创意表现、传播模式,都能清晰地反映社会的文明程度、国家的发展状况、人们的价值观念、道德观念等。社会主义核心价值观,是在国家发展战略指导思想、社会道德、时代精神等方面的指引下,不断丰富和完善社会主义精神文明建设的内涵,从而在党和人民的心目中形成的共识。在社会经济发展和道德观念失衡阶段,社会主义核心价值观的重铸和新风尚的话语引领变得十分重要。社会主义核心价值观公益广告的强势传播,为社会风气失衡阶段的广告话语引领奠定了坚实基础。

(一)市场经济导向下的广告话语偏向

20世纪90年代中期,中国当代改革开放的路径有所变化,社会经济发展出现新的探索,其中一个重要现象是"社会资源扩散转变为社会资源重新积聚"[1],这种资源重新积聚的后果一方面是经济快速增长,社会财富逐渐聚集在特定社会阶层手中。另一方面是社会资源重新分配后,中国社会开始形成一个具有相当规模的社会弱势群体并随之出现了一些相关问题,如下岗工人群体的"下岗再就业"问题、农民工进城务工的社会认知和子女教育问题,这些弱势群体的经济收入状况和生存环境的变化,最终导致其与主流社会之间形成一道"断裂"的鸿沟,对他们关心、关爱和开展社会救助,也成为这一时期广告话语传播的重要议题,这是正向的广告话语传播。这一时期,由于社会资源配置的失衡,导致我国社会发展出现了诸多不和谐的现象,诸如城乡经济发展出现不平衡、贫富差距明显拉大,社会群体间社会资源不均衡分配导致社会矛盾激化。"金钱万能""一切向钱看"的拜金主义思想以前所未有的速度和规模迅速蔓延,逐步形成典型的"物质依赖"价值观念,在这样的社会大环境下,先富起来的一部分人开始出现不思进取、娱乐消遣的享乐生活观念,生活在社会底层的群体则因生活压力出现思想迷茫和

---

[1] 孙立平. 断裂:20世纪90年代以来的中国社会[M]. 北京:中国社会科学文献出版社,2003:61.

困惑,"在一定范围内、一定程度上表现出人们精神支柱的丧失、心理失落、道德失范,社会失序"①。与此相适应,一些广告话语的传播也出现价值观念的偏向,对物质生活的迷恋和追求、对金钱的崇拜在广告话语建构中也时常出现,一些有悖社会道德观念和精神价值的低俗广告也堂而皇之地出现在大众视野中,广告话语传播的偏向逐渐出现较大的负面影响。

(二)公益广告话语传播中的道德纠偏

市场经济的快速发展推进现代社会物质财富的快速积累,但同时也引发一些负面社会影响。针对市场经济发展中暴露出的伦理道德滑坡、价值观念迷失问题,政府部门开始采取措施进行道德纠偏。具体做法是出台政策加强社会主义精神文明建设,举办活动倡导正确的社会价值观念,积极提倡健康文明的生活方式,号召抵制腐朽落后的思想文化。公益广告作为社会主义精神文明建设的风向标,在坚持"以正确的舆论引导人"方面有得天独厚的优势②,在促进社会主流文化价值观念形成的过程中发挥着重要的作用。自1996年起,由政府主导的主题公益广告月活动在全国持续、规范化的展开,公益广告月活动的主题也不断升华。其中包括1996年以宣扬中华民族传统美德和优良品质为主要内容的"中华好风尚"主题活动,1997年以弘扬中华民族艰苦奋斗、励精图治、自强不息的民族精神为内容的"自强创辉煌"主题活动,1998年支持国有企业改革、鼓励下岗职工转变观念再谋出路的"下岗再就业"主题活动,2000年"树立新风尚,迈向新世纪"的主题活动。在这些活动中,广告话语建构的语境得到充分建构,广告话语传播在歌颂祖国繁荣、社会主义发展、改革开放取得巨大成果方面不断发力,取得较好的广告传播效果。这些实践活动在当时极大地激发了社会各界的参与热情,为社会主义文化建设营造了良好的舆论环境。公益广告作为树立社会主流价值观的重要手段的功能价值凸显,越来越受到政府、行业、社会组织的高度重视。1996年,中国广告协会在京会员联合发出的《广告业要为精神文明建设做贡献》的倡议书,国家工商行政管理局局长王众孚发表了《广告要符合精神文明要求》一文,强调广告界要发挥行业优势,应积极参与公益事业活动,为社会主义精

---

① 李安兰.社会主义市场经济与社会主义价值观[J].兰州大学学报,1999(2):9-14.
② 1994年1月24日在全国宣传思想工作会议上,江泽民提出宣传思想战线要"以科学的理论武装人,以正确的舆论引导人,以高尚的精神塑造人,以优秀的作品鼓舞人"。

神文明建设多做贡献，为广告话语的建构和传播提供了较为鲜活的内容范本。

党的十四届六中全会以后，随着全国性公益广告月活动的开展和社会各界参与热情的升温，公益广告创作数量达到历史高峰，广告创作水平显著提高，广告主题更加丰富、更加贴近社会热点。其涵盖了文明礼仪、保护生态环境、下岗再就业、倡导节约、反腐倡廉、保护妇女权益、远离毒品等众多方面。除了积极响应公益广告月主题活动以外，一些贴近社会热点话题、与当时社会主义精神文明建设工作重点、当地发展现状和行业特色相吻合的公益传播活动相继开展起来，不断地丰富这一阶段的公益广告话语传播的主题。例如，以先进个人典型为原型的"爱岗敬业"系列公益广告推出，1998年抗洪抢险过程中展现的"抗洪英雄群体"系列公益广告发布，群众性道德建设活动——如"春蕾计划""手拉手活动""五好文明家庭"评选等系列公益广告活动的全面展开，以"知识改变命运""下岗再就业"为主题的系列公益广告的创作，在广告话语建构和广告话语传播上，旗帜鲜明地进行了道德纠偏，传播了正能量，在广告话语引导和社会道德价值观念重铸上发挥了独特的功能。

四、城市化进程中的广告话语引导

2002年11月，党的十六大报告提出，20世纪头20年要集中力量，全面建设惠及十几亿人口的更高水平的小康社会，明确把"积极稳妥地推进城市化"作为全面实现小康社会的基本途径。20世纪初，随着改革开放的深入和市场经济的快速发展，城乡人口的迁移、城市空间的扩大以及城市生产、生活方式变革的步伐不断加速，我国逐步进入城市化快速发展阶段。城市化进程加快，一方面推进了城市文明的进步和发展，城市物质文明成果和精神文明成果更加丰富，城市让生活更美好的广告话语传播也较为客观、真实反映了城市文明发展带给城市居民的生活便利和美好心理体验。另一方面，城市化发展过程中，也会出现一些新的社会矛盾，如城市公共资源分配紧张、环境污染严重、社会分化加剧、贫富差距加大等。这些"城市病"的存在也会对人们的思想认知产生负面影响，拜金主义、享乐主义、极端个人主义思想观念的不断滋长，社会信任危机带来的社会失序，以权谋私、腐化堕落现象的存在，都为城市化发展时期广告话语的传播找到新的表达方式和表达主题。

（一）社会信任危机与广告话语重构

在中国城市化发展的进程中，为破除社会主义建设过程中的思想认知壁垒，提升人们道德意识，改善社会整体精神风貌，以适应市场经济发展过程中物质文明建设和精神文明建设齐头并进的现实需求，党中央提出"以德治国"的发展方略，并在 2001 年 9 月 20 日印发了《公民道德建设实施纲要》。在"以德治国"思想和《公民道德建设实施纲要》的指引下，社会主义道德建设倡导传统美德与时代精神并重的广告话语建构导向，先后提出了"社会主义荣辱观"和"社会主义核心价值体系"等广告话语传播的时代命题；在群众性道德建设话语实践方面，全国范围内开展了"创建文明小城镇""青年文明号信用建设示范活动""中国小公民道德建设计划""四进社区""三下乡"等系列活动，引导社会各界积极组织和开展"希望工程""送温暖""志愿者""幸福工程""扶残助残"等公益活动。活动期间，大众媒体以正面宣传、典型报道的方式，为公民道德建设广告话语社会实践活动营造良好的话语氛围，为广告话语传播提供更多的传播渠道，全方位和全视域重铸社会信任机制。

（二）公益广告话语倡导与社会道德重建

在社会主义精神文明建设过程中，人们越来越深刻地认识到大众媒体对公民道德建设的影响力和渗透力，公益广告的功能和作用也被更大限度地挖掘出来。

第一，党和政府更加重视公益广告的社会影响力，通过公益广告话语引导，加强公益广告活动的组织和管理工作。在政府部门的倡导和规划下，全国性、地方性或行业性的公益广告活动开始不断涌现，且沿着规范化路径有序展开。这一时期的公益广告活动，不仅有明确的主办单位、活动主题、相关文件的政策支持，而且有明确的活动细则和评比选优程序。例如，国家工商总局、中央文明办每两年定期举办全国优秀公益广告评选活动。2001 年多部委连同中央电视台共同举办了"全国思想道德公益广告大赛"，并于当年 11 月 1 日起在"新闻联播"前插播思想道德公益广告，在广告话语引导和广告话语传播上，精心打造有影响力的传播平台，发挥主流媒体的广告话语引导功能，并起到先声夺人的传播功效。

第二，新时期公益广告话语传播的领域进一步拓宽，在国家公共外交、国家形象建构、城市形象展示等重点领域开始发挥独特的影响力。2009年，在全球金融危机、中国制造业受到冲击的背景下，商务部牵头制作了中国第一部国家形象广告片，广告话语建构围绕"中国制造，世界合作"展开，并在西方主流媒体CNN播出；2011年初，由国务院新闻办筹拍的《中国国家形象片——人物篇》在美国纽约时报广场播放。这些广告片成为中国向世界展示文化软实力的名片，也创新了广告话语国际传播的新路径。这一阶段，以塑造国家形象、传播城市文化为主题的公益广告话语建构和传播屡见不鲜，仅2011年"长沙·国际广告节"上，参加"中国城市形象宣传片展播"活动的就有来自全国35个省、市的参赛作品。"中国城市形象宣传片展播"，是中国国家形象传播的重要组成部分，是城市化进程中中国城市群建设成果的集中展示，为城市让生活更美好的广告话语传播提供了丰富多彩的传播素材。

第三，公益广告话语建构和传播向商业领域拓展，公益广告话语传播成为企业履行社会责任的有效途径。中国加入WTO以后，企业面对全球化竞争压力，如何更好地展现社会责任意识成为其市场主要竞争力的组成部分。企业社会责任的广告话语建构和传播，也成为这一时期广告话语传播的重要主题。另外，这一时期，中国企业在新的市场竞争环境中，面对市场压力，在发展战略和传播策略上也容易走进误区，企业的问题广告、争议广告不断出现，也造成公众对企业商业广告普遍产生抵触心理。为修补因商业广告不当传播对企业形象造成的损害，一些企业也自觉地运用公益广告重建和消费者的信任关系。这一时期，众多企业意识到参与公益广告事业既可以彰显社会责任感、塑造企业形象，也可消解因公众对商业广告反感而丧失的传播力。以哈药集团六厂为例，"盖中盖"广告风波在提升哈药六厂知名度的同时严重损害了其在消费者心中的美誉度。为重新树立良好的企业形象，自2001年1月1日起，哈药六厂在央视和全国大多数省市电视台投放系列公益广告，这场声势浩大的公益广告活动引起社会关注。其中《爱心传递篇》成为公益广告话语传播的典范之作，成为尊老爱幼、孝敬父母主题广告的文化印记。除此之外，在"非典"疫情、汶川地震、北京奥运会期间涌现出众多参与公益广告事业的企业，诸如中国移动、中国电信、海尔集团、蒙牛集团、广药集团、李宁公司等，通过公益广告话语的建构和传播，彰显了中国企业在社会责任担当层面的眼界和视野。

第四，进入21世纪，公益广告在社会重大事件、突发事件的发生过程中积极发挥广告话语引导和正确价值观传达的社会功能。这一时期，针对突发事件或重大社会事件,主流媒体、中宣部、文明办协同相关主管部门开展主题鲜明的公益广告实践活动(如表 7-1)。较其他宣传手段而言,公益广告话语建构的主题更加鲜明,传播内容更加简洁明快,以感性诉求为主,在短时间内更易直击人心,鼓舞士气,发挥良好的广告话语传播效果。

表 7-1 公益广告参与重大事件话语引导

事件发生时间	事 件	公益广告主题/代表作品
2003 年 4 月	"非典"疫情爆发	"弘扬民族精神,共同抗击非典"主题
2008 年 5 月	5·12 汶川地震	"我们心连心、同呼吸、共命运,夺取抗震救灾的伟大胜利"主题,代表作品《到达篇》《悲情篇》《短信篇》《牵手篇》《凝聚篇》《敬礼篇》《积木篇》
2008 年 8 月	2008 年北京奥运会	"迎奥运讲文明树新风"主题,代表作品《婴儿篇》《鼓掌篇》《相信篇》《心愿篇》《曲艺篇》《福娃篇》《采访篇》《关注篇》
2009 年 3 月	甲型 H1N1 流感爆发	《寻人篇》和《洗手篇》
2009 年 10 月	新中国成立 60 周年	"迎国庆 讲文明 树新风"主题,代表作品《向国旗敬礼篇》《我爱你中国篇》

五、文化强国阶段的核心价值观广告话语培育

2011 年 10 月 15 日至 18 日,党的十七届六中全会在北京召开,会议审议通过了《中共中央关于深化文化体制改革 推动社会主义文化大发展大繁荣若干重大问题的决定》,提出坚持中国特色社会主义文化发展道路,努力建设社会主义文化强国战略任务。全会指出:"建设社会主义文化强国,就是要着力推动社会主义先进文化深入人心,推动社会主义精神文明和物质文明全面发展,不断开创全民族文化创造活力持续迸发、社会文化生活更加丰富多彩、人民基本文化权益得到更好保障。"文化强国战略的提出,为中国社会转型时期的精神文明建设和物质文明建设指明了方向,也为公益广告的话语建构传播提供了指导思想。公益广告作为精神文明建设的重要载体,忠实记录并反映着不同发展阶段社会价值观念演变的历程,在社会主义核心价

值观的广告话语建构和传播过程中,发挥着重要的话语导向功能。在文化强国建设新的文化语境中,公益广告的话语导向功能得到进一步强化,公益广告对文化强国话语主题的聚焦、对文化强国话语理念的诠释、对文化强国话语传播方式的创新都进入一个新的高度。

(一) 文化强国战略广告话语的建构

党的十七届六中全会明确提出了"文化强国"战略,通过文化强国战略塑造国家品格、民族精神和时代新风,成为社会转型时期的社会主义精神文明建设和物质文明建设的一项重要任务,公益广告话语建构和传播是实现这一任务的重要路径。这一时期,公益广告话语传播必须面对以下几个问题。

第一,面对经济增长所带来的社会矛盾、发展困境,例如贫富差距加大、环境污染、资源短缺等问题,公益广告如何发挥正向的话语引领功能,引导社会民众正视这些问题,呼吁全社会关心这些问题,并客观反映政府、企业、社会民众对这些问题看法。

第二,面对全球化背景下各种思想文化交织碰撞、社会思想空前活跃、利益博弈更加激烈的状况,公益广告如何在政策引导下,抓住社会发展过程中政府关注的重点领域和社会民众关注的重点问题,诠释好文化强国的价值内涵,以法律、法规和相关文件的形式限定、规划好公益广告传播内容,牢牢把握好社会主义核心价值观的话语引领(见表 7-2)。

表 7-2 公益广告参与重大事件话语引导

发文时间	发布机构	名称	涉及公益广告的内容概述
2012 年	国家工商行政管理总局	《广告产业发展"十二五"规划》	明确提出发展公益广告事业,提高公益广告的社会影响力,健全公益广告发展机制,完善公益广告扶持政策,鼓励开展公益广告学术研讨和作品评优工作
2015 年	第十二届全国人民代表大会常务委员会第十四次会议修订	《中华人民共和国广告法》	第七十四条明确提出,国家鼓励、支持开展公益广告宣传活动,传播社会主义核心价值观,倡导文明风尚。大众传播媒介有义务发布公益广告。广播电台、电视台、报刊出版单位应当按照规定的版面、时段、时长发布公益广告

续　表

发文时间	发布机构	名　称	涉及公益广告的内容概述
2016年	国家工商行政管理总局、工信部等6部门	《公益广告促进和管理暂行办法》	《暂行办法》共十六条，明确了公益广告的概念，相关部门在促进和管理公益广告工作中的职能，制定了公益广告的发布内容准则，规定了广告活动主体发布公益广告的义务
2016年	国家工商总局	《广告产业发展"十三五"规划》	完善公益广告的发展体系，鼓励、支持开展公益广告宣传活动，建立完善公益广告可持续发展机制，出台促进公益广告发展的相关措施，依法促进和规范公益广告发展
2016年	国家工商总局	《互联网广告管理暂行办法》	国家鼓励、支持开展互联网公益广告宣传活动，传播社会主义核心价值观和中华优秀传统文化，倡导文明风尚
2020年	中国广告协会	《网络直播营销活动行为规范》	第四十二条　鼓励网络营销活动主体响应国家脱贫攻坚、乡村振兴等号召，积极开展公益直播。公益直播应当依法保证商品和服务质量，保障消费者的合法权益。公益直播应当遵纪守法，不得损害国家机关及其工作人员的名誉和形象
2021年	第十三届全国人民代表大会第二十八次会议修订	《中华人民共和国广告法》	第三十九条　不得在中小学校、幼儿园内开展广告活动，不得利用中小学生和幼儿的教材、教辅材料、练习册、文具、教具、校服、校车等发布或者变相发布广告，但公益广告除外。 第七十三条　国家鼓励、支持开展公益广告宣传活动，传播社会主义核心价值观，倡导文明风尚。 大众传播媒介有义务发布公益广告。广播电台、电视台、报刊出版单位应当按照规定的版面、时段、时长发布公益广告。公益广告的管理办法，由国务院市场监督管理部门会同有关部门制定

续　表

发文时间	发布机构	名　称	涉及公益广告的内容概述
2022年	国家市场监督管理总局	《"十四五"广告产业发展规划》	大力发展公益广告，进一步完善公益广告可持续发展机制，传播社会先进文化，倡导良好道德风尚，促进公民文明素质和社会文明程度提高，维护国家和社会利益。鼓励、支持、引导社会各界以提供资金、技术、劳动力、智力成果、媒介资源等方式积极参与公益广告的设计、制作和发布。鼓励开展公益广告学术讨论和发展研究，鼓励具备条件的地方建设公益广告创新研究基地，鼓励规范开展全国性、区域性公益广告赛事 专栏一：公益广告振兴行动 修订完善《公益广告促进和管理暂行办法》，进一步拓宽公益广告资金渠道，鼓励政府购买公益广告服务，加强公益广告作品知识产权保护。建立面向社会的综合性公益广告服务平台，实现作品征集、展示、分享、管理、评价一体化，促进公益广告作品资源和数据互通共享、监督管理高效便捷。建设10—20个国家级公益广告创新研究基地。实施"数字化＋公益广告"行动，充分发挥数字思维和利用数字技术手段，创新公益广告产品和服务，引导支持建设数字公益广告研究创作基地。实施"中华优秀文化＋公益广告"行动，推动公益广告提升中华优秀文化内涵，推动文化传承，弘扬中华传统美德

第三，面对西方国家不断地倾销西方思想文化、渗透西方意识形态、在思想文化领域对中华文化围追堵截和排挤打压的现实，公益广告如何建构中华文化国际话语传播体系，通过公益广告话语传播消除障碍，打通交流渠道，在中华文化价值理念上达成国际共识，也是一项艰巨的任务。因此，这一时期，我国政府通过文化强国战略的实施，"在全党全社会形成统一指导

思想、共同理想信念、强大精神力量、基本道德规范"①。通过公益活动的全面展开和公益广告话语传播,增强中华民族凝聚力和国家软实力,用社会主义核心价值观思想体系引领社会思潮。同时,围绕文化强国主题,在广告话语建构和广告话语引领层面,最大限度的发挥公益广告说服人、教育人、感染人的独特功能。

(二)作为国家战略的公益广告话语

2004年3月29日,国家统计局在与有关部门共同研究后,制定了《文化及相关产业分类》,文化产业被分为核心层、外围层、相关层,具体分为9大类、24中类、80小类,以规范文化及相关产业的口径、范围。广告业被纳入文化产业外围层,设置在"其他文化类"条目中,正式成为文化产业的组成部分。广告的文化产业属性,决定着其"是传播先进文化、弘扬时代主旋律、促进社会主义核心价值体系建设、提升国民道德水平的重要载体,也是宣传各项方针政策、创新社会管理的重要途径"②。2009年7月22日,我国第一部文化产业专项规划,即《文化产业振兴规划》由国务院常务会议审议通过,标志着文化产业已上升为国家战略,广告作为文化产业的重要组成部分,也开始在国家文化产业战略领域发挥话语的引领和建构作用。在新的传播环境下,公益广告话语传播站在文化产业战略引领的高度,以相关政策为依据,以人民群众喜闻乐见的话语议题为导引,旗帜鲜明地传播中华文明,弘扬社会主义核心价值观,肩负起"以正确的舆论引导人,以高尚的精神塑造人"的社会责任与使命③,在公益广告话语建构和传播上,开辟了新的视野和路径。

首先,公益广告发展步入法制化轨道,广告话语的建构和传播更加有序和规范。2012年5月,国家工商行政管理总局印发《广告产业发展"十二五"规划》,明确提出发展公益广告事业,提高公益广告的社会影响力,健全公益广告发展机制,完善公益广告扶持政策。自此,推进公益广告的发展成为中国广告产业建设中必不可少的重要部分,中国公益广告事业具有了更加坚实的政策保障和产业后盾,公益广告话语传播在法制化轨道里的运营更加顺畅。

---

① 中共中央文献研究室.十七大以来重要文献选编(下)[M].北京:中央文献出版社,2013:564.
② 国家工商行政管理总局《广告产业发展"十二五"规划》,2012年5月29日颁布。
③ 丁俊杰.公益广告"微时代"社会沟通的大手段[J].求是,2013(11):38.

其次，公益广告传播是国家战略层面的顶层设计，肩负培育社会主义核心价值观的责任和使命，公益广告话语传播的重点任务更加突出。2012年党的十八大报告中正式提出"社会主义核心价值观"的概念，并要求从国家、社会和个人三个层面积极培育社会主义核心价值观。中宣部、中央文明办协同相关部门和主要媒体围绕积极培育社会主义核心价值观、社会道德行为规范、生态文明建设和与人民群众生活关联度高的交通安全、食品卫生、健康知识等内容开展"讲文明，树新风"主题公益广告活动。从传播方式看，全国大街小巷的墙体、各种媒体和城市公共空间，都成为传播社会核心价值观的载体，网络空间也成为社会主义核心价值观传播的重点领域。全国网络公益广告制作中心以"中国精神、中国形象、中国文化、中国表达"为创作主旨，以"中国梦·我的梦"为诉求点，以中国各地民间艺术为素材，精心创作了平面、手机、展板、围挡、LED、遵德守礼引导牌等公益广告作品，受到社会民众欢迎。这些公益广告作品无论是从创意表现还是主题呈现来看，无不为弘扬中华优秀的传统文化、涵养高度的文化自觉和文化自信、提升国家文化软实力鼓与呼。这一时期公益广告话语的建构和传播，以社会主义核心价值观为传播内容，以中华优秀传统文化中的民间艺术为创意表现形式，呈现出鲜明的时代特色。

再次，新媒体环境下的公益传播。传播技术的进步为公益广告的发展带来了新的契机，以网络、手机、微博、微信等为代表的新媒体成为这一时期公益广告传播的新生力量，公益广告话语传播的形式和路径进一步丰富和完善。这一时期，网络媒体开始利用自身的传播优势发布公益广告、举办公益活动。平台具备传播的即时性、互动性、多样性和生活化，公益广告的创意空间和传播范围被无限扩大。在网络空间力，公益广告获得了更为广泛的关注，公益广告话语建构和传播的即时性、互动性和有效性进一步得到拓展。

六、公益广告话语传播与城市治理

中国式现代化发展的一个重要成果，是城市经济的发展和城市化进程的加快。在城市发展的历史进程中，公益广告在推动城市文化发展、城市文明进步等方面发挥重要作用，特别是在诠释"城市让生活更美好"的城市发展理念方面，发挥着广告话语建构和引领的独特功能。

改革开放 40 多年来，公益广告发展围绕城市发展的中心工作，开展了一系列有组织、有目标的活动，取得了令人瞩目的突出成就，并呈现出管理体制顺畅、运行机制灵活、社会效应突出的特点，逐步形成了政府主导、全民参与的良性传播范式，在当代中国社会经济发展、文化传播、话语引领等层面发挥了巨大作用。具体而言，公益广告话语传播在管理上形成了以宣传部牵头、相关政府部门参与的协同治理体制；运作上已经形成政府、媒体、企业等社会主体广泛参与的合作机制；功能上聚焦于传播社会主义核心价值观、强化当代城市精神，发挥了不可替代的"软文化"作用。公益广告的"软文化"功能在超大城市社会治理中的独特效用日益显现，在全国起到很好的示范作用。在全国建设"卓越的全球城市"的新语境下，以北京、上海为代表的超大城市的社会治理形势变得越来越紧迫。如何进一步强化公益广告的"软文化"功能，自觉地把公益广告建设当作超大城市社会治理的工具和手段、构建公益广告传播的立体工程成为新的话语议题。

（一）公益广告话语传播与公众信任

关注大城市与超大城市社会治理的关键问题，是新媒体环境中城市社会治理广告话语建构面临的新问题。城市社会治理问题的凸显，是城市经济社会发展一定阶段负向反馈所倒逼的必然结果。以上海为例，上海作为全国经济、文化中心城市，具有巨大的人口"虹吸效应"，人口的富集为上海城市发展提供了优质智力资源和人力资源的同时，由于社会分工的精细化和城市人口的高流动性，使上海进入了一个较为明显的规模化的"陌生化"社会；城市凝聚力弱化、认同感降低，城市社会成为浅社交型社会，导致社会治理难度加大。正因为上海样本的特殊性，上海在探索公益广告参与超大城市社会治理创新路径、总结超大城市社会治理经验规律、形成示范效应方面做了很多有益尝试。例如，上海"公益之都"的广告话语建构是上海超大城市社会治理的一张名片。公益活动的开展、公益项目的实施、公益理念的传播在组织、形式、内容各个层面都围绕"公益之都"的话语议题展开，都有非常成功的做法，在增加城市凝聚力和社会共识方面都发挥了巨大作用。公益广告话语在传播社会主义核心价值观的立体工程建设方面投入力度大、传播效果好，在超大城市社会治理中的话语引领效应突出，功能效果明显。

但从公益广告话语传播实践来看，公益广告参与超大城市社会治理的理念、方法和效果都仍有较大的提升空间，主要表现为管理部门和城市民众对公益广告的"软文化"功能的认知仍需提高，公益广告话语生产在超大城市社会治理中的多维系统没有构建起来，其综合效应也难以真正发挥出来；公益广告话语传播在超大城市陌生人群的社会信任、社会认同、社会热点问题的回应等方面反应不快、办法不多、力度不够。这些存在的问题都对公益广告通过话语建构和传播参与超大城市社会治理提出新的要求。

1. 公益广告传播与城市陌生群体信任危机消除

社会陌生化是城市化过程中不可避免的负面后果，但是这并不意味着国家对于陌生化社会的来临视为理所当然、听之任之。恰恰相反，在城市发展的历史进程中，政府部门往往把城市作为社会肌体的组成部分来看待，对城市化发展中存在的问题及时给予关注，并推动相关问题的合理解决，其基本思路是对陌生化社会进行"纠偏"，不断夯实社会信任的基础。公益广告话语传播在城市社会治理中有两个层面的工作可做。一是站在时代和社会发展的高度，对超大城市发展过程中社会陌生群体的社会信任问题进行系统地梳理和摸排，针对城市陌生群体中信任交往存在的突出问题进行分析，从中提炼出公益广告传播的主题，并通过恰当的广告创意，话语建构强化城市陌生群体社会信任的认知问题。二是建立公益广告传播的社会联动机制，把对陌生化社会"纠偏"的理念贯穿在公益广告创作理念中，强化公益广告对陌生化社会"纠偏"的话语引导，并有效推动社会快速反应和应对机制。

2. 公益广告传播与社会陌生群体的社会认同

城市化的一个显性特征是流动人群在城市聚集，造成了新城市人的身份归属与身份认同的困惑。如何创新公益广告运行方式，通过广告话语建构和引导将陌生人群的注意力和参与性聚焦到对城市精神的深刻理解上来，从而建构起共同的认知和情感。社会陌生群体的社会认同首先是自我身份的认同，其次是对社会价值和城市精神的认同。公益广告话语传播如何对城市的陌生人群进行定位，对他们的生活状况和诉求进行深度关注，对其作为城市建设者的地位给予充分肯定，这是做好公益广告参与社会治理工作的第一步；公益广告对城市精神的诠释和解读也应注意到新城市移民心理需求及文化认知水平，在个人或群体身份认同与社会价值、城市精神认同之间找到话语建构的契合点、关联处；在广告话语的创意表达中，多注意新时代新城市人典型人物和典型事例的传播，通过系列新城市人形象的塑造，消除陌生感，增加亲和力；采用多层次、多路径的广告话语传播，实现城市精神的有效传播和城市精神的价值认同。

3. 公益广告传播与城市治理热点话题建构

社会热点与难点问题往往会影响到公众的主观感受，而政府部门、官方媒体不同的回应方式有时并不能够达到预期的传播效果。公益广告在话语建构和传播上则有潜移默化式、春风化雨的特点，往往能够用良好的创意表现将复杂问题进行分解，针对城市人群最关心的问题分主题解读，旗帜鲜明地进行话语建构和话语引领，巧妙地将相关信息转化为社会公众容易理解和愿意接受的知识信息，从而使社会公众在广告话语建构的语境中认知和理解相关问题，在消除民众负面情绪带来的影响的同时，产生新的向心力，进而在陌生的社会群体中逐渐构建起新的社会信任空间。公益广告话语传播要聚焦社会民众关心的热点、难点与焦点问题，找到政府关切、社会关切和城市民众的关切点和契合点，并通过不断创新公益广告话语传播形式对这些热点、难点和焦点问题进行解读，在城市治理中发挥公益广告话语传播的特殊功能和价值。

（二）公益广告话语传播与城市品牌建设

城市品牌是指城市在长期发展过程中形成的城市标识符号、城市精神理念、城市历史文化沉淀、城市产业竞争力的综合表现，也是城市塑造自身形象的过程传递给社会大众的核心概念。城市品牌建设是一个系统工程，既需要城市在发展过程中物质财富和精神财富的双向聚集，同时也需要城市管理者、建设者和城市民众共同提炼城市品牌符号、诠释城市品牌精神、传承城市历史文化精髓，提升城市品格和竞争力。在这样一个过程中，公益广告话语传播具有明显的优势。首先，公益广告话语传播在城市"软文化"理念诠释方面有较多的契合度。如上海在"卓越的全球城市"建设过程中，采用各种形式的公益广告，传播上海"海纳百川、大气谦和、开明睿智、追求卓越"的城市精神，使上海开明、开放的城市品牌形象很好地呈现在公众面前，也使上海"海纳百川"的海派文化历史传承给受众留下深刻印象。其次，公益广告话语传播在城市品牌建设中能够聚焦关键问题。如上海通过公益广告的话语建构，把"四大品牌"建设的内容和目标向公众传递，强化和诠释"上海服务""上海制造""上海购物""上海文化"四大品牌的核心价值和服务国家战略意义，取得良好的传播效果。再次，公益广告话语传播可多视角、多维度阐释城市品牌的实践意义。如公益广告话语传播在城市公共服务建设方面可立体塑造城市品牌形象，可以从价值理念、有效贡献、法治化与网络化思维四个层面综合考量公益广告话语传播的主要内容和关键元素，进而为城市的品牌建设创造更多的话语引领空间。

1.提升公益广告话语传播在城市品牌建设中的特殊意义

2016年2月19日，习近平总书记在新华社调研时指出，"新闻舆论工作各个方面、各个环节等要坚持正确舆论导向"，作为新闻工作的重要环节之一的"广告宣传也要讲导向"。这一论断从根本上强调了广告导向功能价值，把广告引导纳入意识形态范畴。这需要政府管理部门、媒体与企业等不同行为主体站在城市发展与社会进步的高度，重新审视公益广告话语传播在城市品牌建设中的特殊意义。首先，将公益广告话语建构作为维持社会主流意识形态的重要手段来看待。通过凝练好公益广告话语传播的主题、策划好公益广告话语传播路径和方法，组织协调好公益广告话语传播主体的责任和义务，提升公益广告话语传播在城市品牌建设中的站位意识和导向意识，使公益广告话语建构和传播成为城市品牌建设的定位仪和风向标。其次，加大公益广告话语传播社会主义核心价值观的力度。2012年11月8日，中国共产党第十八次全国代表大会报告中提出了"三个倡导"为主要内容的社会主义核心价值观，即"倡导富强、民主、文明、和谐，倡导自由、平等、公正、法治，倡导爱国、敬业、诚信、友善，积极培育和践行社会主义核心价值观"，"三个倡导"建构了社会主义核心价值观的主要内容。在社会主义核心价值观基本内容中，"富强、民主、文明、和谐"是国家层面的价值目标，"自由、平等、公正、法治"是社会层面的价值取向，"爱国、敬业、诚信、友善"是公民个人层面的价值准则。社会主义核心价值观三个层面的内容设计，充分反映出具有中国特色、民族特性、时代特征的社会主义核心价值体系，是城市发展的精神动力，也是城市品牌建设的力量源泉。加大公益广告传播社会主义核心价值观的力度，可以保证城市品牌建设在不同层面均有可参照的价值体系和标准。再次，通过公益广告话语建构掌握价值观念领域的主动权、主导权、话语权。在公益广告话语传播过程中，积极培育和践行社会主义核心价值观，与中国特色社会主义发展要求相契合，与中华优秀传统文化和人类文明优秀成果相承接，与中国式现代化发展特色相呼应，符合城市品牌建设顶层设计和发展预期，也符合推进城市治理体系和治理能力现代化要求。

2. 公益广告服务与"卓越的全球城市"建设

"卓越的全球城市"是指能够在全球范围内进行资源配置的城市，具有较大的人口规模、较强的经济贡献率、文化创新力和凝聚力、全球影响力和竞争力。从品牌建设的角度考量，"卓越的全球城市"应具有较好的美誉度和知名度，在全球范围内有较好的口碑。在"卓越的全球城市"建设过程中，公益广告所倡导的价值理念是衡量一个城市品质的重要指标。如2017年12月15日，《上海市城市总体规划（2017—2035年）》（简称"上海2035"）获得国务院批复原则同意。"上海2035"明确了上海从2017至2035年并远景展望至2050年的总体目标、发展模式、空间格局、发展任务和主要举措，为上海未来发展描绘了美好蓝图。并通过公益广告话语建构，强调以习近平新时代中国特色社会主义思想为指导，全面落实创新、协调、绿色、开放、共享的发展理念，明确了"卓越全球城市"建设的路径和方向，使城市居民对2035年基本建成卓越的全球城市的发展目标充满期待。在公益广告话语传播中，重点突出要把上海打造成令人向往的创新之城、人文之城、生态之城，建设具有世界影响力的社会主义现代化国际大都市，观点鲜明，口号响亮，取得良好的传播效果。

（三）公益广告话语传播与公益广告立法

城市社会治理创新的核心在于城市社会治理的法治化，即通过法律法规来规范和协调社会主体的行为，避免社会治理的人治化以及由此所连带的各种负面风险。公益广告参与城市社会治理的一个重要路径，就是积极推动公益广告的立法，使公益广告话语传播在更加科学、更加有序、更加规范的道路上前行。

1. 公益广告法制建设的话语引领

2015年9月1日新修订的《中华人民共和国广告法》，增加了有关公益广告的内容，在法制层面为公益广告话语传播提供了保障。《中华人民共和国广告法》第六章附则、第七十四条规定："国家鼓励、支持开展公益广告宣传活动，传播社会主义核心价值观，倡导文明风尚。"并明确要求："大众传播媒介有义务发布公益广告。广播电台、电视台、报刊出版单位应当按照规定的版面、时段、时长发布公益广告。公益广告的管理办法，由国务院市场监督管理部门会同有关部门制定。"这些规定，为广告话语的主题建构和广告话语传播的方式和路径都指明了方向。2016年1月15日，由国家工商行政管理总局、国家网信办、工信部等部门联合发布了《公益广告促进和管理暂行办法》，对公益广告的概念、运行机制、内容要求、媒体责任等情况进行了规定，进一步丰富了公益广告创新发展和科学管理的内容。《公益广告促进和管理暂行办法》明确指出："工商行政管理、住房城乡建设等部门鼓励、支持有关单位和个人在商品包装或者装潢、企业名称、商标标识、建筑设计、家具设计、服装设计等日常生活事物中，合理融入社会主流价值，传播中华文化，弘扬中国精神。"在法制层面对公益广告话语建构和传播提出了新的要求。由于各省市区的经济社会发展状况的不平衡，各省市也结合各自实际情况对公益广告的管理办法进行了细化。广东省在2016年出台《广东省公益广告促进和管理暂行办法》，深圳市于2018年底发布了《深圳市公益广告促进和管理办法（征求意见稿）》。上海早在2015年已经开展了公益广告立法的调研和论证工作。2022年8月至10月，上海市市场监督管理局组织高校、业界专家开展了《促进上海市公益广告发展》课题研究，课题组完成《公众对公益广告评价及运行机制和管理体制意见调研报告》，提交《上海市公益广告促进和管理暂行办法》（征求意见稿），探索上海公益广告长效管理机制，完善公益广告管理制度，立足市场监管部门公益广告管理职能，加强公益广告工作规划建设，力图推动上海公益广告高质量发展，在公益广告法制建设话语建构和话语传播方面做了有益的尝试和探索。

2. 公益广告话语传播机制运行通畅的保障

通过公益广告法制建设，来有效保障公益广告话语传播运作机制的通畅，需要各级管理部门的组织协调和各运行主体责任和义务的落实，具体落实到公益广告话语传播的社会实践中，需要解决好以下几个方面的问题。首先，资金来源问题。公益广告本身不是免费慈善事业，需要一定的资金来保证其正常运转。通过公益广告立法形式来保障有充足的资金投入公益广告事业中来，从而确保公益广告内容生产的质量和创意表达的效果。其次，通过立法可以形成更加高效的公益广告管理机制，包括公益广告的主题选定、公益广告作品征集、公益广告投放流程的规范制定等。再次，公益广告话语传播，可以借鉴商业化运行思路进行，尤其在公益广告话语传播的渠道建设上，可以突破固有思维模式不断进行改革和创新。如在公益广告作品征集方面，可以按照广告招标的方式来实施，强化媒体和企业创作和发布公益广告的责任意识，从而确保公益广告话语传播的质量和效果。

3. 强化企业在公益广告话语传播中的地位

企业是商业广告的传播主体，企业利用商业广告在传播品牌信息的同时，也要坚持对社会价值观念的引导。2015年9月实施的《中华人民共和国广告法》明确规定："广告应当真实、合法，以健康的表现形式表达广告内容，符合社会主义精神文明建设和弘扬中华民族优秀传统文化的要求。"[①]对商业广告的话语传播也提出了具体的要求。由于商业广告具有明显的逐利性，广告所传播的价值观一般与消费文化相适应，而消费文化虽然本质上是一种逐利文化，但也是建立在社会生产力和人类文明进步基础上的文化类型。在社会生活中，一切可以获利的消费观念都有可能被消费文化所征用，但不同文化观念在商业广告传播中也是对社会集体价值与公共价值观念的贡献。从这个意义上思考，科学、合理的消费主张也为广告话语传播提供了更多的话语语境。在广告话语传播的社会实践中，如能把商业广告的观念倡导与公益广告的价值引领有机结合起来，把企业参与公益广告活动的积极性充分调动起来，通过公益广告立法和相关法制建设，强化企业在公益广告传播中的主体地位，使企业更加自觉和主动扛起社会责任的旗帜，公益广告话语传播的路径就会更加宽广。

（四）互联网时代公益广告话语的建构

数字技术的广泛运用正在掀起新一轮产业革命，产业创新与迭代势必会对社会政治、经济、文化领域进行颠覆性重构，从而产生适应新技术与新产业革命的思维与知识。广告思维方式的变革，广告运作流程的重构，广告多角关系的重新组合，都与互联网技术逻辑的引领直接关联。互联网时代的公益广告运作如何创新，如何实现话语建构和话语引领的创新目标，又成为人们普遍关心的重要议题。

---

① 《中华人民共和国广告法》（2015），第一章总则，第三条。

1. 强化公益广告公众参与性

社会治理与互联网技术运用在本质上来讲具有某种同构性，即它都倾向于自下而上的参与。而传统媒体时代的公益广告大多是先设定主题再进行传播，公益广告活动的发起主体也多是政府管理部门，这就导致从公益广告活动的起点开始，社会公众就处于被动参与状态。新媒体环境下，平台的开放性和社群的活跃度，都为公众参与公益广告活动提供了便利条件，但如何通过互联网的社交属性为公益广告话语传播赋能，又是一个全新的课题。首先，增强公益广告活动互联网平台的号召力和动员力。通过互联网平台的互动性和社群传播的黏性，使更多的社会公众自觉、自愿地加入公益广告线上和线下的联动活动。其次，树立公众在公益广告传播中的主体意识。使公众通过互联网平台的共享空间，真正成为公益广告的内容创造者、活动策划者和话语建构者，成为互联网环境下公益广告创新发展中最活跃的推动力量。再次，鼓励公众全程参与公益广告活动和项目。用好互联网平台的资源整合优势和话语导向优势，激发公众全程参与公益广告活动的积极性和主动性，帮助公众从公益广告项目的筛选、公益广告活动策划到公益广告活动的实施等全过程都保持着实时参与状态，使公众成为公益广告话语建构和广告话语传播的有生力量。

2. 构建公益广告话语传播平台

传统思维模式下，公益广告运作较为依赖报纸、杂志、广播、电视等传统媒体平台，但这种传统路径依赖会无法吸引足够数量的目标群体而导致传播的失效。应该探索如何利用阿里巴巴、腾讯、百度、微博等互联网独角兽企业发挥独特的公益价值作用，依托其强大的用户基数与技术优势开发公益传播应用，开发网络辟谣、网络寻找、网络救助等新型网络公益应用。对于上海而言，更应该依托其强大的融合媒体优势，充分利用澎湃、上海观察、界面等网络媒体形式，充分利用问吧、公益栏目等形式发挥新型网络主流媒体价值。

3. 发挥人工智能广告话语传播优势

充分发挥人工智能的舆情监控优势，聚焦社会舆情，为公益广告寻找靶向锚点。通过早期的主题发掘、有效的创意思路回应现实社会关切，从而及时化解舆情事件，变被动为主动。在社会从整体走向分裂的现代性的过程中，一切道路都是单行道，但社会变迁的单行道并不意味着人的随波逐流。

此时此景应该更加及时认清公益广告在上海超大城市中的治理价值，通过其独特的舆论引导功能为上海实现"卓越的全球城市"凝聚世道人心、弘扬主流文化、弥合社群分野、实现价值认同。认同上述理念后，应该想方设法通过公益广告加大工作力度来促进社会治理难题的解决，尤其要关注通过聚焦社会治理中的痛点与难点来取信于社会大众，从而重新强化社会信任与社会认同。公益广告的发展更应关注长效机制与技术逻辑所导致的运作模式变迁。长效机制不能依赖于人治，而要采用法治化思路，也就是说上海要迅速推进公益广告立法，以法律条文来奠定公益广告的管理机制优化与运作机制的效果强化。而技术逻辑则是因时而动，将技术逻辑与治理逻辑结合，调动人的参与积极性，同时发挥数字化条件下的媒介融合优势与人工智能优势，重构数字化时代的公益广告运作新思路、新模式。

就当代公益广告发展史而言，早期公益广告侧重对人们的行为规范、社会公德的匡正，而随着社会的发展和人类文明程度的提高，公益广告越来越关注社会价值观念的引领，注重培育良好的社会道德风尚和价值观念。不同的历史时期，公益广告呈现的主题和话语不同，预期的传播效果也有所区别。早期公益广告的效果主要是对受众行为或日常想法的即刻改变，而现代公益广告追求的是潜移默化的长远的社会影响力。现如今，公益广告对人们的社会价值观的影响，正朝着"文化浸润"的效果努力，可以说它在共同信念、价值观念以及意识形态的培养涵化上扮演着极其重要的角色。特别是在全球化、信息化、数字化的今天，媒介和传播环境发生翻天覆地的变化，公益广告更是成为数字传播时代社会沟通的重要手段，成为众声喧哗舆论场中的主旋律，成为助推文化强国、实现伟大复兴"中国梦"的有生力量。

第八章

广告话语传播与品牌形象塑造

本章提要：广告传播的一个重要目标就是为品牌成长赋能。在企业的广告运营过程中，广告传播的指向也是不断积累企业的品牌资产，为塑造企业的品牌形象提供有效服务。广告传播主体通过广告话语建构和有效信息传递，在消费者和企业之间建立起相互信任关系，借助独特的广告创意和企业文化引导占据消费者的"心智"，使消费者长期保持对企业品牌的忠诚度。但在广告话语传播实践中，广告是如何使信息跳跃流动，能够幻化成品牌长河里稳定恒久闪烁的音符，进而在消费者心智中占据一个重要位置，这和广告传播主体通过"议程设置"，对广告话语传播的内容、主题和价值观念进行有效控制直接关联。

一、广告话语传播与品牌主张表达

广告话语传播在广告实践中多有显现，通过话语建构和议题设定表达企业品牌主张，是广告话语实践的主要形态。20世纪中叶到21世纪初，通过广告话语建构而形成的"品牌形象理论""品牌定位理论""品牌个性论""品牌扩张论""品牌拦截论""品牌托带论""品牌跳跃论"从不同角度丰富了企业品牌主张的内容，丰富了广告话语传播的实践路径。改革开放40多年，广告话语传播推动中国传统品牌、互联网品牌、电商品牌快速成长，良性发展，较好地展示了广告话语传播在企业品牌形象塑造层面的"议程设置"功能。

(一) 广告话语传播与品牌 "议程设置"

广告传播主体通过话语建构设置与品牌成长相关联的议题，通过广告话语传播阐释和引导强化品牌独特的主张，通过广告创意和策划为品牌形象的塑造营造与品牌主张相吻合的话语语境。

1. 广告话语传播与 "注意力经济"

在广告话语传播实践中，通过对广告话语的有效控制使品牌比附、品牌关联、品牌重叠达到逼真的效果，进而实现对品牌进行 "议程设置" 的目的，其切入点则是以广告话语 "民意表达" 的方式促使 "注意力经济" 产生。因为随着信息技术的创新与普及，"任何人，在任何时间任何地点，传播或接受任何信息" 已经成为可能，其结果就是信息的过剩与泛滥，传播者和接受者都身陷冗余信息的 "泥潭"。在信息社会，传播市场的格局已经发生了深刻变化，传播者和媒介不再是 "稀缺性资源"，而受众注意力成为 "稀缺性资源"，这促使了 "注意力经济" 的产生。从本质上来说，广告话语传播营造的 "注意力经济" 是一种品牌主导模式，在每个利基市场，"少数派" 品牌成为市场的成功者，通过广告话语建构 "创造" 品牌、传播品牌和维护品牌成为广告主的常规战略。

2. 广告话语传播与品牌关联策略

由于受众市场的 "碎片化"，品牌的传播成本越来越高，这就加剧了广告主的品牌塑造风险，因此，品牌关联策略受到广告主的热捧。例如在止痛药品牌市场中，先声药业的 "英太青" 品牌由于长期坚持 "处方药" 的行销战略和话语表达，使消费者没有建立起对 "英太青" 品牌的亲近认知。为了超越该品类市场的竞争对手，"英太青" 通过广告话语建构引导突出两个话语主张：在产品功效上，突出 "英太青" 品牌的 "治疗" 话语引导；在品牌认知上，成为 NBA 官方合作伙伴，巧借 NBA 品牌内涵，通过品牌关联，建立起 "英太青，NBA 的止痛药" 的话语表达独特诉求点，拉近了和消费者日常生活的距离，强化了 "英太青，NBA 的止痛药" 的核心主张，"英太青" 的品牌形象重塑取得较大成功。

(二) 广告话语传播塑造品牌的作用

站在广告传播主体的立场，广告话语传播过程就是广告主诱发、引导和控制消费者心智的过程；站在消费者角度，广告话语传播取得预期效果，就需要广告传播主体的广告主张与消费者的广告认知达到高度契合。品牌认知是广告传播长期积淀的结果，品牌的形成不仅需要优质产品使用价值的呈现，也需要广告创意附加价值的赋予，更需要消费者消费经验积累和消费素养的提高。因此，广告话语传播塑造品牌的内在逻辑，是广告市场多角关系品牌主张和品牌认知互动的结果。

1. *广告话语传播实现广告主的品牌主张*

广告主通过"议程设置"的传播机制，有效地设置了广告舆论的类型及范围，如前文提到的广告代理商将止疼药产品品牌"英太青"塑造成一个"国际级专业"的品牌形象，"英太青"与NBA结成合作伙伴，通过体育明星等"舆论领袖"的话语建构，比肩国际国内一线品牌，迅速拉近与竞争品牌的差距。这使广告主把品牌话语主张有效地渗透到消费场景中。通过广告话语传播，构建新的消费场景，是实现广告主话语主张的一个全新路径。许多竞争性品牌往往采用广告话语传播造势，进行话语呈现的"议程设置"，通过话语的引领，实现话语表达与消费者内心预期的契合，进而实现广告主的品牌主张。

2. *广告话语传播塑造广告主的品牌形象*

品牌形象是消费者品牌体验、品牌积累和品牌想象的结果。品牌形象的塑造和展现，是广告话语表达的具象形态，其话语呈现更立体和直观。品牌形象话语，是广告主实现广告主张的综合话语、立体话语和较高层次和境界的话语。如前所述，止疼药品牌"英太青"针对与NBA的合作，创意出"英太青 抗炎止痛 专业出众"一系列的电视广告和平面广告，通过电视、网络、户外广告投放，使广告话语传播的范围更广，力度更强，进而使广告话语呈现的方式更加立体化，广告话语传播的"议程设置"效果更加明显。通过广告话语建构和广告话语传播，英太青品牌知名度大幅提高，喜好度显著提升。"英太青 抗炎止痛 专业出众"的品牌形象深入人心，"英太青"品牌形象的塑造，也成为广告话语传播与企业品牌形象"议程设置"较为成功的案例。

3. *广告话语传播推动了广告主的品牌跳跃*

品牌竞争具有特定的规则和秩序，但其根基则是针对消费者的广告话语建构和广告话语引导。在品牌生命周期中，滞后品牌可以绕过市场规模、渠道排斥和终端垄断等限制，积极建构和引导消费话语，通过"议程设置"的话语引领，使消费者互动发声、以自下而上的方式实现对领先者的品牌超越。如 NBA 品牌具有丰厚的广告话语议题，其话语体系下的品牌精神成为同类消费者生活理念和行为规范，具有一定的生活示范意义。先声药业通过"英太青，NBA 的止痛药"的诉求主张，不仅传达了产品功效特征，塑造了独特的品牌个性，而且通过广告语传播的平台效应和话语倡导，有效地超越了竞争对手的"品牌拦截"，成功实现了品牌跳跃。

二、广告话语传播与品牌主张的实现路径

在广告话语传播控制与话语主张的实现路径选择上，许多企业创造了有价值的实践案例。互联网企业腾讯在品牌营销实践中，牢牢把握实时营销的三大法宝：即彰显平台力量，传播有价值内容，创新品牌发展理念，来实现广告话语传播控制与话语实践的表达。例如，腾讯网世界杯实时营销实践案例鲜活、亮点颇多，但从营销逻辑看，其成功秘诀则是对广告话语新鲜议题的适时传播和广告话语核心理念的准确把握。

（一）广告与品牌话语的互动传播

广告与品牌话语互动传播，是企业诠释广告主张、建构品牌形象的有效路径。新媒体环境下，广告与品牌的互动传播主要依靠互联网平台来完成，而互联网品牌企业本身就有平台传播的优势，也具有较强的平台营销策划传播能力，同时还具有高效梳理热点事件营销逻辑关联的强大执行力。例如，腾讯较强的营销策划传播能力和强大执行力，主要还是借助于腾讯的强大平台力量。2018 年世界杯期间，对来自腾讯网、新闻客户端、视频客户端、微信、手机 QQ、微视、微博等的后台大数据进行分析，发现广告话语建构和广告话语传播是腾讯实时营销的利器，平台上 30 秒的"奇迹"和 24 小时"世界波"等广告话语的营销实践，不仅成为腾讯彰显平台力量的表征，而且为新媒体环境下广告话语建构和广告话语传播的"议程设置"提供了鲜活的案例。

（二）广告话语传播的高黏度话题复制

高黏度话题复制是广告话语"议程设置"的有效形式，适合腾讯传播平

台高热度、高黏度、话题难以复制、话语流向难以掌控、有价值内容的高频度持续传播的实际。世界杯的品牌议题随着赛事进行转化较快,难以复制,但广告话语建构和广告话语传播则具有前瞻性和可复制性,在持续一个月的赛程中,与赛事有关的话题的热度不减、粘连度持续增强,赛事结果的意外性也促使话语议题的多元流动,但如何让有价值的内容持续发酵升温,这是一个较大的难题。腾讯放大了"精彩瞬间,一触即发"的内容产出进化论,让广告话语传播恰到好处地出现在合适的时间。对赛事热点、赛事周边、情感带入和深度回顾的选题策划环环相扣,对实时热词的抓取和预判精准到位,把流程化的赛事内容转化成真正扣动人心的热议话题,使有价值的广告话语内容得以高频度持续传播。

(三)品牌故事与热点话语的内在契合性

广告话语建构和广告话语传播的理想结果,就是品牌营销传播主体在营销传播主张、营销传播诉求上与互联网品牌营销发展理念高度契合。以用户为中心的营销理念并不新鲜,但互联网品牌企业的创新做法确令人耳目一新。仍以腾讯为例,腾讯基于移动战略导向的营销尝试的亮点主要在于首先让自己成为一个用户情感倾注的连接点,并寻求一种全新的、符合用户心理需求和行为变化的互联网媒体品牌沟通模式。这种全新的实时营销实践给人们带来全新的感受,更为重要的是,也诠释了互联网实时营销未来发展理念:一种具有普适性可复制的互联网实时营销模式的创新和扩散。

三、广告话语传播与品牌塑造的新范式

移动互联网传媒生态环境下,广告话语传播与企业品牌形象塑造呈现出新的范式。电商营运平台的建立和与消费者的良性互动,使广告话语的传播有了更多的传媒生态空间,也使企业品牌塑造的话语表达有了更为便利的通道。电商企业通过合理的资源配置,抓住受众"稀缺性"需求,不断创造出广告话语传播与品牌形象塑造的新范式。例如,电商品牌"转转"给人的第一印象是一个很有亲和力、也很接地气的品牌名称,很形象生动地在人们脑海里描绘出一个人或一群人在集市或地摊满怀热情和满怀希望

"淘货"的场景。然而,在新媒体时代,电商品牌"转转"却是"赚赚"的代名词,是移动互联网传媒生态环境下电商营运平台各方良性互动的新范式。"转转"能够在短短的时间内激发二手交易市场的巨大活力,使电商营运进入"后电商时代",其耀眼的光辉来源于其资源配置层面的大手笔和大智慧。在电商新媒体运营层面运用广告话语建构和传播,诠释品牌资源配置的理论和实践,并生动解读了电商品牌的商业价值,搭建了电商品牌形象塑造的新范式。

(一)抓住受众"稀缺性"需求的广告话语倡导

抓住受众"稀缺性"需求,诠释电商资源配置新内涵的广告话语建构,是新媒体运营平台电商品牌形象塑造的导向性力量。资源配置的核心诉求点,首先要考量的是资源的"稀缺性"是受众的需求与欲望问题的源头,也是广告话语建构的起点。"稀缺性"是市场资源优良与否的一个标杆,而消费者的欲望与需求则是电商运营中的"第一生产力"。优良资源与第一生产力的联动,往往能够创造市场奇迹,这也是广告话语建构和传播的主要方向。

资源配置(resource allocation)是经济学上的一个概念,是指对相对稀缺的资源在各种不同用途上加以比较作出的选择。经济学家萨缪尔森在《经济学》一书中指出:"稀缺性是指这样一种状态,相对需求,物品总是有限的。任何现实社会都绝不是那种拥有无限可能性的'乌托邦',而是一个到处都是充满着经济物品的稀缺的世界。"美国学者瓦尔特·J.威赛尔斯在《经济学》中指出:"从经济学来讲,人们的欲望总是大于可用资源所能够满足的欲望,这是导致稀缺性的原因。"我国学者顾永波指出:"稀缺性总是相对于人的需求或者欲望而言,正是因为与后者的无限性和多样性……。"这些学术话语的表述却说明了一个浅显的道理,"稀缺性"是相对于受众的需求与欲望而言。抓住了消费者的欲望和需求,就抓住了电商营运的根本,这是电商品牌广告话语建构和传播的基本依据。

电商资源配置则是对电商稀缺性资源进行合理的选择和利用,以满足不同利益主体需求的实践。中国独特的市场景观和庞大的消费群体决定着中国消费者的需求和欲望呈多元化发展态势,多元化中的一个焦点,则是对二手交易市场所能带来全新的消费体验的期待。站在消费者的立场,从消费者的视角出发来开拓和激活二手交易市场,满足消费者的新需求,设计电商的新未来,这是顺势而为的大方向。而找到电商营运市场的"稀缺性"资源,并以敏锐的市场嗅觉和卓有成效的市场手段盘活闲置资源,使各利益主体特别是消费者能够在二手交易平台的营运中得到实惠,使社区人群特别是以90后为主体的新消费群体在共享经济的参与和互动中得到有效的利益回报,这是大智慧。在广告话语建构和传播中,强化二手交易过程中的社群互动性,倡导受众消费体验感,提高消费者消费过程中的分享快乐感,构建新媒体环境下电商二手交易平台方便快捷、规范标准、可信度高的新范式,这是大手笔。从"转转"平台建设和发展的历程看,"转转"不仅在中国市场重新诠释了资源配置的新内涵,而且以独特的经营之道对资源配置的实践进行了中国式的解读。

(二)打造"资源配置"新平台的广告话语建构

打造"资源配置"新平台,建设新型的电商生态服务系统,是广告话语建构和传播的主要目标。在电商运营与管理过程中,比较重要和相互关联的有三个内容话题,即资源配置、财富生产与消费的抉择。三者的有机互动,为打造新型电商生态系统创造了无限可能。

仍以电商"转转"为例,在资源整合的过程中,电商"转转"综合考量了资源配置、财富生产与消费抉择的关键问题。"转转"的初衷是帮助中国人提高二手交易中的信任度,目标是能让中国人与另一端的用户放心地进行二手交易,其立足市场的信心基于一个基本判断:在共享经济市场内的企业是健康市场的基石。这一判断又是建立在对中国电商市场深刻洞察的基础之上。对四个有利因素的全面分析和利用,使这种判断成为立业之本:这就是分享经济的发展、移动互联网和线上支付的发展、跨城区速运网络的发展和二手交易市场的刚需发展。建立和打造国内二手交易市场平台面临的核心问题,就是保持共享经济市场内企业的活跃度和用户的信任度,这也是财富生产中必须面对的产品生产和赢利模式两大难题,而对这些有利因素的深刻洞察和在经营实践中的合理运用,则使这些难题迎刃而解。"转转"在消费抉择上的最大的创新,就是不断通过广告话语建构和传播,强化"打造二手交易市场信任基石"的理念和"坚守为用户提供更有保障的服务标准"的话语倡导。"转转"根据不同消费群体的需求,打造二手交易市场的标准化服务模式,构建标准化的、人性化的、信任指数饱满的二手交易平台系统,用贴心的服务黏住用户,用信任和标准化服务帮助消费者解决消费抉择问题。

在资源配置上,"转转"采取三步走的原则。第一步,盘活闲置资源。通过高举分享经济的大旗,利用观念、平台、产品、社群、技术、资本的合力构筑平台,激活人气,盘活闲置资源,在最短的时间内,把闲置资源锻造为电商经济中的新主角。第二步,遴选优质资源。在手机、家具家电、母婴等二手物品垂直领域深耕细作,不仅稳定了新电商经济的大盘,站稳了脚跟,更为重要的是增强了市场的信心,为后电商时代的到来拓展了空间。第三步则是打造和分享品牌资源,通过广告话语建构塑造品牌,增加社群用户的黏度,通过品牌体验不断培养用户的市场忠诚度。这一步,则是靠营造立体的新电商生态系统建设得以实现,主要举措包括组建质检团队,设置质检标准,首创 C2C 二手交易标准体系;与富士康战略合作,加固二手交易保障链条;深度挖掘腾讯社群内部交易潜力,自建社区用 UGC "锁死"用户,用社群生态撬动二手交易市场潜能。通过这样的组合拳,新电商经营与管理中的三个核心问题在合理的资源配置中得到强化,并通过新型的电商生态系统服务的实现而转化为巨大的生产力和影响力。

(三)创造电商运行新范式的广告话语实践

合理运用资源配置新机制,创造电商营运新范式。"转转"电商运营新范式的创建,很大程度上得益于"转转"资源配置运行机制的良性运转。"转转"资源配置是通过电商运营的动力机制、信息机制、决策机制而实现的。"转转"通过合理赢利模式的构建、信息的数据化处理及顶层设计,使"转转"资源配置的动力机制、信息机制和决策机制都得到有效发挥,进而使"转转"电商新生态系统得以打造并满足受众多元化、差异化消费交易的市场需求。

资源配置的目标是实现最佳效益,电商的资源配置是通过不同层次的电商经营主体的博弈、消费者的消费抉择及市场的自我调节功能,使不同利益主体和消费者的利益都能够得到保障,这是形成新电商资源配置的动力机制的基本前提。从"转转"发展的动力机制看,腾讯与 58 集团的投资预期、海尔、富士康的战略合作期盼,"转转"社交 + 交易的市场逻辑以及社群消费者对二手交易市场的认同与追捧,都形成了"转转"强势前行的动力机制。合理配置资源的方案,也需要及时、全面地获取相关的信息作为依据。"转转"在新型的电商生态服务系统打造的过程中,通过大数据平台的建设,使信息的收集、传递、分析的机制运营保持良性运转,有力地保证了"转转"资源配置的快捷性和有效性。资源配置的决策权可以是集中的或分散的,集中的权力体系和分散的权力体系,有着不同的权力制约关系,因而形成不同的资源配置决策机制。从这个意义上讲,"转转"的成功首先是在资源配置、财富生产、消费抉择的可能性和可行性的广告话语传播顶层设计和效能的转化上高瞻远瞩,胜人一筹。其次是在战略合作与市场纵深挖掘上按照新电商的市场逻辑和预期目标,通过广告话语传播步步为营、稳扎稳打,把资源配置的决策权和话语权牢牢控制在自己手中。再次是在社群营销、品牌推广、差异化竞争层面分权决策,分层推进,通过广告话语的多维传播使运行机制的潜能得到全面提升。"转转"正是合理运用了广告话语传播的平台优势,激活电商资源配置新机制,发挥了动力机制、信息机制和决策机制的综合效应,才成就了今天风光无限的二手交易市场中电商营运的新范式。

四、广告话语传播与品牌话语建构

随着中国经济供应侧结构改革的深度推进、中国经济发展模式稳步转型、品牌战略的稳步实施,多层次广告话语传播推动品牌培育、强化品牌国际传播逐渐成为推动市场供需结构升级的重要抓手。在国家、市场、产业层面上,国家品牌计划、品牌国际化传播、品牌智能化传播成为中国当代品牌传播领域的三个重要广告话语引领议题。

(一)"中国品牌日"广告话语的国家表达

国家计划的实施,是国家层面的品牌培育工作的战略规划。党和国家领导人对中国品牌发展的顶层设计和话语建构,使中国品牌发展有了更开阔的视野和更宽广的前景。

2014年5月,习近平总书记在河南考察时提出:"推动中国制造向中国创造转变、中国速度向中国质量转变、中国产品向中国品牌转变。"① 这一重要论述对于国家品牌培育工作意义重大。2016年6月10日，国务院办公厅发布了《国务院办公厅关于发挥品牌引领作用推动供需结构升级的意见》（国办发〔2016〕44号）的文件，将品牌培育工作上升为国家意志和国家行为，意见指出了发展和培育品牌的重要意义、基本思路、主要任务、重大工程与保障措施。意见在重大工程项中指出："设立'中国品牌日'，大力宣传知名自主品牌，讲好中国品牌故事，提高自主品牌影响力和认知度。鼓励各级电视台、广播电台以及平面、网络等媒体，在重要时段、重要版面安排自主品牌公益宣传。"② 相关文件的出台，为广告话语建构和广告话语传播提供了核心议题，也规定了广告话语传播的具体内容。2017年4月24日，国务院"同意自2017年起，将每年的5月10日设立成'中国品牌日'"③。中国品牌日的设立，在国家战略层面为广告话语传播创造了独特的话语语境。

国家层面的品牌战略布局，传递的信息十分丰富，也为广告话语的国家表达提供了丰富的内容。首先，诠释中国品牌发展的新理念、新思路和新方法。推动中国制造向中国创造转变、中国速度向中国质量转变、中国产品向中国品牌转变的战略构想，对中国品牌发展的新理念、品牌建设的新思路和新方法进行了充分阐释，为中国当代品牌建设健康和可持续发展指明了方向；其次，"讲好中国品牌故事，提高自主品牌影响力"的广告话语引领。在广告话语建构的核心内容上，明确提出了"讲好中国品牌故事""提升自主品牌影响力"话语议题，将品牌培育上升为国家意志和国家行为，对于国家品牌的符号传播和文化传播具有示范意义；再次，利用中央电视台黄金时段广告资源，塑造国家品牌形象，实施国家品牌计划，广告话语传播的引导优势明显，品牌传播效果良好。对于品牌塑造和培育而言，品牌传播的层次和力度非常重要，利用中央电视台的社会大公共传播平台的高密度的强势传播，对于培育企业、受众乃至全社会的品牌意识和品牌修养都起到非常重要的作用。同时，在央视大平台上投放广告，也要注意广告预算的科学性、广

---

① 《十八大以来治国理政新成就》编写组.十八大以来治国理政新成就：下［M］.北京：人民出版社，2017：916.
② 国务院办公厅.国务院办公厅关于发挥品牌引领作用推动供需结构升级的意见［EB/OL］（2016-06-20）［2021-05-20］.https://www.gov.cn/zhengce/content/2016-06/20/content_5083778.htm.
③ 国务院关于同意设立"中国品牌日"的批复，国函〔2017〕51号.

告资源配置的平衡性、广告话语引领的合理性。

（二）"一带一路"广告话语建构与品牌国际传播

面对世界发展新格局，党中央和国家相关部委提出了发展"一带一路"的重大部署。2015年3月28日，国家发展改革委、外交部、商务部联合发布了《推动共建丝绸之路经济带和21世纪海上丝绸之路的愿景与行动》，"一带一路"倡议由构想进入行动。在"一带一路"倡议框架下，中国企业与中国品牌需要走出去，积极拓展国际市场。同时，中国品牌的国际化传播和话语建构成为重要的理论与实践话题。《国务院办公厅关于发挥品牌引领作用推动供需结构升级的意见》指出要"定期举办中国自主品牌博览会，在重点出入境口岸设置自主品牌产品展销厅，在世界重要市场举办中国自主品牌巡展推介会，扩大自主品牌的知名度和影响力"[①]。这些文件和指导意见的出台，规定了中国品牌国际传播的重点区域、重点领域和重点方向，为广告话语助力国际品牌传播创造了良好的实践语境。"一带一路"建设为广告话语传播提供了良好的话语语境，中国企业在品牌建设和品牌国际传播领域也具有更广阔的广告话语传播空间，在落实品牌国际化传播的主体责任、创造品牌价值层面广告话语引领功能强大。

首先，广告话语建构强化"全球化视角、本地化策略"品牌国际传播主张。通过政策解读、议题设置和专题片的拍摄，提高企业品牌跨文化传播的意识和能力，通过海外广告企业的平台桥梁，帮助中国企业深度了解"一带一路"沿线国家的风土人情，通过"一带一路"广告话语情境的设置，创作跨文化传播的优秀作品，向全球传播中国品牌的价值理念。如2009年12月，中国商务部会同四家中国行业协会共同委托制作了一则"中国制造"30秒广告宣传片，该广告由国际知名传播集团宏盟集团持股的DDB国安广告制作公司历时数月精心策划制作，广告中多个场景在国外实地拍摄完成，被认为是中国政府的首个品牌宣传活动。该广告用"全球化视角、本地化策略"向有关国家市场进行定向品牌传播，提高了品牌传播的信度和效度。

其次，广告话语建构强化中国品牌高质量品质。品牌塑造基础是产品品质的提升，品牌品质消费是产品数量消费的必然指向。因此，提供适销对路

---

① 国务院办公厅关于发挥品牌引领作用推动供需结构升级的意见，国办发〔2016〕44号.

的高品质产品是品牌国际化传播的重要前提条件。中国品牌日设定的中国品牌建设新目标是：以深化供给侧结构性改革为主线，以满足人民群众日益增长的美好生活需要为根本目的，坚持质量第一、创新引领，开展中国品牌创建行动。把坚持品牌建设质量第一与满足人民群众日益增长的美好生活需要结合起来考量，这是今后一个时期广告话语传播的重要内容和重点方向，符合中国品牌高质量发展的国际话语传播顶层设计和时代要求。同时，在中国品牌日建设目标中，也明确倡导要适应新时代新要求，进一步引导企业加强品牌建设，进一步拓展重点领域品牌，持续扩大品牌消费，营造品牌发展良好环境，促进质量变革和质量提升，推动中国制造向中国创造转变、中国速度向中国质量转变、中国产品向中国品牌转变，促进品牌建设高质量可持续发展。两个转变和品牌建设高质量可持续发展的表述，也进一步明晰了广告话语建构的主要内容和广告话语传播的主要方向。

再次，广告话语传播强化"中国制造，世界合作"创意主题。品牌国际化传播是一项系统工作，打造品牌国际化传播体系，要打造包括产品创意设计、多元化销售渠道、品牌创意传播在内的整套设计、制造、传播的成套环节，增强产品附加值，其中产品创意设计环节尤为重要。如前文提到的"中国制造"广告，围绕"中国制造，世界合作"这一中心主题，进行了广告创意表达的设计。广告画面中，清晨跑步的运动员所穿的运动鞋是"中国制造"，但是"综合了美国的运动科技"；日常家庭中所用的冰箱印着"中国制造"的标签，但是融合了欧洲风尚；一个类似 iPod 的 MP3 播放器上用英文标注"在中国制造，但我们使用来自硅谷的软件"，体现了爱音乐也爱中国制造的理念；画面中，就连法国顶级模特儿所穿的知名品牌衣裳也由"中国制造"，而广告最后出现的飞机画面，是融合全球各地工程师的结晶，更是巧妙展现了"世界合作"这一理念。

（三）品牌智能化传播与广告话语传播范式转换

品牌是企业或产品在市场经济竞争机制下的价值实现载体，是工业经济大规模化营销和大众传播双重背景下的产物。品牌传播，最重要的理论是唐·E.舒尔茨提出的整合营销传播理论（IMC）。IMC 被称为 20 世纪最伟大的市场营销理论，其核心是包括广告、公关、活动、促销等多元传播工具一致性整合，从而以"一个声音"向消费者传播"一致性"信息。该理论的核心是站在企业角度,来向消费者进行大众传播。凯文·凯勒从战略管理的角度提出了基于消费者的品牌资产理论,即建立正确的品牌标识、创造合适的品牌内涵、引导正确的品牌反应、缔造适当的消费者—品牌关系,从而最终实现消费者对品牌的认同和价值共鸣。上述经典的品牌理论希望实现"以消费者为中心"的传播理想,但这种个性化传播理想囿于传播成本、传播技术而没有得到很好实现,其品牌价值仍停留在企业一厢情愿地单向硬广告的强势灌输。在社会的数字化转型中,由于社会整体的传播方式、生活方式与生产方式的全方位转变,传统工业化场景中大规模品牌传播理论已经无法适应全新的数字社会生活图景,这就对广告话语建构和传播方式提出新的要求。在数字传播时代,由于移动终端的普及,基于大数据的广告智能化传播正在逐步呈现出规模化、个性化传播共存的理想状态。以大数据挖掘、清理和分析为前提的用户画像,实现品牌智能化精准传播,并主动制造和引领话题,形成基于共同兴趣的品牌社群传播,逐渐成为品牌建设的新常态和新景观。以国家品牌战略为引领、以品牌国际化传播为主线、以品牌智能化传播为方向的广告话语建构和传播,将成为今后一个时期中国品牌传播的新范式。

五、广告话语建构与品牌文化传播

消费社会是20世纪70年代以后西方社会的一些思想家对"后工业社会""媒介社会""信息社会""后现代社会"的一种称谓。法国社会学家让·鲍德里亚在他的《消费社会》一书中详细地分析了当今消费社会的特征:"今天,在我们的周围,存在着一种由不断增长的物、服务和物质财富所构成的惊人的消费和丰盛现象。它构成了人类自然环境中的一种根本变化。恰当地说,富裕的人们不再像过去那样受到人的包围,而是受到物的包围。"[1] 在这个被物包围的消费社会里,每一种消费品都代表一种语言,消费生产了人与人的社会关系,生产了习惯、品味、阶层……生产了不同的人。综合来讲,消费社会的主要特征集中体现在社会的高度商品化、社会生活的高度娱乐化、社会思想的高度平面化三个方面,构成了消费社会独特的文化景观。

---

[1] [法]让·鲍德里亚.消费社会[M].南京:南京大学出版社,2006:1.

(一)广告话语引领与品牌文化溯源

从经济理论到经济实践,消费在国民经济中的重要性日益凸显。1803年,萨伊在其代表作《政治经济学概论》中首次将消费纳入政治经济学理论体系。萨伊以后的时代,西方社会经历了两次消费革命。20世纪60年代,西方社会进入萨伊所描述的消费社会,消费取代了曾经被认为是最重要的工作(生产),成为"生活的核心内容"[①],消费经济学也成为经济学研究的重要领域。20世纪80年代,新的消费者本体特征形成的时候,也正是女权主义对广告和市场销售行业施加压力的高潮时期,西方社会的大都市消费也发生了一系列戏剧性的重构。中心城市商业的聚集和快速发展,凸显了消费社会的时代表征,也为广告话语建构和广告话语传播创造了新的语境。

1. 消费理论与消费社会溯源

西方主流经济学消费理论的发展,经历了由主张节俭消费到越来越重视消费对经济的推动作用的过程。赵萍在《消费经济学理论溯源》中,对西方主流经济学的消费理论进行了分类,主要包括重商主义的消费理论、古典经济的消费理论、新古典经济学的消费理论、凯恩斯主义的消费理论、新古典综合派的消费理论、新剑桥学派的消费理论和发展经济学的消费理论等。对这些消费理论的关注梳理,可以观察到消费文化的转向,也可以找到广告话语建构和传播的切入点。如消费理论的发展,经历了由主张节俭消费到越来越重视消费对经济的推动作用的认知过程,这一过程的转变,与17世纪晚期重商主义的代表人物英国思想家孟德维尔的消费倡导直接相关。孟德维尔认为个人追求奢侈消费和感官享受会对社会经济发展产生强有力的推动。而古典经济学对消费观念的诠释则更深入,其代表性人物是亚当·斯密在《国富论》中明确提出:"消费是一切生产的唯一目的,而生产的利益,只在能促进消费者的利益时,才应当加以注意。"他积极倡导能够促进社会财富积累的消费方式。作为古典经济学的延续,第一代新古典经济学也开始注重研究消费问题,是消费经济学理论的开端。其代表人物马歇尔明确提出一切生

---

① [英]弗兰克·莫特.消费文化——20世纪后期英国男性气质和社会空间[M].余宁平,译.南京:南京大学出版社,2002:7.

产都是为了消费。凯恩斯是现代宏观经济学的开山鼻祖,他从宏观经济的角度,把消费的地位提到了前所未有的高度,提出了消费倾向三大定律。凯恩斯主义经济学分支之一——新古典综合派对消费函数进行了研究,并在研究中增加了持久收入理论和生命周期理论。凯恩斯左派——新剑桥学派的代表人物琼·罗宾逊提出资本家的消费和投资决定利润。发展经济学,又称不发达国家经济学,其代表人物罗斯托在1960年出版的《经济成长的阶段》和1971年出版的《政治与增长阶段》中提出各国经济发展经历的六个阶段,指出人类社会成长都是从起飞阶段转入成熟阶段,再由成熟阶段转入高额群众消费阶段,在这个阶段,社会的主要注意力将从供给方转到需求方,从生产转移到消费,并提出高额群众消费阶段的三个明显标志。消费理论对消费社会表征的描述,对经济发展生命周期的阐释,对经济发展阶段性的划分,对消费者行为的研究和探析,对认知品牌文化发展的渊源和脉络提供了丰富土壤。

马克思主义经济学的消费理论重点阐释了生产和消费之间的关系,认为无论何种社会形态,消费都反映社会生产关系,并不断生产出这种关系。因此,消费关系是生产关系的一个极为重要的方面。生产决定消费,而消费反作用于生产,是生产的动力和源泉。消费和生产相互作用相互影响,推动社会经济发展。当前西方的消费市场就是通过生产和消费关系的建构和调整,实现社会经济资源的整合与运转,并形成独特的消费文化。中国社会伴随着市场经济改革的深入发展,在拉动内需、促进休闲消费、刺激经济的政策引导下,合理进行生产和消费之间的资源配置、经济发展重视向以市场为中心的消费主义转型,在品牌文化建设上,关注品牌价值内涵的阐释和企业社会责任意识的树立。

对消费领域权力关系的探索也是消费文化的重要议题。索尔斯坦·维布伦的《休闲阶级的理论》发表以后,普通社会学研究的一大进步就是把消费作为现代社会内部权力关系的一个组成部分来看待。而米歇尔·福柯所坚持的权力关系不是存在于其他关系(经济发展,知识关系,两性关系)之外,而是在其他关系之内。它们是关系领地中存在的差异和不平衡的直接反应。[①]

---

① FOUCAULT M. The History of Sexuality: vol.I, An Introduction [M]. New York: Pantheon Books, 1979: 94.

按照福柯的思路，可以认为消费领域里的权力关系不只是其他领域里的权力关系的反映，它们是消费领域不可分割的一部分，是该领域里知识、策略、合作和社会运动、抵抗以及不同形式的生活共同作用的结果。消费领域权力关系的探索，进一步拓展了消费文化的社会学意义，丰富了消费文化发展与品牌建设的研究视角，同时也规定了在消费文化领域广告话语建构和广告话语传播的实践方向。

2. 中国消费的崛起与消费文化

中国古代社会夏商时期，就有了较为丰富的商品生产和商品交换活动，原始的消费主义观念在社会生活中业已出现，从这个意义上考量，消费主义在中国已经存在上千年的时间，并在社会经济发展中发挥着重要作用。但事实上，真正具有现代消费理念的消费主义概念和思潮是从 1900 年前后才开始出现的。古代中国社会在向近代中国社会转型的过程，西方消费观念和古老东方消费观念发生了碰撞，也出现了交融。大批量生产商品的广泛流通和展示以及以报纸为代表的近代大众传播报刊对这些商品的介绍评论、报刊广告的大量刊载，对这一时期消费观念的影响及消费文化的形成产生了重大影响。如 19 世纪末，西方殖民者用武力打开了中国清政府的大门，中国被迫开放通商口岸达到 70 余个，清政府自开口岸也有 20 余个。随着外国商品大量在中国倾销，在中国上层消费阶层中逐渐形成崇尚洋货的消费观念，"凡物之极贵重者，皆为之洋，重楼曰洋楼。彩轿曰洋轿，衣有洋绉，帽有洋筒，挂灯曰洋灯，火锅名为洋锅，细而至于酱油之佳者亦名洋酱油，颜料之鲜明者亦呼洋红洋绿，大江南北，莫不以洋为尚"[①]。与此相对应的是，面对内忧外患，民族资产阶级要求发展本国实业，社会民众也开展了影响力较大的"国货运动"。1915 年，社会民众兴起了抵制日货、提倡国货的运动，在全社会引起消费观念的革命。在中华人民共和国成立的前 30 年里，中国实行计划经济，限制商品经济的发展，市场消费理念被抑制，"勤俭节约"成为消费导向的主流话语。1978 年中国共产党第十一届三中全会召开之后，中国社会发展开始转向以经济建设为中心，商品经济得到恢复和发展。改革开放政策的实施，推动了社会主义市场经济的快速发展，消费观念开始呈多元化方向发展。

---

① 陈登原. 中国文化史 [M]. 北京：商务印书馆，2014：300.

2001年，中国加入世界贸易组织，中国政府给予外国企业更多权限进入中国市场来接触潜在的中国消费者，中国品牌更多走出国门与国外消费者进行交流。伴随着中国特色社会主义市场经济的不断改革创新，越来越多的中国人也逐渐接纳并习惯了现代消费主义的生活方式。为了引导中国消费者合理消费，中国政府也出台相关政策在特定领域限制消费品的进口，从而减弱消费者盲目消费对经济发展所产生的负面影响。同时，中国政府也积极出台刺激消费的政策引导公民消费，诸如下调利率、"黄金周"政策、取消农业税、完善各项社会福利等，努力刺激消费、促进内需，努力推动中国社会从生产型社会转型为消费型社会。

20世纪后期至21世纪初期，社会消费的主力军通过表现与众不同的个性重新阐释了消费的意义，他们的消费突破传统文化中崇尚模仿与身份相配的消费行为的限制，更加追求个人喜好和情感消费，因此，社会消费话语越来越被包装在情感符号里面。"为了要与众不同，消费者需要购买能够表现他自己或她自己记号的商品或者是同个性有关的商品——能够代表他们在社会中的为人或表示理想中的自我。"① 这种回避内在的意义，转而表达对情感的信任，象征了人们不再到社会等级的阶梯中寻找一个属于自己的位置，而是寻找"生活的时尚"。市场长远规划研究机构亨利预测中心认为，强化个人主义表现形式的出现是推动新消费的根本动力。② 目前，中国已经成为世界上所有商品的最大消费国，中国人的消费习惯也由于西方社会消费文化的影响似乎越来越"西方化"、个性化，更为崇尚现代生活方式。其消费社会的主要特征也已经由于经济全球化的不断深入而日益凸显，越来越多的中国人逐渐接纳并习惯现代消费主义的生活方式。在这里，消费主义不仅仅体现在大幅增长的商品购买量上，还意味着人们的日常生活从简单地围绕产品和服务运转过渡到消费主义对日常生活的完全"植入"。在这样一个物品化的氛围里，消费文化彻底改变了人们体验这个世界的方式，人们不再满足于产品消费，人们更加渴求消费能带来优美的生活环境、美丽的外表、舒适的感官体验、健康的身体、个性的彰显以及社会地位的提升等，人们在以商品的

---

① ［英］弗兰克·莫特.消费文化：20世纪后期英国男性气质和社会空间［M］.余宁平，译.南京：南京大学出版社，2002：119.
② ［英］弗兰克·莫特.消费文化：20世纪后期英国男性气质和社会空间［M］.余宁平，译.南京：南京大学出版社，2002：5.

消费来定义自己。同时，从各种与当代消费有关的不同环境变化中，可以看出个性是怎样塑造的并且认识对日常生活产生影响的观念是怎样产生的[①]；特别是随着互联网和手机媒体的产生，数字生活空间快速融入人们的生活，企业和消费者有了更多的虚拟消费工具，而这些虚拟消费工具具备更多的互动性和体验性。在这些新的消费支付场景中，人们的生活方式和观念个性将相应产生新的变化，特别是在电商推动下的渠道扁平化、信息透明化的数字消费空间，用户主导的模式成为必然，因此，塑造具有优良体验性、便利性和高性价比的品牌才能引发他们的共鸣。数字消费文化的出现，为品牌赋能的空间变得更加广阔。

（二）广告话语引领与品牌文化传播

在信息化、消费化的世界里，拥有和掌握世界级品牌是实现经济持续发展的关键，中国政府重视国际品牌进入中国市场营商环境的打造，鼓励国际一线品牌进驻中国市场。同时，中国政府也中国企业走出去，希望中国品牌能够参与国际市场竞争，也推动中国品牌国际传播话语体系的建构。在中国营造良好的消费环境，发展消费主义，实际上也是让中国消费者学会购买品牌商品特别是本土品牌商品。因此，消费者在国内国外、线上线下的商品品牌世界中仍然要面临建立在消费文化基础上的品牌文化的洗礼、锤炼。

1. 品牌建构与话语呈现

品牌是构建现代消费文化必不可少的元素，是消费者塑造个人和群体身份的方式。从不同的角度出发，对品牌会有多种不同的解释，国外学者认为，通过投入、产出和革新三种视角将与品牌相关的研究分为不同领域。美国营销协会（AMA）在1960年出版的《营销术语词典》中将品牌定义为"用以识别一个或一群产品和劳务的名称、术语、象征、记号或设计及其组合；以此同其他竞争者的产品和劳务相区别"。学者们大多同意将品牌作为一种特定的名称、象征或设计，不仅用来区别特定产品的功能性需求，还包括满足消费者的心理的需求。品牌可以被看成是存在于消费者心目中的印

---

① [英]弗兰克·莫特.消费文化：20世纪后期英国男性气质和社会空间[M].余宁平，译.南京：南京大学出版社，2002：8.

象、购买之后的附加价值、品牌会像人一样具有个性、代表消费者与品牌之间的关系。从发展的视角看,品牌从投入到产出都是不断变化是"社会发展的象征"①。营销专家菲利普·科特勒指出:"品牌是一种名称、术语、标记、符号或图案,或是他们的组合,用以识别某个销售者或某群销售者的产品或服务,并使之与竞争对手的产品和服务相区别开来。"在此基础上,他认为品牌应该包含属性、利益、价值、文化、个性和消费者等六个方面的内容。②随着品牌的演进,现代品牌的塑造模式则更加注重品牌本身的文化内涵、对客户购买消费经历所增加的价值。使自己的产品区别于他人产品的过程称作打造品牌的过程,这个过程也是广告话语建构和传播的关键过程。文化则是品牌的核心,产品的精髓,企业形象的内核,产品或服务品质的基础。广告话语的提炼以品牌文化价值内涵挖掘为主方向,广告话语传播则要考虑到品牌溢价的实践要求和语境建构。

2. 广告话语提炼与品牌溢价

品牌是物质与精神、实体与符号、品质与文化高度融合的产物,即品牌文化的最终成果;品牌文化价值内涵挖掘是增强品牌溢价能力的有效途径,能有效增强品牌的竞争力和品牌忠诚度。品牌文化传播往往是由意见领袖引领带动,再由企业和消费者的互动及信任关系建立而实现品牌价值内涵的增值。而优秀的广告创意和广告话语的建构就担当了这种桥梁的角色,把企业、商家和消费者联系在一起。从这个意义上讲,广告话语的建构者和传播者是洞察品牌特质的时尚家,他们具有天然的鉴赏力和嗅觉,能将某种激进不失睿智、个性确具有经典特质的小众的文化植入商业品牌,将小众文化大众化,引导品牌消费文化潮流。

城市化发展和社会转型时期,品牌文化重构成为常态,涉及人口分布、收入、社会阶层和性别关系的改变,以及与这些改变密切相关正在迅速重建的文化志趣和品牌认知。城市快速发展和品牌市场不断细化,品牌文化发展的路径趋向多元,品牌文化的价值趋向也有更多选择,迫使广告话语建构改变以社会角色地位决定品牌文化传播内容的模式,转而更加细致洞察支撑着

---

① 王晓彦.店铺认同与店铺印象的一致性研究:基于营销沟通的视角[M].北京:人民日报出版社,2013:10-12.
② 菲利普·科特勒.营销管理:分析、计划和控制[M].梅汝和,译校.上海:上海人民出版社,1994:607-608.

消费工业的个人的和隐私的文化信仰系统。例如，对时装品牌的评价已经不再局限于一个人身上穿的衣服，它指的是一种心态、一种姿态、一种完整的生活方式。而广告话语传播的目标就是要通过广告话语提炼，通过关键的象征性符号彰显品牌文化的溢价功能。

3. 品牌融合与话语重构

新媒体时代，平台的多元化导致未来品牌发展的趋势是分化而非融合。融合只能满足人们对于未来的想象，真正发挥作用并产生实质影响力的还是分化。消费者买的是品类而非品牌，品牌名是品类所代表的特性的缩写。因为人们选择产品最终还是选择品类，只是用品牌来代替思考，所以成功的品牌往往是所属品类的代表。比如加多宝和汇源分别就是凉茶和果汁的代名词，还有雅客V9维生素糖果，这些无一不是新创品类并成功占据该品类的代表，让品类与品牌在消费者心目中画上了等号。打造品牌的至高境界就是创建新的品类，并将品牌的印记打上去。品类是品牌融合的产物，也是品牌竞争分化的结果。由于参与市场竞争的品牌大多为消费者所熟知，这期间企业可以不用担心市场的大小，而只用考虑消费者的心智，之后专注于品牌内涵的打造，并让品牌占据消费者的心智。这个过程，也需要通过广告话语的建构和广告话语的传播来完成。通常情况下，在任何新品牌出现之前，市场上的消费需求都是很小或具有很大的不确定性，从另一个角度来讲，消费者的需求是通过广告话语建构和传播而被创建、激发、引领出来，这也是品牌融合语境下广告话语传播存在的意义。

4. 品牌定位与话语指向

艾·里斯和杰克·特劳特在《定位：有史以来对美国营销影响最大的观念》一书中指出："在传播过度的社会中，获得成功的唯一希望，是要有选择性，集中火力于狭窄的目标，细分市场。一言以蔽之，就是'定位'。""定位最新的定义是，如何让你在潜在客户的心智中与众不同"，并指出"定位的基本方法，不是去创造某种新的、不同的事物，而是去操控心智中已经存在的认知，去重组已存在的关联认知"[1]。依此逻辑，如果某一全新品类已经被某品牌占据第一，后来者并非完全没有机会，但是与其完全创新

---

[1] [美]艾·里斯，杰克·特劳特. 定位：有史以来对美国营销影响最大的观念[M]. 谢伟山，苑爱冬，译. 北京：机械工业出版社，2011：9，3，8.

或抄袭，不如基于消费者心智中已经存在的认知，重组既存的关联认知，采用第二者生存原则，即站在第一的对立面，才有机会成为第二或者超越第一的机会。品牌定位明晰了广告话语传播的主要内容和传播策略，因而也较清晰规定了广告话语传播的指向。

中国当代市场经济发展取得巨大成就，但它并不是一个单一化同质市场。受中国传统文化的深刻影响，中国消费者与其他国家和地区的消费者在消费习惯上也有很大差异，即使在中国同一市场内，拥有不同特质和喜好的消费者也分别隶属于不同的消费群体，因此企业需要对市场进行分割，利用市场细分的策略将产品品牌针对不同区域、年龄段、社会阶层和个人喜好的中国消费者进行文化定位；而人们对品牌商品的消费也让市场细分的可行性大大增加，购买专门为某个消费群体设计和生产的品牌商品已经成为中国消费者区分财富、受教育程度和地域身份的方式，市场营销人员需要基于消费者心智中既有文化阶梯培养他们的品牌忠诚度，抓住他们的购买力。例如，针对高端富裕人群、都市年轻消费者、农村消费者等，将品牌设计为差异化的视觉文化符号，赋予品牌独特的理念识别标识，根据消费对象的消费偏好，进行广告话语的定向传播，以期取得较好的品牌定位效果。

（三）广告话语引领与数字营销传播

在传统的消费场景中，消费者实际上是一个抽象的整体，而且企业同消费者的直接接触是有限的和呈"点状"分散的状况，品牌文化的建构需要时间空间的积淀。但是在数字生活空间，线上线下的企业借助微博等网络社会化工具、网络支付工具、电子商务工具，一方面创造性地发掘了消费者更多碎片化时间，通过社会化消费工具向他们展示更丰富的产品和服务；另一方面，与线下商场、娱乐场所、房产等传统消费场景结合，并通过金融支付类消费工具"内爆"成为O2O（Online To Offline）模式的闭环式消费生态圈。网络平台的搭建、商品生产的丰富、便捷支付购物模式等，创造出超真实的拟像消费幻景，构建了新的品牌文化体系，给予消费者不同的消费体验。消费者借助即时通信工具、社会化消费工具等参与到企业生产、营销、服务体验过程，推动以人为核心的"消费者时代"真实来临。在网络运用早期，国外学者就已经认识到"企业经营模式亟须改变。但仅仅将原有的经营模式电子化是行不通的，企业需要完全转变经营模式，才能合理地应对社会化媒体的影响及需求"①。在中国当代社会的数字化场景中，广告话语传播如何引领数字营销传播，也是一个不能回避的话题。

1. 以人为本的数字生活营销

品牌文化的生命力在与企业与消费者建立其相互信任的关系。以人为本的数字生活营销，实践的就是这样的理念。克里斯·布洛根（Chris Brogan）和朱利恩·史密斯（Julien Smith）在《信任代理：如何成就网络影响力》中提道："请不要将注意力放在这些科技工具上，而应该集中精力去了解这些工具会促成何种方式的互动，如何将这些工具有效地组合在一起，构筑与潜在客户、竞争对手之间的种种交流模式，以及从中了解网络上的信息究竟是如何传递的。把注意力放在与人的联系和沟通上。"② 把注意力放在与人的联系和沟通上，是品牌文化建立的基础，也是数字生活营销的基本出发点。在以人为核心的"消费者时代"，崇尚的是价值驱动的营销，企业营销开始演变为邀请消费者参与产品开发和信息沟通等活动，这是广告话语建构的观察点，也是切入点。广告话语传播较早了解到数字生活营销的沟通交流逻辑，能够较为迅速地帮助企业与消费者之间建立起信任关系。《消费者王朝与顾客共创价值》的作者普拉哈拉德（Prahalad）和拉马斯瓦米认为："消费者的传统角色正在发生转变——他们不再是一个个孤立的个体，而是开始汇聚成一股股不可忽视的力量；在做出购买决策时，他们不再盲目地被商家引导，而是主动积极地搜集各种有关信息；他们不再被动地接受广告，而是主动向企业提出实用的反馈。"③ 这些表述，对广告话语传播主体的结构组成提出了新的见解。消费者成为广告话语建构和传播的有生力量，是广告话语传播方式的重要变化，值得研究和重视。国内学者对这种变化也多有论及，陈刚在《创意传播管理：数字时代的营销革命》一书中指出："企业是同互联网上的生活者共同生活在数字生活空间之中。企业与消费者的关系，已经从组织对人转变成了人对人，营销的主导权，也变成了掌握越来越多话语权的消费

---

① ［美］奎尔曼.颠覆：社会化媒体改变世界［M］.刘吉熙，译.北京：人民邮电出版社，2010：24.
② ［美］克里斯·布洛根，朱利恩·史密斯.信任代理：如何成就网络影响力［M］.缪梅，译.沈阳：万卷出版公司，2011：6.
③ ［美］菲利普·科特勒.营销革命3.0：从产品到顾客，再到人文精神［M］.北京：机械工业出版社，2011：11.

者。"① 陈刚教授的表述，进一步明晰了数字生活营销时代，消费者逐渐掌握了营销的主导权，他们对消费话语的掌控也具有更多的主动权，这些观点，对认知广告话语传播的主体结构具有重要的参考价值。重视消费者的话语取向，关注消费者在广告话语建构和传播中的主体作用，特别关注"企业是同互联网上的生活者共同生活在数字生活空间之中"的话语语境，是未来广告话语传播中一个重要的议题。

信任关系的建立和情感交流的依赖，是品牌文化建设的理想境界，以人为本的数字生活营销，也追求这样的营销目标。要达到这样的境界和实现这样的目标，企业还需要制定切实可行的传播策略和对消费者进行深入细致的消费洞察。在数字生活空间中，消费者是具有理性和独立精神的鲜活个体，因此，首先企业与消费者信任关系的建立，不能急于求成，应该通过转变营销思维和商业模式，拉近和消费者的情感距离。企业应将消费者视为生活中的普通人，时刻和他们站在一起，关注他们的生活环境和潜在需求，从他们的角度出发来思考问题，并代表他们发出自己的声音。其次，关注这些鲜活的个体与企业各种层面的营销传播活动的关联和互动行为，找到双方感兴趣的共同利益点，基于他们的兴趣和调性构筑富有特色的网上社区和话题，倾听每一个社区生活者的声音，让社区用户的数目自动增长。等待时机成熟后，开始与生活者分享与企业、产品有关的信息，在真诚的互动中培育人际关系，并常常在网上留下访问后的踪迹，即以及时回复和评论的形式给用户留下印象，激发每一个社区生活者的社交潜力和内容制造力。最后，创造消费者与企业互动的机会，传递产品或品牌能给消费者带来的人生意义，在消费者需要时及时提供帮助并留下好的口碑，并通过口碑播下品牌文化理念的种子，等待它在消费者的心智里自然成长。基于以上观点，广告话语传播者应该将自己定位于为及时满足消费者物质、情感和精神需求的观念提供者，并通过广告话语的建构，为消费者创造品牌消费的理念和对美好生活期待的愿景，让互联网成为广告话语传播的理想平台，构建不以交换为基础的新型网络人际关系。

克里斯·布洛根（Chris Brogan）和朱利恩·史密斯在《信任代理：如何成就网络影响力》中提道：在倾听社区生活者声音的时候，要点不仅仅是

---

① 陈刚. 创意传播管理：数字时代的营销革命［M］. 北京：机械工业出版社，2012：XVIII.

倾听，也要利用听到的信息来持续不断地改善产品，分享数据，随后将这些数据用客户们自己的话演绎到客户故事中去，这是比较有力的市场营销手段，而主题建构类型的广告话语传播能够帮助企业实现这一目标。另外，当遇到网络投诉时，首先还是要耐心倾听，接下来要遵循这样三个要素：承认错误、表达歉意、补救行动，诚恳地执行以尽可能阻止客户愤怒升级的出现。这些做法，尊重了消费者的意愿，改善了企业的工作效率，也可以为广告话语传播创造不同的体验效果，可以有效地延展企业品牌文化包容性，也可以增强企业文化的韧性，并通过网络平台的互动性，为企业品牌文化的健康成长保驾护航。

以人为本的生活数字营销特别关注消费者的消费动机，以期找到与消费者心理预期相吻合的话语传播方式。根据趋势观察调研网络公司调查，主动参与产品和服务互动分享的消费者主要基于以下动机：一是想通过价值创造工作向他人展现自己的能力；二是希望通过这种方式获得自己想要的特别产品或服务；三是想通过产品共建得到企业的物质奖励；四是把共建行为作为获得工作机会的保障。因此，企业品牌文化的发展和广告话语的传播一定要基于人性化的方法，从帮助消费者实现消费意愿的角度来开展工作，通过话语的提炼、场景的建构和创意理念的诠释，将品牌文化、品牌精神融合在广告话语传播的作品中。这样才能把数字空间的消费者变成成百上千个微型品牌传播者，实现企业品牌文化的共创和共建。

基于数字生活空间的企业和消费者的价值共建与驱动，为广告话语传播提供了较多创意素材和想象空间。目前已有一些具有前瞻意识的企业开始以互联网的模式转变思维，采取与消费者沟通和开发的营销策略，比如小米公司、宝洁公司等。宝洁公司的许多知名产品都是和消费者共同开发创建的，如玉兰油新生唤肤系列产品、速易洁除尘拖把和佳洁士电动牙刷等，在数字生活空间的企业和消费者的价值共建与驱动方面开辟了新场景，也为广告话语的建构和传播提供了新的实验场域。有数据显示，宝洁公司的开放创新计划对宝洁的营业收入贡献值高达35%。另外，小米基于用户反馈做手机的策略也是典型的数字生活营销方式。从第一款小米手机诞生开始，小米手机就在其官方论坛邀请数百万网友参与小米 MIUI 操作系统的设计开发。"米粉"们累计在小米论坛提交了超过 1.3 亿篇技术帖，例如标记陌生电话，用户可以标记推销、诈骗等手机号码，通过云技术显示该号码被标记的类别和次数。针对这些技术帖,研发小组首先发起针对新功能的讨论,再将收集来的用户意见通过投票决定开发方向,依据"米粉"的意见,MIUI每周都在更新,在数字营销场景中鼓励消费者表达自己的消费主张,这也是一种较新类型的广告话语传播方式。

网络平台上品牌的知名度和美誉度,很大程度上来源于平台的传播力和网络社群的口碑。以人为本的数字生活营销时代,品牌依赖于向社区投放富有亲密感的信息来维系和消费者之间的关系。为了赢得信任,除了持续不断地传递品牌主张外,还需要让品牌在消费者心中产生一种个人亲密感。① 在数字化时代,作为生活者的用户需求是"个性化的全流程体验",企业的数字生活营销绝不是走走流量、发发帖子那么简单,它本质上是一种开放式的精益创新,需要为消费服务的研发、营销等团队与消费者实现零距离对接,以最感兴趣的内容和最容易引起讨论和关注的广告话语传播方式吸引和凝聚数字生活空间越来越多的消费者,通过激发人们的信任,和品牌建立起亲密而稳定的互动关系。

2. 生产力导向与话语导向

芬兰图尔库大学图尔库经济学院未来研究学者马库·维莱纽斯(Markku Wilenius)出版了《第六次浪潮》,使用康德拉季耶夫周期理论来解读现实和未来的世界。② 自工业革命以来,人类经历了五次波澜壮阔的创新浪潮,每一次都广泛而彻底地重塑了社会、经济和工业形态。第一次浪潮发生在工业革命时期,依赖水力机械化,在新技术的带动下工业有了巨大的发展;第二次浪潮以蒸汽动力为代表,被称为铁路时代;第三次浪潮是电力、重工业和钢铁时代;第四次浪潮是汽车出现,社会生产前所未有地向大规模生产模式的转变;第五次浪潮是信息和通信技术浪潮,即开始于20世纪70年代的"信息革命"。马库·维莱纽斯认为,目前人类社会正在进入第六次创新浪潮:智能技术运用带来的席卷全球的第六次浪潮。涉及人类社会的各个领域,将极大地挑战人类当前的价值观、体制以及商业模式。学者们也关注到,人类历史上曾经有三次伟大的经济革命——农业革命、工业革命和现在

---

① [美]克里斯·布洛根,朱利恩·史密斯.信任代理:如何成就网络影响力[M].缪梅,译.沈阳:沈阳万卷出版公司,2011:6.
② [芬]马库·维莱纽斯.第六次浪潮[M].刘怡,李飞,译.北京:清华大学出版社,2018:1.

的信息革命。① 每次革命同样会带来社会架构、政治体制和经济的倾覆。在农业革命中，人们通过耕种农作物和驯养家畜利用生物能源，游牧生活方式的变化使人类社会不得不适应群体生活并协作生产。在工业革命中，人们利用煤和石油所产生的化学能源替代动物能源，使大规模生产新产品成为可能，人们离开农村来到人口密集的城市居住，劳资双方的经济权力重新划分。同样的颠覆也将发生在当今的信息革命中，隐私问题和社交网络沟通将推动形成新的社会规范，实体设施将被虚拟店面替代。农业革命从开始到结束持续了几千年，工业革命持续了几百年，信息革命在移动智能的推动下，将会在短短的几十年里改变人类的世界。学者们有关人类社会经历的六次社会变革浪潮的研究，从宏观视角勾勒了人类社会变革的推动力量和推动要素，阐释了生产力发展、经济发展和商业模式形成之间的关系，对不同历史时期商业经营、品牌文化建构、广告话语传播之间的逻辑关联多有涉及，这对理解广告话语传播过程中呈现的生产力导向具有重要的借鉴意义。

数字移动技术改变着软件的本质，它使软件从固态变为气态，从而使信息传播的生态发生革命性的变化。在台式电脑时代，软件以固态存在；到了手提电脑时代，软件以"液态"存在，人们通过Wi-Fi这个"出水孔"获得；直至移动智能的到来，软件终于挣脱束缚成为无所不在的气态。移动计算技术将迫使每个消费品公司与他们的客户建立直接的应用联系。通过一个有趣且个性化的移动应用，企业可以和他的每个消费者建立一对一的营销关系，影响他们正在进行的购买决策甚至是消费者在其竞争对手店铺里的购买决策。消费者在实体店挑选，查看产品，找到满意的，然后用手机应用扫描条形码，在网店上搜寻比较更便宜的价格，最终在网店购买，产品将被直接快递送到家。这就是以移动应用干扰整个销售流程的"劫持零售"，可比竞争对手率先获得消费者的关注，较快形成品牌忠诚度。技术的运用、新消费场景的建构与品牌忠诚度的形成直接关联，也为广告话语传播中的技术导向找到注脚。

中国当代社会，商业发展业态也正经历革命性变化。线上线下（O2O）生态系统逐步形成，通过虚实融合创造用户价值，正成为互联网的主流商

---

① ［美］迈克尔·塞勒.移动浪潮：移动智能如何改变世界［M］.邹韬，译.北京：中信出版社，2013：18.

业模式。互联网时代，用户的需求是"个性化的全流程体验"，主要表现在产品设计、购物体验、信息可视化、配送和安装服务等各个方面，品牌营销线上线下融合的价值内涵在不断显现。在虚实融合的模式下，传统的商业准则已经发生改变。企业积极建立起互联网思维，通过平台战略而非产品战略、强调范围经营而非规模经营、采用拉动而非推动消费的方式、实现经营灵活性而非效率的优化。所有这些做法，最终的目标都在于满足用户的消费体验。互联网平台上，企业要建设好O2O生态闭环，需要在五个方面做好工作，即内容协同线上线下、重视客户体验、及时互动沟通、挖掘行为数据、实施个性推送。在这五个方面的工作中，数据的挖掘和运用尤为重要，大数据的时代，一切皆可量化，大数据的相关分析方法更准确、更快，而且不易受偏见的影响。[①] 因此，企业可以从三个方面做好数据挖掘运用工作。首先，企业利用好互联网所提供的大数据资源，与消费者实时互动，深度洞察目标消费者，进行各种层级的品牌创新；其次，企业需要勇于创新求变，捕捉并善用数据变化中的品牌红利期；再次，企业需认清消费者在大数据时代的主导地位并与其建立长期的默契关系，共同推动企业品牌的成长。[②] 通过数据运用，可以提高企业品牌建设的效率，广告话语传播中的数据导向值得重视。

2013年10月下旬，阿里巴巴在推出"支付宝钱包"之后，加大了在口碑网、美团网等生活类网站的布局，同时推出淘点点、淘宝本地生活。而在收购高德公司之后，阿里巴巴又全面拓展O2O战略：将团购、打车、地图、购物等进行有效整合，洞察、提炼消费者通过各类网络应用搜索而主动表达的意图和行为的信息数据，意图形成O2O领域的巨无霸。与此相应，腾讯微信通过成功开启支付功能，正式将线上线下打通，而其之前对大众点评、去哪儿网、滴滴打车等的投资，在迅速补齐吃喝玩乐、投资理财、生活服务等场景支付的同时，也让自己从单纯的社交软件升级为沟通了解消费者意图并满足其个性需求的O2O平台。京东也宣布与全国15个城市便利店合作，以增强用户购买收货的体验性和便利性。由此可见，消费便利性和体验性是O2O生态系统中的两大关键词。首先，将产品或服务与舒适、美观、身份

---

① ［英］维克托·迈尔-舍恩伯格，肯尼思·库克耶.大数据时代：生活、工作与思维的大变革［M］.盛杨燕，周涛，译.杭州：浙江人民出版社，2013：75.
② 陈刚，李丛杉.关键时刻战略：激活大数据营销［M］.北京：中信出版社，2014：5-8.

等文化情感链接并成功地通过沟通营销的方式植入数字生活空间的用户理念中，才能将产品与品牌勾连；其次，便利性也是消费者现代化生活的体现，其在文化感情中意味着由新技术带来的生活质量的提高和被尊重，意味着消费空间的用户已先人一步到更高层次更领先的生活空间域。简言之，随着移动互联网的加速发展和深化，消费者的购物体验发生着深刻的变化，国家定价商品随着国营商店的消失而终结，市场的出现让消费者逐渐养成了讨价还价的习惯。固定价格的终结、商品种类的丰富和全球流通以及随着网络遍布全球的自由交易和消费，现代线上线下企业都需要将消费者看成独立有选择权、理智而又有个性的跨界生活者。综合以上，O2O 其实是结合线上和线下进行的一种复合式营销，以求得 1+1>2 的推广效果，并实现品牌实体化、营销实效化的一种手段。[①] 从这个意义上讲，复合式营销模式的导向，为广告话语建构和广告话语传播提供了新思路。

消费社会是一种"品牌导向"的社会。品牌及其品牌所拥有的特定的文化内涵，已在今天人们的消费行为中得到充分的展现。[②] 消费社会中关于消费者价值标准与生活方式的研究，相关专家学基本达成共识：即一个人有什么样的价值标准，就会选择什么样的生活方式，而这直接影响到他对品牌的认知与选择在当代消费文化中。"生活方式蕴含了个性、自我表达及风格的自我意识。一个人的身体、服饰、谈吐、闲暇时间的安排、饮食的偏好、家居、汽车、假日的选择等，都是他自己的或者说消费者的品位个性与风格的认知指标。"[③] 显然，这些认知指标一定包含了对品牌价值的认识。今后一个时期，品牌导向社会实践价值将会被进一步挖掘，广告话语传播的社会实践意义也会被进一步放大。

---

① 张书乐. O2O 其实并不难 [J]. 销售与市场（评论版），2014（5）：61-63.
② 中国广告协会学术委员会. 品牌：企业核心价值的升级 [M]. 北京：中国工商出版社，2005：4.
③ 孙瑞祥. 消费社会与品牌价值观 [M] // 丁俊杰，董立津，主编. 品牌：企业核心价值的开发. 北京：中国工商出版社，2005：181.

第九章

中国元素创意营销广告话语体系建构

本章提要：广告创意产业是中国文化产业的核心构成部分，在广告创意艺术领域被广泛提及和倡导的中国元素创意和营销活动，也是风起云涌的中国元素运动中最具活力和张力的一道亮丽风景线。中国元素广告运动的开展和创意营销的话语体系建构，是中国广告人坚持广告本土化道路、在国际广告市场争夺话语权的有益尝试。中国元素广告创意营销话语体系的建构，决定着广告创意人使用中国元素的视野、范畴和价值方向。中国元素概念的提出和中国元素广告创意营销实践的实施，同中国近些年不断变化的广告环境及中国广告人面对广告环境的变化而采取的新创意观和营销艺术表达观密切相关。中国元素概念的使用有不同的话语语境。

一、中国元素广告创意营销商业话语的表达

2007年，由文化部和人文中国系列活动组委会创办的"人文中国"大型系列活动隆重举行，在这次活动中，组委会明确提出：凡是被大多数中国人（包括海外华人）认同的、凝结着中华民族传统文化精神，并体现国家尊严和民族利益的形象、符号或风俗习惯，均可被视为"中国元素"。按照这种观点，我国学者将"中国元素"分为三部分。第一部分是中国固有元素：比如中国的领土（包括300万平方千米的领海）、中国的人种、中国的气候

等等；第二是中国传统文化元素，蔚为大观；第三是中国的现代文化元素，如北京的奥运精神、中国的航天精神、中国的电影文化、中国著名企业的文化等等。中国元素概念的提出是时代发展的产物，其概念自身也随着时代的发展不断变化。回顾中国元素运动的发展历程可以看出，中国元素概念的提出，中国学者经历了从文化自卑到文化认同的心理过程，而中国元素与广告创意营销的结合则是广告话语建构的一种文化自觉。

（一）中国元素在社会历史空间的复苏

五四运动以来，中国的文化精英大都把中国封建思想体系中的封建迷信、腐旧糟粕的东西和中国传统文化等同起来，加以批判和扬弃。在打开国门向西方学习的文化思潮和追寻新民主主义的文化浪潮的双重影响下，以中国传统文化为载体的中国元素问题并没有成为一个显性问题为人们所关注。中华人民共和国成立后相当长的历史时期，中国传统文化在意识形态领域被西方割裂曲解、被任意诠释。在西方片面解读中国传统文化的过程中，存附其中的中国元素被戴着有色眼镜的国人所忽略。在当时的政治、经济环境中，对外部世界的无知和对自身认识的盲目，在国人的思想意识里，中国就是世界的中心，并没有可参照的坐标，中国元素自然也就无从谈起。而正是这样的思想认识，为以后不断发展的中国元素运动埋下了伏笔。

中国元素为国人所知晓，并成为一个显性问题，和中国影视文化人有意识的文化反思和无意识的个性张扬密切相关。改革开放初期，在国人精神文化生活相对贫瘠，对各种意识形态交汇和西方文化思潮冲击无所适从、困惑不解的时候，中国第五代导演张艺谋、陈凯歌等人却以独特的影视艺术语言向西方诠释了他们心目中古老的中国元素符号，《红高粱》《大红灯笼高高挂》《老井》《菊豆》等影视作品大量使用了灯笼、皮影、旗袍、酒缸等中国元素符号，使西方影视界和观众以独特的视角认识逐渐揭开神秘面纱的中国。这些电影作品的获奖，从表面看，是影视作品广告话语建构和传播的直接结果；但挖掘其背后的原因，与其说是西方观众对其艺术价值的认可，不如说是西方观众对这些作品中所呈现的中国元素的好奇甚至是欣赏。尽管这些元素的呈现有背景时空的交错，尽管这些作品主观上反映了中国人坚韧的民族个性和不屈的抗争精神，但客观上却展示了中国当时社会生活的贫穷与落后，从而契合了西方社会对尚未完全打开国门、有着悠久历史古老东方国度的偏见。这些被西方影视界认可并获奖的东西,由于在影视领域可以获得话语权,因而也成为国人津津乐道的话题。于是,在中国影视界逐渐出现发掘、展示中国古老元素的热潮,其影响力逐渐扩展到社会生活领域。从这个意义上来说,中国元素运动的起点,应该发源于中国影视人文学创作和文化艺术表达和国际传播领域的广告话语建构。对此,我国学者有精辟论述,他们认为:"无论是灯笼、小脚女人,还是皮影、旗袍和酒缸都是一种客观的历史存在,丑陋的美学实则求索和歌颂一种美好的想望。对《红高粱》《大红灯笼高高挂》《老井》《菊豆》之'出卖丑陋'的指责实在是有失公允。从中国元素运动的脉络发展角度来讲,无论美丽也好,丑陋也罢,张艺谋总归开启了中国元素运动的山林,一场百年文化压抑的突围也找到了自己的出发点和立足点了。"① 实际上,影视工作者在影视作品中对中国元素的阐释,从某种程度上为改革开放初期的中国做了国家艺术形象广告,只是这些艺术形象广告的话语传播,带有时空的交错,往往给人以虚幻镜像的错觉。

随着改革开放的深入进行、文化自觉意识的复苏,文化多元方式的表达逐步回归为对传统文化的重新诠释和认同。中国元素的概念在文化传播艺术与商业运作的结盟中得以强化。我国学者认为,一些富含中国元素的精神文化产品取得市场成功,放大了中国元素的功能:如中国影片《卧虎藏龙》《英雄》《十面埋伏》《满城尽带黄金甲》在全球上映,让世人领略了以中国功夫为符号特征的中国元素的独特艺术魅力。如在《英雄》这部作品里,在音乐中加入了古琴、编钟等古典音乐元素,而武打戏则强调空灵和水墨意境,特别是在武打戏中还破天荒地配上空旷嘹亮、清脆粗犷的秦腔,渲染了动作的力量感和激烈程度。② 而周杰伦和方文山组合的《青花瓷》《发如雪》《菊花台》等,在词曲中大量运用中国元素符号,娴熟、流畅的旋律,优美、深刻、丰富的文化内涵,历史感强烈的词句,受到广泛欢迎。这些脍炙人口、具有浓厚历史文化色彩的中国元素,拓宽了世人对中国社会认识的视野,在娱乐大众的同时,也陶冶了人们的情操。更为重要的是,中国元素的传播艺术与商业运作的结盟,为中国元素的多元传播开辟了新路径,也为中

---

① 吉汉,刘蒙之.三十年来的中国元素运动[J].新闻知识,2009(5):16-18.
② 黄文杰.陷落的电影江湖[M].北京:人民文学出版社,2009:14-15.

国元素运用于广告创意艺术领域做了良好的铺垫，广告话语建构和广告话语传播中的中国元素符号的力量开始显现。

（二）中国元素在商业领域的话语引领

进入 21 世纪，中国元素的运用场景迅速扩展。一方面，在商业利益驱动下，中国影视消费市场的巨大潜力进一步为影视界所关注。中外影视集团在影视作品中大量使用中国元素，以提高中国观众包括海外华人观众的认同感，如好莱坞大片《花木兰》《功夫熊猫》《木乃伊3》中，中国元素的使用已达到炉火纯青的地步。清华大学影视传播研究中心主任尹鸿对《功夫熊猫》的评价就很有代表性，他说："这是一个策划良久、制作精良的关于中国元素的西方表述。无论是里面广为西方人所认知的中国功夫，或者是成为中国文化使者的熊猫，在这个电影当中被巧妙地融合在一起。影片把一些中国的武术文化，包括中国人的励志精神，加了一些西方化的阐释和西方化的包装，在影片当中得到充分传达。而且最有创意的方面可能是——把筷子、包子等一些中国式名词用音译的方式传达到电影当中去，这对汉语文化的世界传播也是有重要贡献的。"① 另一方面，中国元素的广告话语传播开始更为广泛地运用于与文化产业有关的各个领域，如政治宣传、商业营销、服装表演、建筑设计、旅游、会展、游戏以及广告创意活动。如在商业营销中，肯德基快餐厅使用中国传统剪纸招贴画，国际品牌爱马仕"天堂之马"限量版丝巾标识设计从中国汉代的拓片图案中取材，瑞士 Swatch 集团每年推出以中国生肖形象为标贴的特别款手表来迎合中国消费者的心理需求。而麦当劳的网站上的猪宝宝形象，可口可乐公司的熊猫宝宝形象，必胜客的中国结、中国龙、中国红和鞭炮等都拉近了国外品牌和中国消费者的距离。以可口可乐的贺岁广告为例，可口可乐公司为了提高广告传播效果，大量使用中国元素进行广告话语传播活动。他们认为，中国自古以来就是"礼仪之邦"，几千年的历史沉淀形成了中华民族传统的礼仪风俗，如春节是中华民族最为盛大而隆重的节日，民间称为过年。过年的习俗有贴春联、挂年画、放爆竹、守岁、拜年、包饺子、吃元宵、舞狮子、耍龙灯、踩高跷等，团圆祥和，热

---

① 蒋海瑛.四大文献奖出炉 中国元素引领"后五千年时代"[J].广告大观（综合版），2008（12）：114-115.

闹喜庆。可口可乐则充分利用了这些习俗，创作了一系列广告。自2001年春节起，开始相继推出了小阿福、小阿娇拜年的《春联篇》《剪纸篇》《滑雪篇》《金鸡舞新春篇》和《带我回家篇》等贺岁广告，在中国88个城市密集投放，引起轰动，不仅市场业绩明显增加，在消费者中也产生了很好影响，认知度、喜好度都比竞争对手高出一筹。①

在政治领域，与中国元素有关的一系列活动也全面展开。2001年10月21日，上海APEC峰会闭幕，江泽民宣读《领导人宣言》。参加峰会的中外领导人皆穿唐装站立一排，背景是中国的万里长城。中外国家领导人在APEC会议上穿着唐装集体亮相，将中国元素独特艺术魅力向世人做了一次完美展示。2006年，由中国广告协会、北京大学和清华大学发起了"中国元素国际创意大赛"，先后在昆明、青岛和苏州举办了三届。2007年中国元素网络文化节的组织者提倡把每年的8月8日命名为"中国元素日"。2007年，由中国网、人民网、凤凰网等网络媒体联合主办，近百家媒体共同发起推出的"寻找中国100元素"大型网络调查活动在全国范围内展开，声势浩大，影响深远，长城、春节、龙以无可争议的优势分列前三，成为网友最具推崇的中国三甲元素，中国汉字、黄河、长江、儒家思想、天安门、唐诗、故宫依次进入前10名。2008年的第29届北京奥运会是中国元素运动发展的一个高潮，完成了中国元素运动创意艺术运动发展过程中最完美的一次集中展示。如奥运史上已出现过46个会徽，"中国印"是奥运会徽史上第一次汉字字形的引入，将中国书法、印章、舞蹈、绘画艺术和西方现代艺术观念成功融合在一起。奥运祥云火炬的设计，独出心裁，火炬的主题元素，包括代表中国四大发明的纸，它们通过"天地自然，人本内在，宽容豁达"的东方精神，借祥云之势，传播了祥和文化，传递东方文明。五个憨态可掬的福娃带着五环的缤纷，带着浓浓的中国味横空出世。水墨画出的轮廓，五个极具中国特色的造型，让世界记住了中国。奥运开幕式中画卷是以中国古代的社会哲学观"天地人"三才之道的形象徐徐舒展，画卷出现甲骨文、金文和今文三种字体的"和"画龙点睛，向世界传达中国合理、合度的求索。中国的元素、历史的符号和古老的东方艺术通过奥运广告话语传播得到恰如其分的抒发。

---

① 郭有献，郝东恒.中国元素与广告创意［M］.北京：北京大学出版社，2010：228.

通观中国元素运动的发展历程，不难看出，中国元素运动的兴起，既有宏观的政治背景，也有经济利益的现实需求。而中国元素与广告话语传播的结合，则是一种文化自觉，是中国文化精英对传统文化反思的结果，也是在市场经济环境中国人对中国传统文化高度认同的一种必然结果。

二、中国元素广告创意营销文化话语倡导

在文化影视界运用中国元素展示中国文化，向西方争夺话语权，并利用中国元素获取商业利益的时候，中国广告创意人也一直在寻找适合广告话语传播的中国道路。

（一）中国元素广告创意营销的话语实践

多年来，中国广告人的创意思想，一直来源于西方广告人和西方广告公司的思想宝库，六大创意理论流派的创意和营销经典论述被广告人奉为圭臬。模仿、学习、借鉴是中国广告人首先要做好的一门功课。中国广告人也曾做过富有成效的尝试，白马的唯美艺术创意和太阳神式的营销艺术令人耳目一新，但受到风格论和方法论的限制，并不具有普适意义。国际化和本土化的争论有助于广告人树立主体意识，但其边界的模糊也更令人困惑。在纪念中国广告25年的系列活动中，中国广告人不断反思中国广告创意的出路。梅高（中国）公司董事长高峻在一次演讲中曾说到，中国的广告业虽然经历25年的发展，但如果25年前不懂得向西方学习，那是自己的无知，而25年后，还一味地崇拜西方，那就是自己的无能。多年来，像许多广告人一样，高峻也在思索究竟什么是中国广告文化的内在推动力。2004年，高峻在一次广告业内的聚会当中首次提出"中国元素"概念。曾为高校美术教师的高峻在阐释中国元素的概念时说道：中国的创意人必须看到，所谓的中国元素，不是一种图案，是由中国文化派生出来，用于沟通使用的素材，是体现中国文化精神的一种载体。这是中国学者和广告人把中国元素作为自主性广告文化创意思想体系研究的开端。在2005年第12届广告节上，由中国广告协会、广告创意人和相关单位的共同倡导，"中国元素"被确认为2006年第13届广告节上的主题内容。2006年8月，中国元素国际创意大赛主题沙

龙活动在成都成功举办。10月底，在第13届昆明广告节上，高峻与其他八个志同道合的广告同仁自筹资金，每人分别筹集20万元，对"中国元素国际创意大赛"的获奖者颁发奖金。①这一举措，激发了许多广告人运用中国元素进行广告创意的热情，吸引了来自全球40多个国家和地区的5000多份作品。这次活动迅速引发了广告专业领域的"中国元素"广告创意风潮，也为中国元素广告话语国际传播提供了实战演练。2008年，以"盛世中国"为主题的第三届"中国元素"国际创意大赛作为"第15届中国国际广告节"主体板块之一在安徽合肥隆重举行。这次大赛则收到来自海内外的作品10 900件，由13位享誉国际的著名设计师、创意总监、艺术家组成的评委评出入围作品100件、金奖作品3件、银奖作品5件、铜奖作品13件，全场大奖由谷歌影视广告《宝贝》夺得，"中国元素"创意活动达到高潮。与此同时，中国元素的创意作品开始在国际大赛中产生影响，在2006年纽约广告节评选活动中，29件具有很强中国元素色彩的作品大放异彩，获得奖项。中国元素不但被评委们接受，也在很大程度上影响着世界广告创意的发展方向，中国元素开始在国际平台上显现出话语传播的价值。这次参赛和获奖经历进一步坚定了中国广告创意人使用中国元素为广告创意营销艺术服务的信心。

（二）中国元素广告创意营销的话语潮流

从中国广告人自觉把中国元素作为广告创意营销艺术的历程来看，其文化自觉背后却是具有更深刻意义的社会文化自主思想的全面复苏。

1. 中国元素国际话语传播号角

中国元素的创意营销艺术设想，契合了时代发展和社会转型时期广告产业升级换代的需要。2006年在中国广告人把中国元素广告创意运动逐步推向高潮的时候，也正是我国第十一个五年规划实施的第一年，这一年，也是国家文化创意产业全面启动的新元年。在珠江三角洲、长江三角洲和环渤海三大城市群，各省市及部分中等城市"十一五"期间创意产业的发展规划纷纷出台。广州、上海和北京等城市相继制定出符合本城市发展的创意政策，

---

① 李淑敏．高峻．广告中国元素［J］．华人世界，2008（9）：106-107.

也开始建立具有开创意义的创意产业基地。①中国广告人抓住这一有利时机，敏锐地把中国元素同文化创意产业作了对接，进行新的广告话语建构。在一批广告创意人的大力推动下，一群致力于要提高中国创意设计水平的有志之士刮起了中国创意界的旋风，吹起了中国创意界的号角。譬如他们提出，组织中国元素创意大赛，并不只是简单地喊着复兴中华文化的口号，而是希望让溶化在广告人血液中的文化迸发出来，让它焕发出应有的勃勃生机。这种希望既是顺应时代而动的广告话语建构愿景，也是顺应潮流而动的广告话语传播蓝图的描绘。

2. 中国元素与广告话语呈现价值

把中国元素自主地运用到广告创意活动中去，也契合了广告产业是文化创意产业核心组成部分的命题。2002年11月中共十六大报告，强调了文化建设和文化体制改革，明确提出要积极发展文化产业。后来在国家部委出台的有关文化产业政策的文件中，广告产业也被纳入文化创意产业的范畴。值得提到的是，2009年9月，国务院总理温家宝主持召开国务院常务会议，讨论并通过《文化产业振兴规划》，其中明确提出的规划目标包括：文化产业结构进一步优化。重点行业和项目对文化的拉动作用明显增强，文化创意、影视制作、出版发行、印刷复制、广告、演艺娱乐、文化会展、数字内容和动漫等产业得到较快发展，以资本为纽带推进文化企业兼并重组取得重要进展，力争形成一批跨地区跨行业经营、有较强市场竞争力、产值超百亿的骨干文化企业和企业集团。在规划的重点任务部分也提到发展重点文化产业。以文化创意、影视制作、出版发行、印刷复制、广告、演艺娱乐、文化会展、数字内容和动漫等产业为重点，加大扶持力度，完善产业政策体系，实现跨越式发展。②从这样一个时代背景看，中国广告人无论是对中国元素概念的阐述，还是通过创意大赛对中国元素运动的推动，其目的就是继承、发扬中国本土文化元素的生命力与创造力，推动中国广告业及广告创意形成中国自己独特的广告创意文化，并在世界发起与倡导中国元素的推广应用，表彰全球广告创意人所取得的成绩。这是在把握创意产业、经济运行与本国文化之间的内在规律之后把中国元素作为广告文化产业发展的重要推动力的

---

① 沈赞臣.用中国元素引擎创意产业［J］.广告人，2006（9）：90.
② 参见国务院2009年9月9日下发的《文化产业振兴规划》。

顺势之举，意义非凡。如果说影视文化人热衷于对中国元素的运用是对中国传统文化的认同，是一种文化自觉的话，以高峻为代表的广告创意人对中国元素的倡导和运用则是广告话语建构的新举措，是中国当代社会文化主体意识全面复苏背景下，中国广告人广告文化创意、广告文化营销自主创新思想的全面觉醒。

三、中国元素广告创意营销的传播趋势

伴随着市场经济的深入发展和社会转型时期的到来，中国社会逐步进入消费社会。在这样一种社会环境下，代表着新生产力发展方向的商业文化肩负着弘扬时代精神，奏响时代旋律的重任。在人们传统观念中的次文化实际上起着引领时代潮流的作用；同样，从模仿、借鉴到自觉、自主创新，中国广告业在商业文化的统领下，也逐步完成了从依附性产业到自主创新性文化产业的过渡，中国元素在这样一个转变过程中起到一个文化产业发展引擎的推动作用。中国元素运动从某种程度上来说代表着广告话语传播的新文化潮流。

（一）中国元素话语变迁中的时代精神

中国元素运动的兴起，应关注到历史文化传统和时代精神的契合。反映中国人文精神和一切具有中国特质的文化成果，包括物质文化元素和精神文化元素，都是中国元素，是中国精神的载体。从中国传统文化发展的历史脉络中梳理中国元素的内涵，则对中国元素有一个全面的认识。我国学者指出："中国元素是具有中国特质的载体……这种特质涵盖了文化意味、思维方式、精神气质以及历史所积累的各方面，也涵盖了难以言表的审美情感。当然，这其中包含了反映睿智思想、璀璨文化、民族风情和尊严利益的精华，也包括了一些封建迷信、腐旧糟粕的部分，也带有明显时代烙印的历史遗留。"[①] 这就特别需要我们在实际运用中，一定要把中国元素新内涵同历史传统中过于泛化和过于模糊的符号表达，中国改革开放初

---

① 张琦.中国元素与广告创意表现关系研究［D］.杭州：浙江大学，2007.

期反映特定时代背景、特定区域文化特征，具有封建、愚昧、落后符号表象的描述做一个明显的区分，自觉抛弃中国历史传统中的文化糟粕，提炼、总结和运用能够反映中华民族睿智思想、璀璨文化、民俗风情和人格尊严的中国元素符号，在广告话语传播中发挥正能量，减少负面影响，自觉为市场经济和现代化建设服务。

（二）中国元素的商业运用的国际化与本土化

中国元素概念的运用，应重视广告创意艺术功能和市场营销功能的文化学解读。中国元素的运用范围很宽泛，广告学者对中国元素的关注应该着重限定在社会文化、商业文化领域和创意艺术产业领域。对中国元素的广告创意艺术功能和市场营销功能的文化学解读，是广告话语传播的起点。对此，我国许多学者做了较为精辟的阐述。有的学者认为："'中国元素'即是中国符号，它是中华民族文化悠悠五千年传统文化的结晶，是中国传统思想和价值观的符码，是整个中华民族历史文化遗产在最高的抽象层次上的能指集合。中国元素一直存在于我们的深层记忆中，就像那泥土般的质朴能感染我们整个民族。"[①] 还有学者认为："中国元素是中国文化的精髓，并延续到我们现代生活中来，更起到传承民族文化的作用，是中华民族的独有的内在和外在的特质，既有形而下的具体物质，也有形而上的意识形态。"[②] 而在广告话语传播中，则需要我们自觉、自主的精炼广告作品的画面元素、语言元素、表现技法元素、表意元素、价值倾向元素等要素，把真正能够表征中国特有文化意味、精神气质、历史沉淀及审美情趣的，体现中国广告传播表现特征的典型形象、典型事物、风俗习惯及与之相关的要素应用到广告话语传播中去。把中国元素的创新内涵、商业价值、美学取向和国际视野的和谐统一作为广告话语传播的新文化发展方向来引领。

（三）中国元素话语引领与自主创新

中国元素的运用，应该沿着国际路线和自主创新两个路径来展开。梅高（中国）公司董事长高峻认为中国元素是一个大概念，他说："我们的中国元

---

① 吉汉，刘蒙之.三十年来的中国元素运动［J］.新闻知识，2009（5）：16-18.
② 胡立彪.中国元素不容亵渎［N/OL］.新京报，（2004-12-09）［2022-03-06］.http://finance.sina.com.cn/review/20041209/09241212931.shtml.

素不是翻箱倒柜找以前的古董,这样的想法是错误的。中国元素首先应该全球化,人类的文明是由不同民族的不同人的文明所构成的,而中国占有世界上 1/5 的人口,并且经过了几千年的文明沉淀,它没有理由不成为人类文明的一部分。在全球化的进程中,中国是比较后起的,因为以前中国穷、地位低下,因此既没有能力去推广中国元素,也没有平台可以推广。但现在中国已经具备了这样的能力,所以我们应该用世界的眼光,用全球的视野,将中国优秀的文化和元素变成全世界的财富。"[①] 这段话实际上表达了中国元素的广告话语传播应该沿着国际路线和自主创新路径展开的基本思想。应该认识到,中国元素概念的提出,反映了中国广告人的文化自觉。中国元素概念和相关知识内容运用到广告话语传播实践中去,丰富了世界广告创意理论知识宝库的内容,为世界广告创意理论体系注入了新鲜血液,凸显中国式营销的声音。更为重要的是,中国元素创意观念和营销观念的弘扬,契合了广告创意文化产业快速发展的强劲声音,为广告创意艺术产业是新时期文化产业核心力量的定位做了强有力的注脚,同时,也为中国广告业沿着自主创新的文化艺术产业道路发展指明了方向。

---

① 张革.报纸版面的中国元素的介入 [J].新闻实践,2006(6):2.

第十章

广告话语权与广告并购实践

本章提要：全媒体时代的国际广告并购成为常态，广告行业的资源整合在并购的大背景下静水流深，各显神通。优秀的广告代理公司和服务机构一般都善于运用资本市场调整资产组合，寻求更快发展。在此起彼伏的市场浪潮中经受着洗礼和历练的广告企业，把并购作为突围的重要手段。这种变革本身是市场选择的结果，也是资本运作的结果，是为了提升公司实力和品牌价值，应对媒介融合趋势而在全行业中争夺话语平台、占领舆论制高点的企业改制尝试。近年来本土广告公司的并购数量也呈增长趋势，并购已成为广告行业升级换代的核心话语形态。本章通过重点探讨广告话语与话语权的转移，窥探全媒体时代的中国广告企业通过并购争夺行业话语权、在激烈的国际市场竞争中站稳脚跟、实现企业能级提升的实践运作模式和并购实践范式。

一、话语与广告话语权

广告话语作为话语的一种外在形式，反映的是不同利益主体的主张。伴随着社会变革的步伐，这种利益主张不断受到市场力量、社会力量及利益集团内部力量的驱动。在社会语境下，广告话语深层次反映的是不同利益主体的主张。通过媒介传播和社会互动交流，潜移默化地产生具有社会深层意义的权力象征价值,并对与广告传播相关联的社会文化、社会关系及社会存在进行话语权力的建构。

(一)话语即权力概念阐释

法国著名符号学家托多罗夫(Tzvetan Todorov)认为:"话语概念是语言应用之功能的对应物,在一定的社会文化环境里被陈述,它们彼此变成言语事实,而语言变成话语。"① 哈贝马斯的话语民族理论、葛兰西的文化领导权理论、布尔迪厄的符号资本理论都对话语权的研究起到了基础性的作用。张宽指出:要给话语这个词下一个简明扼要的定义是很困难的,话语是后结构主义的一个中心词。② 李金水从两个维度来理解话语权:一是指"言说、交流、辩论"等语言上的权利,即"言语权力";二是指一种表达公民利益、思想与需求的"行为权利",如投票、选举、参与等都是一种话语权。③ 那么究竟如何定义"话语权"呢?发轫于20世纪50年代末的当代文化研究,一直将话语权问题作为一个重要研究领域加以讨论。福柯的"话语即权力"的观点及其相关论述成为话语权理论的经典。他认为,话语并非一个名词或者一个范畴,它是除"言语"和"语言"之外的第三者,是一种权力关系,这种权力关系交织在社会生态、人际场域、言说语境等多种复杂因素中,权力生成话语,话语又反过来产生权力。费克劳(Fairclough)系统地分析了各种话语如何包含并生成权力。斯皮瓦克(Gayatri Chakravo)在她的"底层人能说话吗"一文中阐释了实现权力的有效话语形式问题,明确指出:在一个社会只有一种话语权的有效表达形式即主流的话语形式;强势群体享有充分的话语权,而弱势群体很少或基本没有话语权。④ 综上所述,"话语权可以简单地概括为话语的影响力,即控制舆论的权力。话语权掌握在谁手里,决定了社会舆论的走向"⑤。自然,广告主控制了广告话语权,也就控制了广告舆论的走向,媒体也是,广告代理公司也会在广告话语权的转移中,实现与广告主、

---

① [法]托多罗夫.巴赫金、对话理论及其他[M].蒋子华,张萍,译.天津:百花文艺出版社,2001:17.
② 张宽.Discourse(话语)[J].读书,1995(4):132-134.
③ 李金水.中国公民话语权研究[M].长春:吉林人民出版社,2009:29.
④ [美]佳亚特里·斯皮瓦克.从解构到全球化批判:斯皮瓦克读本[M].陈永国,赖立里,郭英剑,译.北京:北京大学出版社,2007.
⑤ 陈伟球.新媒体时代话语权社会分配的调整[J].国际新闻界,2014,36(5):79-91.

媒体的利益均沾。

（二）广告话语权的转移和表达

学者们的研究重点主要集中在"媒介话语权""意识形态话语权""国家话语权"等领域。比如，关于媒介话语权，在传统媒体时代，由于信息渠道所造成的信息不对称，传媒拥有话语权是不言而喻的，因为传媒本身就是话语表达的渠道。但是，随着媒介技术的发展，传统的"传-受"结构被改变了，受众与传播者取得了平等的地位，表达渠道增多，媒体话语权出现了弱化的现象，于是话语表述在话语权建构中发挥着巨大的作用。因此，身处市场竞争中的媒体，所求的不仅是话语表达权，他们更希望获得一种话语绝对影响力，从而维持其市场地位。亨利·詹金斯（Henry Jenkins）认为：在数字化媒介融合时代，受众获得了更多的媒介权力，媒介生产者与媒介受众的角色不再分离，大众传媒和受众将以一种目前还无法完全理解的"新规则"互动。这两种力量之间的合作、斗争和协商将决定未来的媒介景观。[①] 伴随着传播格局的变化，话语权也开始发生转移，人们对信息传播的事实性和实效性都有了新的要求。

对于国际话语权来说，国际话语权指的是国家或者其他国际行为体在国际社会通过话语来影响其他行为体从而实现自身意愿的能力。国际话语权不仅仅是对于国际规则与秩序的评判权，而是依据掌握的话语优势，通过在国际意义上的公共空间或非公开场合自由传播或表达与国家利益及其所承担的国际义务相关的具体立场和主张，是话语反馈结果符合预期，并且能够使对象自觉或者不自觉受到影响的权力。国际话语权是一国或国际组织在国际范围内控制舆论的权力。主权国家通过一定的话语权的传播途径、传播平台来实现其蕴含一定文化理念、价值观念和意识形态对国际社会的渗透，以便使其他国家接受和认同。国际话语权所要表达的多是一个国家的国家利益。

在意识形态领域，西方大国借助自身经济和科技优势，用武力、资本、商品等物质力量征服异域，将表征西方物质文明和精神文明的西方词汇和西方术语散布世界各地，形成所谓的"西方话语霸权"，挤压着非霸权话语的

---

① ［美］亨利·詹金斯. 融合文化：新媒体和旧媒体的冲突地带［M］. 北京：商务印书馆，2012：61-62.

生存空间，不断使其失语和边缘化。秦廷华认为："国际范围内的意识形态话语权争论的实质，就是以美国为首的西方强国的霸权压制和以中国为代表的发展中国家为寻求本国发展道路合法性之间的斗争。"① 也有学者定义："话语权是通过创造、表达、设置、传播和运用一定的话语来影响和引导人的思想和行为的权利和权力，这一概念揭示并凸显了隐藏在纷繁复杂的话语交往现象背后的权力意义世界。"②

二、广告话语权的特性

进入21世纪以来，随着数字技术的不断发展和媒体之间的竞争越加激烈，广告话语权的转移速度加快，广告话语权的生成模式和路径也不断重构。"广告话语权"既拥有"话语权"的一般共性，又有其自身的特性。探析广告话语权的内在张力，将其放在独特的话语体系中去考量，可以看到广告话语权的市场特征和社会特性。

（一）广告话语权的内在张力

广告的媒介属性和传播属性，让其生存发展都离不开媒介生态环境的变迁，需要谋求话语表述脚本的社会共写，让话语权在事件中发挥其正面效应。话语权争夺的背后，实质就是民意争夺，而民意争夺在媒介场域来说，就是符号表述的竞争，有学者将这种符号表述的竞争论证为"社会巫术"的争夺。③ 能够影响或者改变"广告话语权"的两大主要因素，一个是新媒体的崛起对媒介生态的改变；一个是来自西方的"强势传播"态势。前者使话语权力结构转型、话语权重新配置；后者"由不平等、不平衡、集中和垄断的国际传播秩序所导致的文化产品或信息产品的单向流动，将裹挟于其中的社会价值和政治观点倾斜给对象国，潜移默化地影响着他们的观念、信念和

---

① 秦廷华."中国式民主"要有自己的民主话语权：关于民主话语权问题的几点思考[J].理论与当代，2009（10）：16-20.
② 骆郁廷，史姗姗.论意识形态安全视域下的文化话语权[J].思想理论教育导刊，2014（4）：66-73.
③ 曾庆香.话语事件：话语表征及其社会巫术的争夺[J].新闻与传播研究，2011，18（1）：4-11，109.

精神结构。这种媒介话语已经不仅仅是携带意义的语言,还是权力运作的方式,一种抹平文化差异的话语权力"。[①]一家国际传播媒体传播的信息和观念能否为国际社会接受,能否在国际舆论中产生广泛而深刻的影响,直接关系着国际话语权的强弱和影响力的大小。

(二)广告话语权是一种软实力

广告话语权根植于文化,是一种"软实力"的象征与体现。"soft power"这一概念由美国著名学者约瑟夫·奈(Joseph Nye Jr.)于20世纪90年代初提出。他认为软实力是"一种通过让人做自己想做的事情而获得预期结果的能力。这是一种通过吸引而非强迫获得预期目标的能力。它可以通过说服他人遵从或使他人同意那些能够产生预期行为的准则或制度来发挥作用"。软实力是一种"同化式的力量",它不仅仅是影响力和说服力,它更是一种吸引力,而吸引常常导致默认。[②]随着中国国力的增强,我们的民族自尊心自豪感在不断提升,但是,如果没有切实的文化实体支撑,如果不能真正"做大做强"民族的文化产业、事业,我们在国际舞台上的声音将是微小的,"话语"将是软弱无力的,所以增强国际话语权与提升文化软实力相辅相成。

(三)广告话语权商业属性与社会责任

从广告行业本身来看,广告话语权对广告主而言,意味着媒介资源对产品宣传消费的引导力、影响力和推介力,通过对媒介广告话语权的有效掌控,实现良好的市场游说效果,使企业产品品牌影响力、产品市场占有率、媒体社会影响力同步提升。[③]对于受众而言,广告话语权意味着公信力、服务力和引导力,通过科学规划、精巧设计和合理投放,使受众对产品的认知、对服务的体验、对性价比的鉴别更加直观和真切,从而实现产品的商业价值和社会责任的完美结合。

在全球化背景下所拓展的广告话语权必然要涉及与相关联的五个基本要

[①] 熊伟.话语偏见的跨文化分析[M].武汉:武汉大学出版社,2011.
[②] [美]罗伯特·基欧汉,约瑟夫·奈.权力与相互依赖[M].门洪华,译.北京:北京大学出版社,2002:263.
[③] 庞燕,程艳林.整合与重构:微时代广告话语权的博弈[J].广告大观(理论版),2014(3):73-77.

素:"话语施行者、话语内容、话语对象、话语平台和话语反馈等。"①而本章重点探讨的问题就是"话语施行者"通过"并购"整合"话语平台"和"话语内容"进而对"话语对象"施行影响的途径和方法。实现对广告话语权的掌控的方法方式有很多,本章选择"并购"这一要素来深入分析"并购"能够通过资本运作、振兴和发展广告产业、实现产业做大做强、实现媒介融合、整合各种资源、推动"话语权"变迁的可能性和现实意义。

三、广告并购与广告产业升级换代的话语实践

中国广告企业并购是广告产业发展到一定阶段企业战略竞争的必然产物,也是社会转型时期宏观经济结构调整的一种中国式的非完全市场化的经济行为。并购的动因既有企业内部机制创新的驱动,又有应对企业外部生存压力和威胁的需要。广告并购直观地反映着中国当代社会文化产业创新发展,政府和广告企业作为广告话语"施行者"引领广告话语发展方向、整合话语平台和话语内容资源、进而对消费者施行影响的话语实践过程,也反映着中国广告企业创造机遇和化解危机的智慧能力。

(一)广告产业战略竞争的话语实践体系建构

美国战略管理大师迈克尔·波特曾提出"经济发展四阶段理论"。他认为,在人类社会的发展历程中,从战略竞争层面考察,经济发展的驱动力形成大致经历了四个发展阶段:第一阶段为要素驱动阶段,经济发展的主要驱动力来自廉价的劳动力、土地、矿产资源;第二阶段为投资驱动阶段,以大规模投资和大规模生产驱动经济发展;第三阶段为创新驱动阶段,技术创新为主要推动力;第四阶段为财富驱动阶段,追求个性全面发展,追求文学艺术,体育保健,休闲旅游等生活享受成为经济发展新动力。②通过"经济发展四阶段理论"的梳理,可以观察到广告并购在社会经济周期里发

---

① 梁凯音.论中国传播"和谐世界"理念的新思路[J].太平洋学报,2010,18(6):65-73.
② 参见:[美]迈克尔·波特.国家竞争优势[M].李明轩,邱如美,译.北京:华夏出版社,2011;另参见:全国科技管理干部培训阅读丛书编委会.建设创新型国家[M].上海:上海科学技术出版社,2009:32-34.

生的时间节点和推动因素，为了解当代中国社会广告并购发生的可能性和必然性提供理论参考，同时，也对广告并购过程中广告话语传播的规定性有一个框架性的认知。

广告并购是社会经济发展到一定时期广告市场化运作中的常见现象，是广告产业战略转型的必然产物，其实质是广告公司运用上市后募集的充裕资金进行扩大市场规模与降低运营成本的一种资本化运作方式。不同国家和地区的企业并购大多发生在投资驱动阶段，并在创新驱动阶段和财富驱动阶段得以延伸。中国当代社会的经济驱动力较为特殊，要素驱动、投资驱动和创新驱动在中国社会现代化进程中都在发挥作用，但投资驱动逐渐成为现阶段经济发展的主要力量。按照波特的理论，中国社会经济发展总体水平正处于从投资驱动向创新驱动转化阶段，广告并购符合中国现阶段经济发展水平的总体要求，也符合中国广告企业应对中国广告市场结构性调整、政策性调整和外来压力运用资本和技术进行规模扩张的一种全新尝试。这些分析，明晰了中国广告企业进行广告并购的时代背景，确立了中国广告企业进行广告话语建构的愿景，为中国广告企业广告话语传播实践体系的打造提供了理论依据。

（二）广告并购与社会发展和文明进步话语引领

在西方社会历史发展进程中，出现过多次并购浪潮。广告并购是这些并购浪潮的有机组成部分。考察西方社会的并购历程，可以发现，每一次并购浪潮都与当时的经济、金融、政治及文化等外在因素的冲击有很大的关系，从一定意义上说，它是社会发展和文明进步的历史选择。

美国第一次大规模的并购浪潮产生于19世纪末20世纪初，它是随着美国国内铁路网的建成，美国成为世界上第一个统一的市场而出现的。美国国内统一市场的形成刺激了美国企业进行横向并购，以产生规模经济效应。第二次并购发生在20世纪20年代，无线电技术的应用和汽车工业的发展改变了传统的销售渠道。无线电技术使得各种产品可以通过全国性广告进行宣传，而汽车业的发展使货物运输变得更方便，从而大大节省了产品的销售成本。同时，整个生产链条中对各种部件质量要求的提高，共同引发了企业间进行纵向并购的热潮。第三次大的并购浪潮发生于美国20世纪60年代，其背景是西方财务计划和治理体系发展而促成的多样化经营浪潮。从化解企业风险的角度思考问题，企业为了保持组织资本和声誉资本以及在财务和税收方面的优势，可能会寻求多样化经营、通过兼并达到多样化经营要优于内部发展途径。第四次并购浪潮出现在 20 世纪 80 年代，从某种程度上说是西方金融制度创新的产物，新的融资工具的创新使企业很轻易筹集大量现金进行并购，任何企业只要经营表现稍微不善，则就有可能成为被收购的目标。在这一阶段，分拆作为收购的一种形式占到了 80 年代并购总额的 45%，杠杆交易被广泛使用。20 世纪 90 年代以来的第五次全球战略并购浪潮，其背景是全球化、信息技术、管制的放松及产业结构的变迁要求企业做出迅速调整，从而导致在 2000—2001 年高技术领域的并购浪潮中达到了高潮。

中国当代广告并购则是在经济发展速度放缓、广告企业运营成本增加、国际传媒集团区域性并购扩张威胁来临的背景下展开的。中国广告企业的并购从并购动因理论解释，虽然也是社会发展和文明进步的历史选择，但国内广告企业选择的是横向并购和规模扩张，外资广告企业实施的则是全球化竞争战略，并购的起点和发展理念可以说不在一个层面。但中国企业应对挑战，勇敢地做出自己的抉择，无论是重复国外企业的广告并购模式，还是探讨出符合中国国情的广告并购新路径，都将在世界广告发展史上留下其独特的发展轨迹。中国广告企业通过广告并购解决发展中的问题，其广告话语传播既有借鉴、模仿学习，也有创新发展，其广告话语表达成为社会发展和文明进步话语引领的重要组成部分。

（三）广告产业结构调整时期的话语实践

2008 年 8 月 22 日，国家工商行政管理总局和中华人民共和国商务部为加强外商投资广告企业的管理，制定颁布了《外商投资广告企业管理规定》，自 2008 年 10 月 1 日起施行。其中第二十条规定："通过并购境内广告企业投资广告业的，按照外国投资者并购国内企业有关规定和本规定办理。"这一规定的出台，实际为跨国公司对中国广告企业的并购开启了绿灯，从管理层面降低了跨国公司并购中国广告企业可能承担的风险，也为广告话语的传播在政策上做了舆论准备。

2012 年 5 月 29 日，国家工商总局组织编制了《广告产业发展"十二五"规划》，其中，在第三条"重点任务"中，明确提出："打造具有全球服务能力的我国大型广告集团。鼓励有实力的国内大型媒体和广告企业通过参股、控股、兼并、收购、联盟等方式做强做大,构建股权多元化、运作市场化的广告集团化运营机制,着力提高其为大企业、大品牌、大工程提供综合策划、推介服务和海外拓展等全方位服务能力,不断增强国际竞争力。"这一规划的出台,对提高中国广告业的专业化、集约化、国际化水平,推动广告业健康和全面、协调、可持续发展具有重要战略意义,更重要的是为国内广告企业进行国内并购和参与国际并购指明了方向,具有较为重要的广告话语建构意义。

西方企业的并购活动在不同的历史时期有不同的范式,其并购的理念、内容、核心都不尽相同,这些都可作为了解中国企业特别是广告企业并购的重要参考。中国的企业并购有特殊的国情和独特的市场环境,其广告话语传播的方式与西方也有较大的不同。如我国早期的企业并购是在政府政策主导下的企业行为,其广告话语传播呈现出自上而下的传播特点,其目的是主管部门为解决长期存在的亏损企业问题、解决财政的沉重负担和支持优势企业发展等要求倡导或引导的经济行为,其话语建构和引导功能强大,效果明显。一些企业的并购则受制于资本市场,买壳上市成为企业并购的主要目的。在中国当代特殊的市场环境中,政府主导下的广告企业并购、市场竞争主导下的广告企业并购将共同构成中国广告企业并购的特殊场域,这也是中国广告企业开展广告并购活动中营造的广告话语传播独特语境。

(四)跨国广告企业的话语争夺

国际传媒集团或广告集团对在中国市场开展的广告并购活动,是其全球化广告扩张的重要组成部分。中国广告企业开始的广告并购活动是中国广告产业结构调整的现实反映。从市场格局看,跨国广告企业在中国广告市场的并购中仍扮演着主要角色,其广告话语建构能力也对中国广告并购的市场格局产生较大影响。

2007年1月,WPP集团收购了黑弧在成都、杭州、重庆、长沙等二、三级城市的分支机构,攫取其在这些区域已经建立起来的资源和渠道,以获取更多的房地产广告业务。2007年6月21日WPP集团旗下精信整合传播集团收编星际回声集团,强化营销服务能力并获得星际回声集团遍布全国上千个城市的物流执行系统,以及达生的4个办公室、33个办事处和覆盖全国超过500个城市的营销执行网络;10月,收购广州达生整合营销传播机构。同年，WPP集团旗下智威汤逊收购本土最大的促销网络上海奥维思。2008年10月29日，WPP集团成功收购TNS，并将其与本集团的市场调研部门Kantar合并。WPP在中国并购的目的，是通过有选择的占有中国广告市场的渠道资源来保证其收入来源的多元性，从而更好地在全球经济疲软的状况下保证中国市场的收入增长。

跨国集团阳狮集团的并购选择则紧盯中国内陆市场及数字营销领域。2007年4月，阳狮集团收购售后、零售、促销服务公司永阳绝大多数股份；6月至7月，阳狮集团收购中国最大的互动营销公司CCG。2008年5月22日，阳狮集团收购总部位于上海的全方位数字营销公司EmporioAsia，更名为EmporioAsia Leo Burnett，在李奥贝纳中国旗下与Arc协同运作。2008年12月2日，阳狮集团宣布收购中国本土综合性广告代理公司——维传凯普传播机构，成立"李奥贝纳维传凯普"，加上先期收购的中国传讯、Arc，逐步在中国形成一个庞大的专业营销网络。

跨国企业宏盟集团在中国的并购则涉及多个领域。2006年，宏盟集团控股尤尼森，获得遍布全国22个城市的终端营销网络。2007年9月，宏盟集团收购康斯泰克公司，进军中国医疗保健营销市场。2008年1月7日，宏盟集团（旗下有BBDO、DDB、TBWA等）通过BBDO完成对中国宣亚国际传播集团部分股权的收购。

经济全球化和信息技术革命导致全球竞争的加剧，竞争的加剧又迫使世界各国普遍放松监管政策，这就给并购创造了较有利的企业内部压力和外部环境。从跨国企业对中国广告企业进行并购的时间节点看，一时抓住了中国加入世贸组织后，对国际社会承诺广告领域的开放已纳入产业发展进程的有利时机，前文所提中国广告管理相关政策的出台就是顺应这一大趋势的具体举措。二是全球经济危机和2008年金融风暴促使跨国公司通过并购，在中国充满活力的广告市场延伸和扩大业务范围和提高经营力，为其全球产业链加上一个保险锁。三是跨国企业拥有的无形资产优势，如治理、技术知识、品牌或商标优势等也使其理所当然地成为这一轮广告并购的领导者。跨国企业对广告并购时间节点的把握、并购时机的选择、并购理念的推广、并购重点领域的推进，都为中国企业开启的广告并购提供了很好的借鉴，在广告话语建构、广告话语传播和广告话语引领等方面都为中国广告企业作了很好的示范。

但广告市场并没有永远的主角,在中国新的广告发展环境和新一轮产业结构调整的洪流中,中国广告企业的广告并购虽然只露出了小小的冰山一角,但凭借其对中国市场的深刻理解和对本土资源的有效整合,凭借新产业政策环境下资本和技术杠杆的巨大撬动力,凭借中国式的广告发展模式和中国式的广告发展智慧,中国广告市场本土企业广告并购的英雄时代来临并不会是遥遥无期,在与广告跨国集团进行广告话语争夺的过程中,中国本土广告企业一定会奉献越来越多的中国经验。

(五)中国广告企业结构调整与话语建构

2011年,中国著名广告企业广东省广收购了重庆年度与广州旗智、2012年又继续收购了青岛先锋和上海窗;中国另一著名广告企业蓝色光标也斥巨资将分时传媒收入囊中。多年来,"并购"一词,只是跨国集团的专利,拥有雄厚资金和庞大产业链的跨国集团把并购当作进入和占领中国广告市场的一种利器。而国内两大广告企业的并购似乎开启了国内广告企业并购的新纪元,在广告话语建构和广告话语传播方面作了有益的尝试,并取得良好的传播效果。业界普遍认为,认为这些并购活动实际上是"演绎了中国式的广告业扩张版图",广告话语引领的意义非凡。

中外广告企业并购的路径不尽相同。美国的第一次并购是横向并购和规模经济动因;第二次并购是纵向并购并希望达到协同效应目标;第三次并购是混合兼并并试图达到多样化经营动机;第四次并购主题是金融创新,并购成为解决公司股东与治理者之间利益冲突的一种有效工具,注重加强企业核心竞争力。这一时期美国的许多企业还利用并购进行合理避税。第五次并购则是跨国公司跨国竞争的产物,跨国并购则涉及技术进步,全球化和自由化贸易,监管松弛,规模经济、范围经济、经济互补推动的技术赶超,产业组织的变迁,企业家个人的才能以及股价的上升、利率的降低和经济的持续增长等。

由此可见,西方企业的每一次并购,都是为应对变化了的企业内部环境和外部环境而做出的智慧选择。并购要解决的问题和达到的目标十分明晰,并购所产生的问题也会在行业的市场博弈和相关政策的约束和规范下逐渐消解。中国社会发展正处于转型时期,广告企业所面临的内外部环境和需应对的问题均较复杂。并购无论是从被动地化解生存危机还是主动的参与国际竞争或是顺应市场发展规律的一种自然选择，最终目的都是要解决中国广告企业目前中国广告企业发展中的问题或突破市场布局中的瓶颈，解决中国广告企业发展和可持续发展的问题，明晰企业长远发展目标。因此，拥有广告企业产业升级，做大做强的广告话语表达理想和跨国集团一决高下的英雄情结都是必需的，但选择企业合理的并购路径，更应是中国企业应对外来威胁的智慧抉择，这也是中国广告企业进行广告话语表达时应注意的细节。

中国本土广告公司在资本运作和跨媒体、跨行业运作层面实践较少，经验不足。广告行业的资本运作形式主要有广告公司间的投融资、行业外特别是广告主和媒体对广告公司的投资、广告公司通过上市融资等。目前中国本土公司主要是靠自我积累取得资本。通过股权合作、吸收行业外投资及上市等方式筹集更多的发展资金，扩大公司规模、充实发展后劲对许多本土广告公司来说还是一个全新的领域，资本运作的风险可能会使本土广告企业交出高昂的学费。中国本土广告公司通过资本垄断不断扩大外延，对二、三线城市的广告进行渗透，开启了本土广告企业横向并购的新纪元。但本土广告公司的跨国经营理念、国际品牌服务经验与跨国巨头相比依然存在差距，正如人们所描述的那样，对于国际品牌与跨国客户，本土广告公司仅仅通过并购仍然难以敲开它们的大门，国际品牌青睐的似乎仍旧是实力雄厚、经验丰富的跨国广告公司。在全球化并购浪潮中，本土公司所面临的对手，并不是我们所熟悉的、甚至有着良好合作经历的奥美、智威汤逊、BBDO、李奥贝纳、麦肯、TBWA 这些子公司，而是在这些公司背后的超大型的跨国广告集团 WPP、Publicis、IPG、Omnicom 等。本土公司要想适者生存，应对国际化竞争，就必须重走向集团化道路。广告公司的集团化是中国广告业发展的一个目标，也是广告话语建构和广告话语表达的重点区域。2011 年中国国家广告创意产业园区的建设、广东省广和蓝色光标对本土广告企业的收购，都印证着本土广告企业走集团化道路的实践轨迹。中国广告企业十分清楚，做大做强才能与有着庞大资源背景的跨国集团在人才、资讯、服务、专业及经验累积等方面抗衡。但广告企业集团化讲了很多年，集团化的实践运作刚刚开始，本土广告公司与跨国广告集团的差距不仅仅表现在实力、经验、策略上，更主要表现在全球视野的经营和发展理念上，这些也需要通过广告话语的有效传播强化中国广告企业的危机意识和竞争意识。

中国特色的广告并购应该是在广告全球竞争广告话语理念统领下的广

告创新发展模式。例如日本电通集团在发展过程中关注到传统媒体广告增长下滑、国内广告代理饱和的境况，广告客户在全球整合业务的需求和在数字营销方面的愿望不断增强。因此，其全球并购尤其是在中国市场并购的一个基本理念就是抢占新媒体广告市场。同时电通公司的并购扩张因地区不同策略也不尽相同。在欧美，电通集团主要采取收购、并购的策略，利用其他集团现有的资源完成对海外市场的占有，自己并不投资开设公司；而在亚洲市场，电通直接采用投资的创业方式，成立独资或合资公司。

WPP秉承独特的全球扩张理念，如"寻找有价值的收购对象"，收购不仅能够加强业务整合水平，而且能因为收购而迅速带来大型客户，WPP收购智威汤逊从而获得全球最大广告主宝洁就是很好的例子。"与客户的全球性扩张同步"、客户走到哪里，扩张跟进到哪里。"收而不并的管理模式"，WPP模式典型的管理思路就是对收购的子公司完全放权，尽力维持被收购公司的品牌与独立性，以便留住原有客户群。

中国式的广告并购是中国社会转型时期广告市场结构调整的特殊产物，省广和蓝色光标的广告并购都具有典型性和不可复制性，战略竞争的市场选择符合中国广告企业未来发展的大方向，也符合广告企业自身升级换代的特殊需求，但前提是这些广告企业具有良好资本运作的市场机制和完整的资本保障体系。中国是一个特殊的市场，中国广告企业在产业化进程中所选择的路径和发展模式不尽相同，中国广告市场的活力就在于多元创新，广告并购也是中国广告市场多元创新的重要组成部分。并购给中国具有竞争力的企业创造了新的机遇，在世界经济持续低迷的情形下，广告并购可能会在特定时期有效延伸广告企业发展空间，化解掉暂时的危机，但同时，并购所造成的高垄断化发展态势也许会破坏中国广告市场的独特结构，甚至可能在所谓的国际接轨或国际标准运作下，逐渐抹杀掉中国广告企业的创新活力。因此，在广告话语传播中，合理表达广告并购中模仿与创新并存、机遇与风险同在的并购理念非常必要，对中国广告企业通过广告并购获得更多的市场机会，保持可持续健康发展活力具有较好的警示意义。

（六）并购：广告行业话语权的博弈

对我国广告行业而言，跨国的并购可谓是"达摩克利斯之剑"，广告企业必须保持高度有的危机意识。虽然整体上看，如威斯通提出的"协同效应假说"所指出的公司并购对整个社会而言是有益的,即2+2>4,主要体现在经营协同效应、财务协同效应、管理协同效应等方面,该假说主要为企业间的横向并购提供了理论基础。[①] 但是,大规模的跨国并购(外资并购),国外的企业与境内企业合并;收购境内企业的股权达10%以上,使境内的资产和经营的控制权转移到外国企业。这样,我国的广告行业就逐渐失去了自己发声的"平台",或者说逐渐被挤压,没办法释放自己的民族"话语"。跨国公司通过横向并购,减少了竞争对手,市场占有率提高,巩固长期获利机会,对国际市场的控制力凸显;在国际范围内,将自己的意识形态、审美情操、文化内容等逐渐渗透符合自己利益的"话语内容"。

广告作为一种文化的存在,无论是商学视角的营销手段,还是艺术视角的艺术创作,都凝聚着不同主体的真实诉求。无论是基于商品营销的视觉诱导,还是基于消费选择的价值推介,都承载着创作主体的教化动机,而这种话语语境正是广告话语权在主客体间的博弈。作为一种社会实践的广告话语对现实具有建构功能,建构的过程又体现了一种权利关系。广告话语权体现了权力主体的权威度和影响力。在全媒体时代,中国广告行业经历着又一场洗礼,跨国广告集团并购战略的制定是基于全球广告业的发展趋势,早已融入全球化经济体系的中国广告行业不可能抗拒和回避这一趋势。相信随着中国市场化的进一步成熟,对于并购这一资本运用策略,我国的广告公司将运用得更为娴熟,能够顺应我国媒体环境和广告主切实需求的变化,能够正确利用手中的话语权力,积极引导受众,形成健康向上的舆论环境,并在国际话语舞台上发挥更大的作用,实现广告企业价值和社会价值的双赢。

---

① 迈克尔·E.S.弗兰克尔.并购原理:收购、剥离和投资[M].曹建海,译.大连:东北财经大学出版社,2009.

结　语

2016年2月19日，习近平总书记在党的新闻舆论工作座谈会上指出："新闻舆论工作各个方面、各个环节都要坚持正确舆论导向。"[①] 同时，他还专门指出："新闻报道要讲导向，副刊、专题节目、广告宣传也要讲导向。"[②] 这段讲话表达了两层含义：首先，应该把新闻舆论工作当作一个整体来看待，新闻工作的各个环节都要坚持正确的舆论导向；其次，广告宣传工作是新闻媒体事业发展的重要组成部分，一定要牢牢坚持正确舆论导向。这种认知和表述，为理解当代中国广告话语传播打开了新的思路。本研究关注当代广告话语传播的基本问题，以当代中国广告发展历程中出现的标志性事件作为研究对象，研究不同时期广告广告话语传播的特点，探讨广告在社会文化中如何塑造人们的价值观念、影响人们的社会行为方式和生活习惯，关注广告话语传播的导向功能，并通过勾勒广告话语传播的轨迹透视当代中国广告广告话语传播的规律及特点。

中国当代广告话语传播，与中国波澜壮阔的改革开放进程相关联，与中国特色的社会主义市场经济的实践相呼应，与广告业自身发展历史轨迹相吻合，客观反映着中国当代社会的现实风貌和人们的思想认知。从中国当代广告话语传播的语义运用看，遵循了广告传播的一般原则，在词汇选择、创

[①②] 人民日报社评论部.论学习贯彻习近平总书记新闻舆论工作座谈会重要讲话精神[M].北京：人民出版社，2016.

意表达和语义诠释等方面注意信息传播的有效性和创新性，合理阐释和解读广告主的广告主张。从中国当代广告话语传播的话语实践看，在消费观念引领、公益价值倡导、社会文化诠释等层面都产生积极的影响，发挥了广告舆论导向和广告话语引领的积极功能。从中国当代广告话语传播的社会实践看，广告社会活动和广告信息传播是广告话语形成的温床，广告话语不仅记录着中国当代社会意识的变迁轨迹，而且建构着社会身份、社会关系、社会观念等与社会意识形态呈现相关联的内容。

广告话语的导向随着时代的变化而变化，从主流意识形态的追随到消费观念的推崇；从个人主张的表达到公众意见的吸纳，广告话语成为舆论导向的风向标。广告话语同其他形态的社会话语一样，都存在代表谁的思想、意图或者意识形态的问题，也就是话语表达主体的话语主张问题。在广告活动的传播和社会互动过程中，话语传播的主体不仅仅是广告信息的发布者，同时应该包括因广告传播而关联在一起的参与广告语境构建的所有主体。因为在广告传播的各个节点上都可能产生不同社会个体对广告活动的理解和认识，而这些繁杂的内容构成了广告传播产生的内在话语系统。因此，广义上，广告市场中多角关系共同构成广告话语的主体，他们通过参与广告信息收集和加工建构话语主题，通过挖掘广告话语广告文化意义和价值内涵完成广告话语生产和传播的整个过程，实现对社会身份、社会关系以及社会价值的建构。通过对中国当代不同历史时期广告市场中多角关系所表达的广告主题梳理，可以勾勒出不同时期的广告话语传播的形态和特点。

中国当代广告话语传播的演进历史，与中国改革开放的发展进程相呼应。改革开放之初，广告话语以政治议题为导向，广告话语多为政治宣传式口号，广告话语传播主旨是帮助社会民众突破的思想意识形态的禁锢；随着市场经济的飞速发展以及现代广告意识的形成，广告话语逐渐以市场为导向，广告话语传播的目标是为广告主和广告受众提供信息传播服务；在新时期，人们的思想、话语权空前解放，公民主体地位不断提升，人们积极参与到广告话语传播过程中的积极性不断提升，广告话语传播朝多元化方向发展。

中国当代广告话语传播在不同时期呈现出不同的主题，广告话语传播经历了从广告主的个体话语主张表达，到广告市场中多角关系的公共话语诠释,再到社会公众广告话语建构的变化过程。通过历时性梳理,发现中国当代广告话语主题的凝练过程,也是广告话语的建构过程,广告话语与意识形态、广告话语与社会关系的思考,是广告话语主题提炼的基本面向。具体而言,中国当代广告话语传播的历史进程可以分为"为广告正名"话语体系的构建、"以消费者为中心"的广告话语倡导、科学化与法制化视域下广告话语探讨、中国特色的发展道路的广告话语选择、互联网思维下的广告话语重构等历史时期。在不同时期,广告话语传播均与媒介导向、公众导向、渠道建构、议题设置、传播模式变化和传播方式变革,效果控制、传播规制建设等核心要素和重大议题密切相关。

中国当代广告话语传播,遵循政治引导和市场运营的双重规律。广告法律法规、广告政策指引、公益倡导、文化导向、以人民为中心的广告作品创作要求,构成了广告话语传播的政治生态环境;广告数字广告发展、计算广告运用、智能广告研发、广告产业的数字化转型构成了广告话语传播的市场生态环境。改革开放以来,我国公益广告经历了五个发展阶段,在不同的发展阶段,公益广告呈现出不同的公益主题和公益活动形态,展现出不同的社会价值观念。公益广告在与社会各阶层的价值观念碰撞过程中,突显了不同的社会功能,扮演了不同的话语传播和话语引领角色。如1978—1985年思想解放阶段,公益广告作为公益活动的动员者出现在人们的视野。1986—1995年在全社会提倡"致富光荣"阶段,公益广告扮演社会道德建设的"轻骑兵"的角色。1996—2000年社会风气亟须治理阶段,公益广告担当起社会道德新风尚引领者的重任。2001—2011年在工业化、城市化快速发展阶段,公益广告作为社会荣辱观教育的"践行者"伴随人们前行;2012年至今在文化强国战略实施阶段,公益广告被赋予社会主义核心价值观"培育者"的特殊身份。

广告话语传播的运行机制,是指在广告话语有规律的运动中,影响这种运动的各因素的结构、功能及其相互关系,以及这些因素产生影响、发挥功能的作用过程和作用原理及其运行方式。这里涉及广告话语传播运行的社会环境、广告话语传播实现的方式、广告话语传播实现的途径及广告话语传播运行特点等相关内容。广告话语传播遵循广告传播的一般规律。广告话语的生产通过广告主的议程设置、网络名人和舆论领袖引导、媒体的拟态环境建构、受众体验式、情景式和场景式互动营销来完成;广告话语的呈现按照广告议题设置的合作协商形式、广告意见表达的温情诉求方式、广告话题讨论的争鸣方式、广告话语呈现的环境推力方式多元运行。广告话语的建构与民众生活及利益集团关系密切，广告话语是社会民众意见主张的传声筒、政治宣传的辅渠道、社会冲突的减压阀、民主政治的新元素、社会生活的新景观。广告话语的传播具有鲜明的中国特色。

广告话语传播沿着追随国家主流话语、利用社会公共议题和聚焦公众话语热点等实践路径展开；广告话语传播依托于传统媒体组合中的渠道传播、新媒体运用中的平台传播和多媒体融合中的广告场域传播等形态展开；广告话语的文本生呈现、广告话语实践和社会实践是一个立体场系，包括广告话语文本生产的要素提炼、广告话语实践中的路径选择和社会实践过程中的权力博弈等重要议题。广告话语传播追随时代步伐和民众需求，其话语呈现往往超出广告发布者能动为之的主观行为的范畴，具有话语建构和话语引领的双重社会意义。特别是在数字媒体时代，广告话语传播所呈现的政治导向、市场导向、意识形态导向、文化导向和人民需求导向交织在一起，彰显广告话语传播的时代价值，广告话语传播的社会意义在广告实践中得以显现。广告话语传播在社会场域中进行，遵循社会公共道德和社会行为规范是其基本要求，同时，广告话语传播也遵循广告传播的一般规律，引起注意，激发兴趣和勾起消费者的消费欲望，是广告话语生产的既定目标，因而广告话语传播具有公共性、新奇性、争议性和导向性特征，广告话语传播的导向性指向是中国当代社会发展中的独特景观。

广告话语传播新模式的开创与新媒体技术的广泛运用密切相关。新媒体广告的出现和迅速崛起，改变了广告信息生产方式、传播方式和广告受众的信息接收方式，颠覆了传统广告营销的观念，也开辟了广告话语传播新路径，广告主、广告公司、媒体、受众和政府管理部门通过策划、制造、参与广告舆论事件，自觉或不自觉地成为广告话语传播的发起者、加工者、传播者、引领者。新媒体传播模式中的广告话语一经建构，就借助流行语体、广告乐曲等符号系统传播，除了实现品牌曝光、识别度增加等"本职"功能外，还"反哺"着社会流行文化，助推消费主义在新媒体中的深度渗透。

广告话语传播在数字营销领域的表现较为突出，数字广告营销是基于数字技术而引发的营销新形态，技术的变革导致营销理念的变革和营销场景的再造，数字广告营销的广告话语引导和话语建构就成为人们关心的话题。广告话语传播涉及新营销手段中广告话语引导的本质特征、功能价值和市场逻辑，也触及广告话语建构价值判断、话语转向和话语的场景运用。近年来，在现代数字广告营销生态中，沉浸式营销、过度营销和银发营销成为人们关注的热点，所引发的广告话题和话语讨论较为集中，广告话语建构的主题较多，广告话语传播的领域较为宽广，论及营销生态的解析、营销场域的透视和城市发展、社会治理等重要议题，为广告话语的引领和话语的建构提供了大量创新案例。

广告话语传播对品牌形象的建构直接而有效，企业会根据产品生命周期，表达不同的广告主张为品牌赋能。一般来说，企业在投放大量资金进行广告传播时，一般都会坚信广告是对品牌的长期投资。例如，大卫·奥格威就曾自豪地说道："海赛威衬衫（Hathaway）——我用了一个一只眼睛戴着黑眼罩的模特儿，这个广告运动持续了19年。舒味思（Schwepper）奎宁柠檬水——我说服了客户，让怀特海德（Whitehead）出现在自己的广告中。这个广告运动持续了18年。"① 这些案例较形象说明，广告传播的一个重要目标就是为品牌成长赋能。在企业的广告运营过程中，广告传播的指向也是不断积累企业的品牌资产，为塑造企业的品牌形象提供有效服务。广告传播主体通过广告话语建构和有效信息传递，在消费者和企业之间建立起相互信任关系，借助独特的广告创意和企业文化引导占据消费者的"心智"，使消费者长期保持对企业品牌的忠诚度。但在广告话语传播实践中，广告是如何使信息的跳跃流动能够准确幻化成品牌长河里稳定恒久闪烁的音符，进而在消费者心智中占据一个重要位置，这和广告传播主体长期通过"议程设置"，坚持对广告话语传播的内容、主题和价值观念进行有效控制直接关联。

广告话语国际传播的理论和实践，在中国广告企业的广告并购中得到阐释和验证。新媒体时代的国际广告并购成为常态，广告行业的资源整合在并购的大背景下静水流深，各显神通。在广告全球竞争的大背景下，优秀的广告代理公司和服务机构一般都善于运用资本市场调整资产组合，寻求更快发展。在市场浪潮中经受着洗礼和历练的广告企业，把并购作为突围和破圈的重要手段。中国当代广告并购存在着国际并购、国内并购和区域并购等多种

---

① 大卫·奥格威.广告大师的人生告白：大卫·奥格威自传［M］.麦惠芬，译.海口：海南出版社，1998：137.

形态。并购的类型不同，其广告话语建构的重点也有所区别，广告话语传播的主题也有所侧重。例如，2015年12月，利欧股份以发行股份及支付现金相结合的方式购买上海智趣广告有限公司100%股权，同时向不超过10名其他特定投资者非公开发行股份募集配套资金，交易价格预估为75 400万元。智趣广告主要为游戏、金融等行业客户提供媒体资源整合与投放、精准营销等一系列数字营销服务。利欧股份以收购智趣广告为契机，切入游戏这一垂直领域，将服务范围从当时的电商、汽车和新经济领域向游戏领域拓展。从这次投资和收购标的来看，利欧股份的目标是整合更多数字营销资源，并充分利用流量、创意策略、精准营销技术、社会化营销等现有领域的优势，不断地进入垂直细分市场，做深做细，并提供有效整合，打造规模宏大的数字营销集团，在广告话语传播领域重点突出深耕数字营销领域的主题。从广告话语传播的社会实践看，中国当代广告企业展开的并购，本身是市场选择的结果，也是资本运作的结果，是为了提升公司实力和品牌价值、应对媒介融合趋势而在全行业中争夺话语平台、占领话语引领制高点的企业改制尝试。近年来，新媒体领域本土广告公司的并购数量呈增长趋势，并购已成为广告行业升级换代的话语符号，也成为广告企业参与国际竞争的核心话语形态。

中国元素的合理运用，是中国广告话语传播的一个重要特色。从传播理念上讲，凡是被大多数中国人、包括海外华人认同的、凝结着中华民族传统文化精神，并体现国家尊严和民族利益的形象、符号或风俗习惯，均可被视为中国元素。中国元素在广告话语场域中代表中国符号、中国精神和中国文化。从传播实践看，中国广告创意产业是中国文化产业的核心构成部分，在广告创意艺术领域被广泛提及和倡导的中国元素创意和营销活动，也是风起云涌的中国元素运动中最具活力和张力的一道亮丽风景线。中国元素广告运动的开展和创意营销的话语体系建构，是中国广告人坚持广告本土化道路、在国际广告市场争夺话广告语权的有益尝试。从传播路径观察，中国元素广告创意营销话语体系的建构，决定着广告创意人使用中国元素的视野、范畴和价值方向。中国元素概念的提出和中国元素广告创意营销实践的实施，同中国近些年参与国际竞争的软实力不断增强、中国广告人面对广告环境的变化而采取的新创意观和营销艺术表达影响力提升密切相关。中国元素概念的使用和价值内涵的阐释创建了中国特色的话语语境，在广告产业创新发展和广告企业国际交流领域都有较为丰富的话语表达张力和话语延伸的空间。

参考文献

1. 专著类

[1] [美]艾·里斯,杰克·特劳特.定位:有史以来对美国营销影响最大的观念[M].谢伟山,苑爱冬,译.北京:机械工业出版社,2011.

[2] [新]艾伦·贝尔,[澳]彼得·加勒特.媒介话语的进路[M].徐桂权,译.北京:中国人民大学出版社,2016.

[3] [荷]安妮特·爱丽丝.媒介公司管理:赢取创造性利润[M].北京:清华大学出版社,2011.

[4] 北京广告协会.当代北京广告史[M].北京:中国市场出版社,2007.

[5] 陈刚.创意传播管理[M].北京:机械工业出版社,2014.

[6] 陈刚.当代中国广告史(1979—1991)[M].北京:北京大学出版社,2010.

[7] 陈刚,李丛杉.关键时刻战略:激活大数据营销[M].北京:中信出版社,2014.

[8] 陈力丹.舆论学:舆论导向研究[M].北京:中国广播电视出版社,1999.

[9] 陈培爱.中外广告史新编[M].北京:高等教育出版社,2009.

[10] 陈培爱.中外广告史:站在当代视角的全面回顾[M].北京:中国物价出版社,1997.

[11] 程世寿.公共舆论学[M].武汉:华中科技大学出版社,2003.

[12] [美]达里尔·特拉维斯.品牌情感[M].北京:新华出版社,2002.

[13] [英]丹尼斯·麦奎尔,[瑞典]斯文·温德尔.大众传播模式论:第2版[M].祝建华,译.上海:上海译文出版社,2008.

[14] [美]道格拉斯·凯尔纳.媒介奇观:当代美国社会文化透视[M].史安斌,译.北京:清华大学出版社,2003.

[15] [美]奎尔曼.颠覆:社会化媒体改变世界[M].刘吉熙,译.北京:人民邮电出版社,2010.

［16］丁柏铨.新闻舆论引导论［M］.北京：中国社会科学出版社，2001.
［17］丁俊杰，杨福和.见证：中国广告三十年［M］.北京：中国传媒大学出版社，2009.
［18］范鲁斌.中国广告25年［M］.北京：中国大百科全书出版社，2004.
［19］范鲁斌.中国广告30年全数据［M］.北京：中国大百科全书出版社，2009.
［20］［美］菲利普·科特勒.营销革命3.0：从产品到顾客，再到人文精神［M］.北京：机械工业出版社，2011.
［21］［荷］冯·戴伊克.话语心理社会［M］.施旭，译.北京：中华书局，1993.
［22］冯捷蕴.广告话语与中国社会的变迁［M］.北京：对外经济贸易大学出版社，2014.
［23］［美］弗兰克尔.并购原理：收购、剥离和投资［M］.曹建海，译.大连：东北财经大学出版社，2009.
［24］［英］弗兰克·莫特.消费文化：20世纪后期英国男性气质和社会空间［M］.南京：南京大学出版社，2002.
［25］［英］韩礼德.作为社会符号的语言：语言与意义的社会诠释［M］.苗兴伟，译.北京：北京大学出版社，2015.
［26］胡春阳.话语分析：传播研究的新路径［M］.上海：上海人民出版社，2007.
［27］胡钰.新闻与舆论［M］.北京：中国广播电视出版社，2001.
［28］［美］James Paul Gee.话语分析入门：理论与方法［M］.杨信彰，译.北京：外语教学与研究出版社，2000.
［29］黄升民.中国广告图史［M］.广州：南方日报出版社，2006.
［30］黄艳秋，杨栋杰.中国当代商业广告史［M］.开封：河南大学出版社，2006.
［31］黄勇.中外广告简史［M］.成都：四川大学出版社，2003.
［32］杰夫·刘易斯.文化研究基础理论：第2版［M］.郭镇之，译.北京：清华大学出版社，2013.
［33］［美］杰克逊·李尔斯.丰裕的寓言：美国广告文化史［M］.任海龙，译.上海：上海人民出版社，2004.
［34］［美］克里斯·布洛根，朱利恩·史密斯.信任代理：如何成就网络影响力［M］.缪梅.沈阳：万卷出版公司，2011.
［35］寇非.广告·中国（1979—2003）［M］.北京：中国工商出版社，2003.
［36］［英］雷蒙·威廉斯.关键词：文化与社会的词汇［M］.刘建基，译.北京：生活·读书·新知三联书店，2005.
［37］李彬.符号透视：传播内容的本体诠释［M］.上海：复旦大学出版社，2003.
［38］李良栋.误区与超越：当代中国社会舆论［M］.北京：中央党校出版社，1995.
［39］李思屈.广告符号学［M］.成都：四川大学出版社，2004.
［40］廖永亮.舆论调控学：引导舆论与舆论引导的艺术［M］.北京：新华出版社，2003.
［41］林升梁.33年中国社会价值观念的变迁：基于广告传播的视角［M］.厦门：厦门大学出版社，2012.
［42］刘家林.新编中外广告通史［M］.广州：暨南大学出版社，2000.
［43］刘建明.当代舆论学［M］.西安：陕西人民教育出版社，1990.

[44] 刘建明.基础舆论学［M］.北京：中国人民大学出版社，1988.
[45] 刘建明.社会舆论原理［M］.北京：华夏出版社，2002.
[46] 刘建明.宣传舆论学大辞典［M］.北京：经济日报出版社，1993.
[47] 刘建明.舆论传播［M］.北京：清华大学出版社，2001.
[48] 刘立宾.中国广告猛进史（1979—2003）［M］.北京：华夏出版社，2004.
[49] 罗钢，王中忱.消费文化读本［M］.北京：中国社会科学出版社，2003.
[50] ［法］罗兰·巴特.神话：大众文化诠释［M］.许蔷蔷，译.上海：上海人民出版社，1999.
[51] 骆正林.媒体舆论与企业公关［M］.北京：新华出版社，2005.
[52] 马中红.被广告的女性：女性形象传播的权力话语研究［M］.北京：新华出版社，2009.
[53] ［美］迈克尔·塞勒.移动浪潮：移动智能如何改变世界［M］.邹韬，译.北京：中信出版社，2013.
[54] ［美］米切尔·舒德森.广告，艰难的说服：广告对美国社会影响的不确定性［M］.陈安全，译.北京：华夏出版社，2003.
[55] ［法］米歇尔·福柯.词与物：人文科学考古学［M］.莫伟民，译.上海：生活·读书·新知三联书店，2002.
[56] ［法］米歇尔·福柯，谢强.知识考古学［M］.马月等，译.北京：生活·读书·新知三联书店，1998.
[57] ［英］诺曼·费尔克拉夫.话语与社会变迁［M］.殷晓蓉，译.北京：华夏出版社，2003.
[58] 戚庆余.完胜资本：中国企业并购战略与经典案例［M］.北京：中国法制出版社，2012.
[59] ［法］让·诺尔·卡菲勒.战略性品牌管理［M］.北京：商务印书馆，2000.
[60] ［美］莎莉·霍格斯黑德.迷恋：如何让你和你的品牌粉丝暴增［M］.邱璟旻，译.北京：中华工商联合出版社，2011.
[61] 邵培仁，何扬鸣，张健康.20世纪中国新闻学与传播学：宣传学和舆论学卷［M］.上海：复旦大学出版社，2002.
[62] 邵培仁.媒介舆论学［M］.北京：中国传媒大学出版社，2009.
[63] ［英］斯图亚特·霍尔.表征：文化表象与意指实践［M］.北京：商务印书馆，2005.
[64] ［美］苏特·杰哈利.广告符码：消费社会中的政治经济学和拜物教现象［M］.马姗姗，译.北京：中国人民大学出版社，2004.
[65] 孙顺华.中国广告史［M］.济南：山东大学出版社，2007.
[66] ［荷］托伊恩·A梵·迪克.作为话语的新闻［M］.曾庆香，译.北京：华夏出版社，2003.
[67] 王凤翔.广告主对大众媒体的影响与控制：基于广告话语权视角［M］.北京：社会科学文献出版社，2013.

[68] 王梅芳.舆论监督与社会正义[M].武汉：武汉大学出版社，2005.

[69] 王天意.网络舆论引导与和谐论坛建设[M].北京：人民出版社，2008.

[70] 王晓彦.店铺认同与店铺印象的一致性研究：基于营销沟通的视角[M].北京：人民日报出版社，2013.

[71] [英]维克托·迈尔-舍恩伯格，肯尼思·库克耶.大数据时代：生活、工作与思维的大变革[M].盛杨燕，周涛，译.杭州：浙江人民出版社，2013.

[72] [美]沃尔特·李普曼.公众舆论[M].阎克文，江红，译.上海：上海世纪出版集团，2006.

[73] 徐向红.现代舆论学[M].北京：中国国际广播出版社，1991.

[74] 许俊基.中国广告史[M].北京：中国传媒大学出版社，2006.

[75] 许正林，张惠辛.中国广告学研究30年文选1978—2008[M].上海：上海交通大学出版社，2009.

[76] 杨海军.广告舆论传播研究：基于广告传播与舆论导向双重视角[M].北京：中国社会科学出版社，2021.

[77] 杨海军.现代广告学[M].开封：河南大学出版社，2007.

[78] 杨海军.中外广告史[M].北京：高等教育出版社，2006.

[79] 杨海军.中外广告史新编[M].上海：复旦大学出版社，2009.

[80] 姚曦.简明世界广告史[M].北京：高等教育出版社，2006.

[81] [德]尤尔根·哈贝马斯.公共领域的结构转型[M].曹卫东等，译，上海：学林出版社，1999.

[82] 余虹，邓正强.中国当代广告史[M].长沙：湖南科学技术出版社，2000.

[83] 喻国明，丁汉青.传媒经济学教程[M].北京：中国人民大学出版社，2011.

[84] 喻国明.结构民意：一个舆论学者的实证研究[M].北京：华夏出版社，2001.

[85] 喻国明，刘夏阳.中国民意研究[M].北京：中国人民大学出版社，1993.

[86] [美]约翰·费斯克.关键概念：传播与文化研究词典[M].李彬译，北京：新华出版社，2004.

[87] [美]约瑟夫·塔洛.分割美国：广告与新媒介世界[M].洪兵，译.北京：华夏出版社，2003.

[88] [美]詹姆斯·保罗·吉.话语分析导论：理论与方法[M].杨炳钧，译.重庆：重庆大学出版社，2011.

[89] 展江.舆论监督紫皮书[M].广州：南方日报出版社，2004.

[90] 张云，王刚.品类战略[M].太原：山西人民出版社，2011.

[91] 赵萍.消费经济学理论溯源[M].北京：社会科学文献出版社，2011.

[92] 赵毅衡.符号学原理与推演[M].南京：南京大学出版社，2011.

[93] 祝帅.中国广告学术史[M].北京：北京大学出版社，2011.

[94] FAIRCLOUGH N. Language and Power [M]. London: Longman Group UK Limited, 1989.

[95] FOUCAULT M. The history of Sexuality [M]. New York: Vintage Books, 1990.

［96］GLASSER T, SALMON C. Public Opinion and Communication of Consent［M］. London: Guiford Press , 1995.

［97］JANOWITZ M, HIRSCH P. Reader in Public Opinion and Mass Communication［M］. third edition. New York: Macmillan Publishing Co/Inc, 1981.

［98］JENKINS H. Convergence culture: where old and new media collide［M］. New York: NYU Press, 2006.

［99］LANE R, SEARS D. Public Opinion［M］. Prentice-Hall, Inc, 1964.

［100］LEMERT I. Does Mass Communication Change Public Opinion After All［M］. Chicago: Nelson-Hall , 1981.

［101］NOELLE-NEUMANN E. The Spiral of Silence: Public Opinion — Our Social Skin ［M］. second edition, Chicago: the University of Chicago Press, 1993.

［102］OGLE M. Public Opinion and Political Dynamics［M］. Boston: Hougbton Miffilin Company, 1950.

［103］OSKAMP S. Attitudes and Opinions［M］. Upper Saddle River: Prentice-Hall Inc, 1997.

［104］POWELL N. Anatomy of Public Opinion［M］. fourth edition. Upper Saddle River: Prentice-Hall Inc, 1956.

［105］PRICE V. Public Opinion［M］. London: Sage Publication, Inc, 1992.

［106］QUALTER, T. Opinion Control in the Democracies［M］. London: Macmillan Publishers Limited, 1985.

［107］SPIVAK G C. Can the Subaltern Speak?［M］//WILLIAMS P, CHRISMAN L. Colonial Discourse and Post-Colonial Theory: A Reader［M］. Pretice Hall: Pearson Education Limited, 1993.

［108］ZHU J. Issue competition and attention distraction: A zero — sum theoy of agenda setting［J］. Journalism Quarterly. 1992(69): 825－836.

2. 学位论文类

［1］陈曦. 广告话语的互文性研究［D］. 广州：暨南大学，2011.

［2］公克迪. 中国当代广告事业：大陆部分 1979—2005［D］. 厦门：厦门大学，2006.

［3］宫晶. 广告话语"陌生化"探究［D］. 济南：山东师范大学，2008.

［4］谷虹. 从广告话语透视社会意象的构建：以服饰广告为例［D］. 广州：暨南大学，2005.

［5］何寒. 从广告话语看新世纪社会价值观的取向：深圳房地产广告的话语分析［D］. 武汉：华中科技大学，2006.

［6］吕绍碗. 影响力经济理论下的媒介经营研究［D］. 沈阳：辽宁大学，2009.

［7］潘静. 符号学视野下的电视广告话语意义形成与表达之研究［D］. 上海：上海外国语大学，2009.

［8］蒲佚明. 网络传播中"沉默的螺旋"现象研究［D］. 南宁：广西大学，2009.

［9］孙婧.1979—2011年我国广告语言研究综述［D］.长春：东北师范大学，2014.

［10］辛桂娟.从征婚广告透视广告话语的社会建构功能［D］.广州：暨南大学，2008.

［11］杨海军.广告舆论传播研究：基于广告传播及舆论导向的双重视角［D］.上海：复旦大学，2011.

3. 连续出版物类

［1］陈白素.中国电视广告30年：价值重塑和分化的推手［J］.中国广播电视学刊，2009（1）：46-48.

［2］陈刚，祝帅."当代中国广告史"研究的问题与方法［J］.广告大观（理论版），2008（4）：48-51.

［3］丁俊杰，王昕.中国广告观念三十年变迁与国际化［J］.国际新闻界，2009（5）：5-9.

［4］《国际广告》杂志社.IAI中国广告作品年鉴［G］.北京：中国传媒大学出版社，2000-2021.

［5］何辉."镜像"与现实：广告与中国社会消费文化的变迁以及有关现象与问题［J］.现代传播，2001（3）：108-113.

［6］胡玉伟.广告传播与意识形态的解析［J］.当代传播，2003（5）：68-69.

［7］蒋亦斌.当代中国消费观念变迁的阶段和特点：以广告传播表现为视角［J］.商场现代化，2006（7）：1-2.

［8］李淑芳.重生与超越：改革开放三十年中国广告思想的演进［J］.广东外语外贸大学学报，2008（11）：18-21.

［9］廖桂蓉.我国近三十年广告语研究概况述评［J］.江苏广播电视大学学报，2008（2）：74-78.

［10］林长洋.广告话语的批评分析［J］.江西社会科学，2012（3）：234-237.

［11］林升梁.30年广告镜像：社会价值观念的嬗变（1979—2008）［J］.广告大观（理论版），2009（6）：76-81.

［12］刘泓.从"意义转移"到"意义依附"：广告意义的结构转型［J］.东南学术，2006（6）：176-181.

［13］刘泓.广告社会学论纲：关于广告与社会互动关系的阐释［J］.福建师范大学学报（哲学社会科学版），2006（3）：188-194.

［14］王凤翔.广告主对大众媒体的影响与控制分析：基于"广告话语权"视角并以中国医药、保健品广告为例［J］.新闻与传播研究，2007（3）：7-14，94.

［15］王凤翔.西方广告自由法制原则的被解构：以美国为例［J］.新闻与传播研究，2012（1）：91-96，111-112.

［16］徐浩然，郭语言.中国广告观念之三十年变化［J］.中国广告，2009（3）：130-132.

［17］杨海军.三十年中国广告史研究的学术视野与学科平台［J］.中国地质大学学报（社会科学版），2009（4）：98-103.

［18］杨海军，王成文.历史广告学：广告学研究的一个新领域［J］.广告大观理论版，

2006（4）：101-105.
[19] 杨先顺，陈曦.互文性与广告话语的生产［J］.暨南学报（哲学社会科学版），2011（5）：150-154，164.
[20] 杨先顺，陈曦.论广告话语传播与理解中的互文性［J］.新闻界，2011（3）：15-17.
[21] 杨先顺.当代中国广告语创作发展的轨迹［J］.现代传播，2004（6）：64-65.
[22] 杨先顺，谷虹.广告话语分析：一种广告本体研究理论［J］.暨南学报（哲学社会科学版），2007（5）：148-152，156.
[23] 杨先顺，张颖.广告话语的权力运作：受众意识形态潜操控［J］.现代传播（中国传媒大学学报），2013（10）：18-22.
[24] 曾献飞.改革开放三十年我国广告语言研究的回顾与前瞻［J］.兰州学刊，2009（6）：170-172.
[25] 张静文.改革开放三十年语言现象分析［J］.北京政法学院学报，2008（4）：26-30.
[26] 中国传媒大学全国公益广告创新研究基地.中国公益广告年鉴：1986年—2010年［G］.北京：中国工商出版社，2011.
[27] 中国广告协会.中国广告年鉴［G］.北京：新华出版社，1988、1992、1994-2021.
[28] 中国广告杂志社.中国户外广告年鉴［G］.上海：东方出版社，2004-2014.